文春文庫

連続殺人犯

小野一光

文藝春秋

連続殺人犯 ⊙ 目次

CASE 1

北村孝紘　大牟田連続4人殺人事件　11

「きさんか？（貴様か？）つまらん記事ば書いとうとは」。面会室で罵倒してきたのは、金目当てで4人を殺した「史上最凶一家」の次男。だが面会を重ねるうち、暴力団一家に育った男は意外な表情を見せ、ある頼み事をしてきた。

CASE 2

松永太　北九州監禁連続殺人事件　43

「先生、私の裁判はね、司法の暴走ですよ。魔女裁判です」。饒舌に、にこやかに語る男は、自らは手を下さずマインドコントロールで一族など7人を監禁し、殺し合わせた。悪魔とは、意外とこんな屈託のない存在なのかもしれない――。

CASE 3

畠山鈴香　秋田児童連続殺人事件　81

実の娘と近隣の男児の連続殺害容疑がかかる〝被害者の母〟は、つめかける警察と

報道陣に、「ふざけんなっ」と取り乱した。憑依されたかの如き爆発、沸騰した体温を至近距離で感じて、私はなぜか確信した。これは殺《や》っている——。

CASE 4
鈴木泰徳　福岡3女性連続強盗殺人事件　111

愚かなのか、恐るべき無自覚なのか。男が3人の女性を強姦・強盗目的で殺害したのはトラック配送業務中。しかも被害者の携帯電話を奪い、アダルトサイトを利用したことで犯行が発覚した。尋常でなくキレやすい男の足跡を追う。

CASE 5
下村早苗　大阪2児虐待死事件　137

真夏のマンションに閉じ込められ、脱水と飢餓で2児が死亡。だが風俗嬢の母はその間も遊び歩き、SNSに投稿していた。世間を震撼させた犯人の実父が今ようやく語りはじめる。彼女もネグレクト（育児放棄）を受けていたことを。

CASE 6
山地悠紀夫　大阪姉妹殺人事件　165
「母親を殺したときのことが楽しくて、忘れられなかった」「死刑でいいです」。無辜の姉妹を強姦殺人した22歳の男が主張したのは「快楽殺人」だった。それは本心なのか。少年審判時の弁護士と精神科医が無念とともに語る、その実像。

CASE 7
魏巍　福岡一家4人殺人事件　205
面会室に現れたのは、小柄で色白な青年だった。わずかな金銭のために一家4人を惨殺し、海に遺棄した中国人留学生グループの一人だ。両親に「悔」とだけ大きく書いた手紙を送った彼と対話を重ね、中国の両親を取材することで、心のうちを追う。

CASE 8
高橋裕子　中洲スナックママ連続保険金殺人事件　245
かつて「白雪姫」と呼ばれたお嬢様音大生は、いつしか、保険金目的で二人の夫を連続して殺害し、交際した男性を恐喝する「魔女」へと変貌していった。なにが彼女を

そうさせたのか。美貌のスナックママ、その〝魔性〟の証言。

CASE 9
角田美代子　尼崎連続変死事件　271
小さなトラブルから家庭に入り込み、財産を吸いとり、犠牲者ファミリーを拡大する——死者は事件化されただけで8名、「鬼女」「モンスター」と言われたその手口を、家族を「被害者」と「加害者」に分断された父が苦渋とともに語る。

CASE 10
筧千佐子　近畿連続青酸死事件　323
〈どこでくらしても、女ですもの。女ですもの……〉拘置所からの手紙で、面会室で、筆者に秋波を送ってきた〝後妻業の女〟。彼女の周囲では20年間に10人以上の高齢男性が死去していた。「あの人は殺めました」と告白する虚無に迫る。

殺人犯との対話のあとに　363
悪に選り分けられた者たち——文庫版あとがき　370
解説　重松清　374

DTP　エヴリ・シンク
写　真　文藝春秋写真資料室、共同通信フォトサービス、
時事通信フォト、産経ビジュアル、筆者提供
単行本『殺人犯との対話』二〇一五年十一月　文藝春秋刊
本文庫は右記の単行本を改題、加筆修正の上、
新たに一章を付したものです。

連続殺人犯

CASE
1

北村孝紘

大牟田連続4人殺人事件

2004年9月、福岡県大牟田市の暴力団組長の北村實雄(60)、その妻の真美(45)、長男の孝(23)、次男の孝紘(20)の一家が、借金の返済のため、知人で貸金業を営んでいた高見小夜子さん(58)の殺害を計画。その過程で小夜子さんのみならず、長男の龍幸さん(18)、次男の穣吏さん(15)、龍幸さんの友人でたまたま居合わせた原純一さん(17)の4人を殺害する。躊躇なく殺害した上で遺体を市内の諏訪川に沈める残忍極まりない犯行が明るみに出ると「史上最凶一家」と呼ばれ、後に4人全員の死刑が確定した。

「きさんか？（貴様か？）、つまらん記事ば書いとうとは。俺が捕まっとう思うて舐めとったら、タダじゃおかんぞ、こんクソが……」

拘置所《こうちしょ》の面会室でアクリル板越しに対峙《たいじ》したのは、知人ら四人を躊躇《ちゅうちょ》なく殺した二十二歳の男だった。

その男、北村孝紘《たかひろ》は、椅子に座るなり私を睨《にら》みつけ、顔を斜めにして威嚇《いかく》する表情を見せた。身長は百七十センチメートル少々と高くはない。だが、逮捕時より痩せたとはいえ、体重は百キログラム近く、細い目に細い眉を吊り上げ、飛びかからんばかりに敵意をむき出しにする姿は、捕獲されたばかりの野生動物のようだった。

二〇〇六年十月十二日。

それは私が福岡拘置所にいる孝紘と、初めて面会した日だ。当時の手帳を見返すと、日付の横には〝仏滅〟と記されている。孝紘は福岡地裁久留米《くるめ》支部で開かれた一審で、死刑を求刑されていた。その判決公判を五日後に控えての面会だった。

暴力団一家の場当たり的殺人

孝紘はこれより二年前の〇四年九月、福岡県大牟田《おおむた》市で、父、母、兄とともに知人家

力士時代の北村孝紘 しこ名は「三池山」
（当時の松ヶ根部屋カレンダーより）

族とその友人ら四人を殺害した事件の実行犯だ。

事件を首謀した孝紘の父・實雄は大牟田市の暴力団『北村組』の組長。同組は福岡県下に本拠を置く指定暴力団の下部団体で、構成員は十人にも満たない小規模な組である。母・真美はその組の姐《あね》として資金面の管理を担当、さらに長男・孝と次男・孝紘の兄弟も暴力団員であり、まさに暴力団一家だった。

小さい頃から体格がよく、地元では不良として知られていた二人の兄弟は、中学を卒業後、上京してそれぞれ相撲部屋に入門。だが、その世界で大成することはなかった。孝は序ノ口二十六枚目で部屋を脱走して廃業し、孝紘は序二段百八枚目で怪我を理由に引退という結末を迎えている。そして大牟田市に戻ってきた二人は、暴走族などを経て、みずから望んで暴力団員としての盃《さかずき》を受けるに至る。

事件当時、北村組は六千万円以上の借金を抱え、資金難にあえいでいた。そこで實雄と真美が思いついた打開策は、単純でいて凶悪な犯行だった。

真美には、ヤミ金融を営む高見小夜子《さよこ》さん（当時58）という友人がいた。小夜子さんは真美を通じて、北村組に借金の取り立てや雑務を依頼。暴力団の威光を利用していたが、かねてより真美は小夜子さんの上から物を言う態度に反感を抱いていたのだ。そこで小夜子さんに土地取引を持ちかけ、自宅に二千万円以上の現金を置くように仕向けたうえで殺害し、カネを奪うという計画を立てたのである。

犯行は真美から計画を持ちかけられた、二人の息子たちによって火蓋が切られた。

まず孝と孝紘の兄弟が、九月十六日午後十時四十分頃、小夜子さんの自宅に踏み込んだのだ。實雄と真美には伝えず、独自の判断で動いた二人は、最初から手段を選ばず金目の物を奪うつもりだった。家にいたのは小夜子さんの次男で高校一年生の穣吏《じょうじ》さん（当時15）ひとり。兄弟とは幼い頃からの顔見知りである。

居間でノートパソコンに向かっていた穣吏さんは、背後から孝紘にいきなりタオルで首を絞められ、仮死状態となった。孝と孝紘は小夜子さんの寝室を物色して、指輪など貴金属類（時価合計約四百万円相当）の入った小型金庫を強奪した。

穣吏さんが死亡したと勘違いした兄弟は、彼を車のトランクに詰め込み、市内を流れる諏訪《すわ》川へと向かった。しかし移動中に穣吏さんは息を吹き返していた。やがて到着した馬沖橋《うまおきばし》で、開けられたトランクから上半身を起こし、「勘弁してください」と命乞いするも、その願いが聞き入れられることはなかった。

孝紘がまず穣吏さんを殴りつけると、孝は有無を言わさず彼の首にロープを巻きつけ、兄弟で両端を数分間引っ張り、ふたたび意識を消失させた。そして動かなくなった穣吏さんの首と両足首にコンクリートブロックの重しをつけて川に投げ込み、殺害したのである。

穣吏さんが非業《ひごう》の死を遂げたとき、小夜子さんは真美とともに大牟田市内を一望できる公園に停めた車内にいた。その日の午後に真美から「一緒に××を探そう」と、債務者の居所を探すことを口実に呼び出されていたのだ。

じつは真美は、自分の手で小夜子さんを殺害するつもりだった。だが実際に本人を前にするとためらい、翌朝まで世間話を交わすにとどまった。小夜子さんは十七日午前六時頃になって、学校に行くはずの穣吏さんを起こそうと電話を入れるが出ない。そこで長男で大学一年生の龍幸さん（当時18）に弟を探すように伝えると、本人は真美の車で北村組の事務所があるアパートに行き、仮眠を取ることにした。

同日午後二時頃、いつまでも小夜子さんに手をかけることのできない真美は、「ター坊（孝）、お願い、お母さんば助けて」と電話で孝に協力を求めた。そこで孝は孝紘を犯行に誘い、夕食として孝紘がすり潰した睡眠薬を混入した弁当を真美に渡し、小夜子さんを眠らせることにしたのである。

十八日午前零時すぎ、一家四人はすっかり寝入った小夜子さんを車に乗せ、人気《ひとけ》のない河口へと連れ出した。そして車内で背後から首をワイヤー錠で絞め、窒息死させた。手をかけたのは、家族三人に見守られた孝紘だった。

後に犯行時の異様な光景も明らかになった。この凶行の際に、首を絞めている孝紘に實雄がお茶を飲ませ、孝が煙草を吸わせていたのだ。また、孝がふざけて窓ガラスに指で「ひとごろし」と書いて、孝紘が笑いながら受け流していたという。

孝紘の凶行はまだ続く。一連の犯行を隠ぺいするため、實雄は高見家にひとり残された龍幸さんの殺害を指示した。そして實雄と孝、孝紘の三人が午前一時五十分頃に高見家へと向かったところ、たまたま車で帰宅してきた龍幸さんを見つけたのである。

龍幸さんの車には友人で定時制高校二年の原純一さん（当時17）も同乗していたため、孝紘が實雄に相談したところ、「二人とも殺せ」と拳銃を手渡された。当初の予定とは無関係な第三者を巻き込むことは、その場で決まった。

行方不明の穣吏さんを一緒に探す口実で、龍幸さんの車に孝と孝紘が乗り込んだが、その際に「龍幸の運転は怖いけん」と理由をつけて孝が運転するように導き、孝紘は助手席に座った。

やがて人気のない河口の岸壁へ着くと、孝紘が助手席の椅子を倒して後部座席に座る龍幸さんの足を挟み、動けなくした。一方の原さんが座る側のドアは、事前に孝紘がチャイルドロックをかけていたため、やはり逃げ出すことができない。孝紘はまず原さんの頭を撃つと、「ごめんけど、お前も殺すごとなっとるけん」と龍幸さんの頭にも発砲。結果的に二人の頭と胸を三発ずつ撃ったのだった。

ぐったりして動かない二人を載せた車で兄弟が移動していると、原さんが蘇生してうめき声を上げた。實雄と合流して相談した後に、孝紘は命じられるままアイスピックでその胸を突き、止めを刺した。

場当たり的だが躊躇のない殺人が繰り返されたのだ。

やがて一家は、合流先で小夜子さんの遺体を龍幸さんの車のトランクに詰め込むと、穣吏さんの遺体が眠る諏訪川へと向かった。そして午前三時半頃、ナンバープレートを外した車ごと川底に沈めたのだった。

冷酷さと人懐っこさと

三日間で四人を殺すという凶悪な犯行が、北村一家によるものだということはすぐに露呈した。

二十一日午前十時頃に、川面《かわも》に浮かぶ穣吏さんの遺体が発見されたのである。早くから原さんの捜索願が出されていたこともあり、同日中には真美が参考人として大牟田署に呼ばれ、事情聴取が行われた。そして一家は芋づる式に逮捕され、「極道一家による連続殺人」として世間を震撼《しんかん》させることになった。

そうした経緯で、強盗殺人罪などで一家四人全員に死刑が求刑されたのである。裁判を取材する司法記者の誰もが、たとえ二十歳と三カ月の時点での犯行であっても、孝紘は死刑判決を免れられないとの見方をしていた。

そして、注目の判決が下る直前に、孝紘が弁護士を通じて「話したいことがある」と、私が当初から取材記事を載せていた週刊誌の編集部に連絡してきたのだった。

慌てて駆けつけた私に向けて彼が発したのが、冒頭に記した恫喝《どうかつ》の言葉だ。

まず脅す、というのは、不良の世界ではよくあることだと認識している。最初にみずからの優位性を確保するための、儀式のような行為である。そんな挑発を受けたときは、冷静に対処するほかない。

「記事はたしかに私が書きました。けど、今日は孝紘さんから、なにか伝えたいことがあると連絡があったから来たんですよ」

当時四十歳の私は、二十二歳の孝紘に向かって静かに言った。ジャージ姿で長い髪を後ろで一つにまとめた彼は腕を組むと、うーむと考え、顔を上げた。

「そうったいね。たしかに今日は俺が呼びつけたけん、来よらしたったい。わかった。いまから話すけん、メモばとって」

こちらが呆気《あっけ》にとられるほどに、瞬時に表情から怒気が抜け落ちた。そこで彼が口にしたのは、自分が関わった事件の話ではなく、拘置所職員に暴言を吐かれたなどの、現在の処遇についての不満だった。

メモを取りながら、熱弁をふるう孝紘に目をやる。

思えば、一連の犯行のみならず、逮捕前後に一家が取った行動も衝撃的だった。

穣吏さんの遺体が発見された〇四年九月二十一日に、一家で最初に参考人として真美が事情を聞かれたことはすでに記した。彼女への聴取が二日目に差しかかったときに、實雄が女房に会わせろと大牟田署に押しかけてきたのだ。そして同署内で、隠し持った拳銃で自分の頭を撃ち、自殺を図ったのである。さらに同年十一月には、孝が福岡地検久留米支部の庁舎から逃走し、約三時間後に身柄を確保された。加えてその一カ月前には孝紘が、筑紫野《ちくしの》署の留置場でトイレットペーパーを呑み込んで自殺を図っていたことも、後に判明した。

こうした経緯も相まって、「なにをしでかすかわからない、とんでもない一家」との思いが私にはあった。

孝紘が拘置所での不満を漏らしたところで、記事にするのは難しい。私は、一通り彼の不満を聞くと、「なにか差し入れて欲しいものはありますか。明日持ってきますよ」と尋ねて拘置所を後にした。

翌日、依頼された暴力団関連の記事を掲載した雑誌と衣類を差し入れた私は、ふたたび孝紘と面会した。

彼は前日とはうって変わり、目尻を下げた人懐《ひとなつ》っこい表情を浮かべていた。端々に悪戯《いたずら》好きの子供のような、稚気《ちき》を覗《のぞ》かせる。実際、色白でふっくらとした顔は意外にも幼い。凶悪な犯行内容との釣り合いに欠けるとすら思えてしまう。

事件の話については、孝紘から口火を切るのを待とうと考えていた。そのため拘置所での生活について雑談を交わしていると、彼はいきなり切り出した。

「俺くさ、(刺青《いれずみ》の)彫師《ほりし》ば目指しようがけんくさ、ずっと下絵ば描きよったい。そればどっかの雑誌にくさ、出せんもんかねえ」

彫師になりたい、自作の刺青の下絵を雑誌に掲載できないか——。四日後に死刑判決が下る可能性が非常に高いというのに、将来の夢を語る彼に、一瞬言葉を失った。

四人の命を奪ったこと、その結果予想される死刑判決について、孝紘はどう考えているのだろうか。

訊きたい。だが、さすがにこの時期に〝死刑〟という単語を口にすることは憚《はばか》られた。

私はできるだけ自然に振る舞い、当たり障りのない言葉を並べた。

「わかりました。じゃあ、判決後に心境を書いた手紙と一緒に絵を送ってください。なんとかしますから」

「おっ、俺の貴重なコメントも欲しいと？　さすがやね。そしたらまとめて何枚か送っちゃろうかね」

彼は目尻を下げて快諾した。私は安堵《あんど》しつつ、殺人を厭《いと》わない冷酷さと人懐っこさという、相反する人間性が共存する、この男への興味を感じ始めていた。
○六年十月十七日、孝紘と母・真美の判決公判当日。私は福岡地裁久留米支部第一号

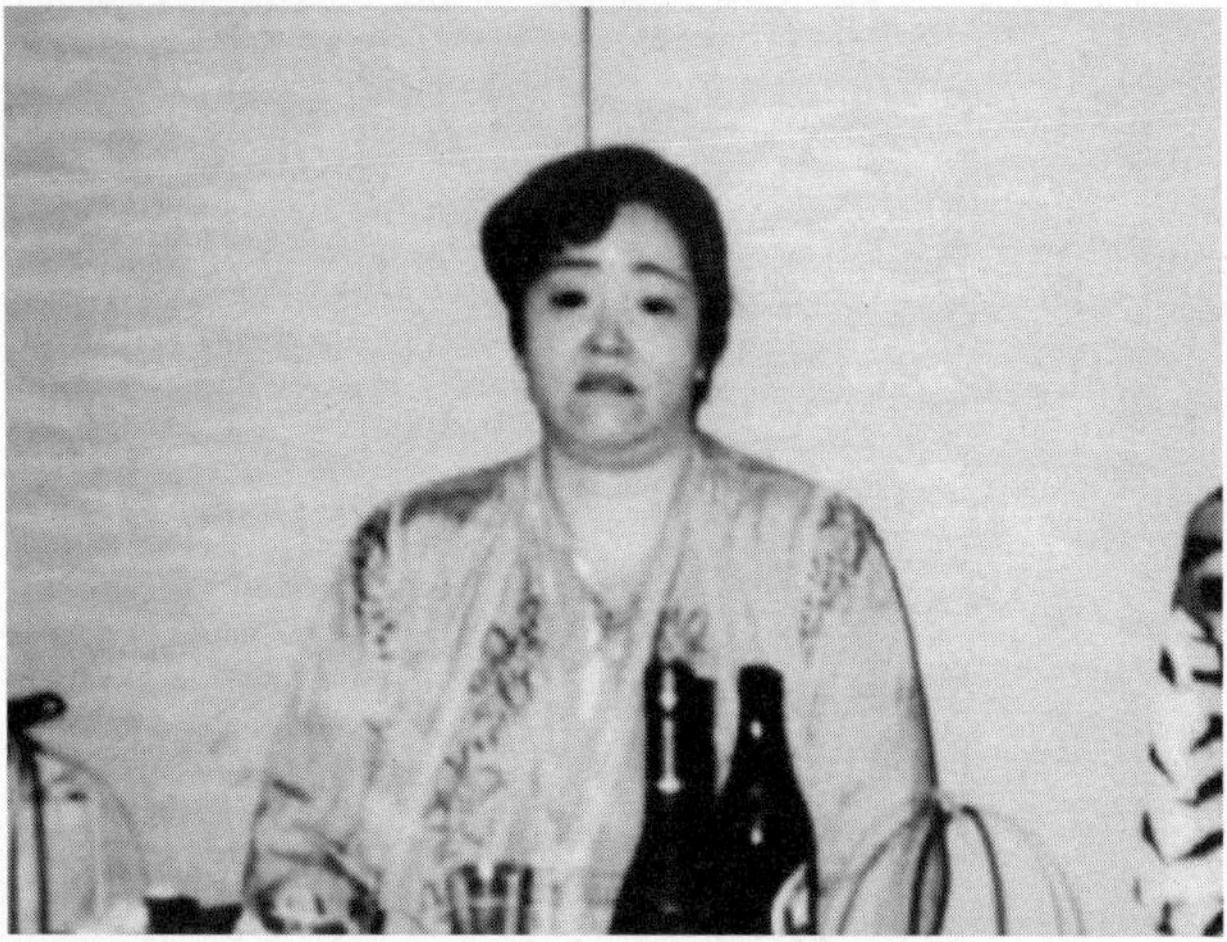

北村真美

法廷の傍聴席にいた。

午後一時半、廷吏《ていり》に両側を挟まれ、手錠と腰縄をつけられた姿で入廷した孝紘は、黒地にストライプの入った三つ揃いのスーツにグレーのシャツを着ていた。髪を後ろで束ねて薄いグレーのサングラス様の眼鏡をかけた彼は、傍聴席を左から右に睨《ね》め回すと席に着いた。その横には真美が、やはり両側を廷吏に挟まれて座る。

「それではね、これから判決理由を読み上げます。長くなりますので座ってください」

裁判長が判決理由から読み上げ始めた。〝主文後回し〟は極刑を予想させることから、記者たちが一斉に席を立って法廷から出ていく。

そのざわめきに孝紘は背後を振り返る

が、真美は前を向いたまま動かない。読み上げられた判決理由には「身勝手極まりない」「執拗《しつよう》かつ残虐《ざんぎゃく》」「生命の尊厳や死者に対する畏敬の念はまったくない」などといった厳しい言葉が並んだ。

やがて孝紘と真美の二人はふたたび証言台に呼ばれた。裁判長は厳かに言う。

「主文、被告人北村真美および北村孝紘をいずれも死刑に処する」

孝紘は微動だにせず、真美は深々と頭を下げた。

「すみませんが、五分だけください」

顔を上げた真美は裁判長にそう切り出すと、傍聴席を振り返り、臨席する被害者遺族への詫びの言葉を口にし、社会に対して迷惑をかけたことを謝罪した。そして最後に孝紘へ顔を向け「孝紘、ごめんね。お母さんが悪い」と絞り出した。

それを聞いた孝紘は母に向かって励ますような口調で、「なるようにしか、ならんやろ」と言葉を返した。自分は大丈夫だから気にすることはない、となだめているように聞こえた。

「蚊も人も俺にとっては変わりないと」

判決公判の翌日、私は孝紘に会うため福岡拘置所へと足を運んだ。死刑判決を下された直後の被告と顔を合わせるのは、それまでの取材経験でも初めてのことだった。

五日前の面会では、彼にはある程度の〝覚悟〟ができているような気がしていた。だが……。

　アクリル板越しに目の前に現れた孝紘は、明らかに憔悴《しょうすい》していた。心ここにあらずという表情で、全身から動揺の気配が漂っていた。私がなにを質問しても生返事で、「ああ」や「そうたい」といった言葉しか返ってこない。

　翌日、ふたたび拘置所を訪ねると、孝紘はふだん通りの〝他者に向けて虚勢を張る〟自分を取り戻していた。私は、なぜ四人もの人を殺《あや》めたのかと、ストレートに尋ねた。

「小野さんね、俺の腕に蚊がとまって血ぃ吸おうとしたら、パシンて打つやろ。それと同じくさ。蚊も人も俺にとっては変わりないと。それだけのことたい」

　後日、彼は刺青の下絵とともに、便箋《びんせん》に判決後の心境を書いて送ってきた。

〈私は一審の死刑判決は当然の判決だと思う。四人もの命をこの手で殺めたのは真実故《ゆえ》、私は自分の命をもってケジメを付けるべきと分かっている。（中略）最近は何も考えぬ様にしているが、時には外へ残っている家族達や友・知人達の事を考え、己の罪を申し訳ないと考えていたりする。されど、今さら何を言っても仕方がない故、今は何も考えない様にしている〉

　だが、判決翌日の憔悴した姿を見ていた私には、これが孝紘の本心だとは思えなかった。

　当然の判決と嘯《うそぶ》きながらも、外部との面会や手紙の自由を得るため、孝紘は高裁に控《こう》訴《そ》した。そのため私との面会は以後も続いた。

彼と関わっていくうちに実感したのは、キレるとどうなるかわからない暴力的な顔を持つ反面、人懐《ひとなつ》っこくユーモアを交えた会話を好む〝愛敬《あいきょう》〟を持っているということだった。

私が「なにか差し入れて欲しいものありますか？」と尋ねると、孝紘は悪戯っぽい表情で言う。

「愛」

思わず吹き出した私が、「もう少し現実的なもので……」と返すと、「なら自由」と続けるのだ。

四人が殺されている。遺族の感情を逆撫《さかな》でする発言である。だがその場にいる私はつい笑ってしまうし、可愛い奴、との感情を抱いてしまうという現実がある。殺人者とは〝冷血〟な存在であるという私の先入観は覆されていた。

そんな孝紘が、あるとき唐突に切り出した。

「小野さん、ちょっとお願いしたいことがあるっちゃけど……」

元彼女への幼い激情

孝紘の頼み事は、予期せぬものだった。

「じつは今度、俺の彼女やったサトミ（仮名）が誕生日ったい。そやけんカネは俺が払うけんくさ、どっかレストランにでも連れてってって、メシば食わしちゃってってくれんやろうか」

「え？　でもこんなオッサンが食事に連れてってっても喜ばないよ」

思わず頭に浮かんだ言葉を返した。すると彼は「ぜんぜん大丈夫やけん」と笑うと、両手を合わせて頼むといった仕種《しぐさ》を見せた。

「あいつにはいろいろしてもろうたけん、俺も感謝の気持ちを伝えたいったい。面倒やろうけど、なんとかメシば食べさせちゃって」

これまで彼女には孝紘が面会を希望していることを伝えるなど、電話越しに話したことがある。断る理由もないため引き受けることにした。もちろん、元交際相手から見た孝紘についての話が聞けるとの好奇心もあった。

数日後、福岡市天神《てんじん》の待ち合わせ場所に現れた大量殺人犯の〝元カノ〟は、やや不良っぽい服装で、顔立ちや体つきに幼さの残る小柄な少女だった。年齢は私の記憶が正しければ、十七歳になったばかり。私と彼女が並んで歩くと、どう見ても、援助交際をしている中年男と少女にしか見えない。

恥ずかしさが先立ち、連れだって入ったステーキ店では、すぐにノートを広げて、取材の体《てい》をとった。

いまは別に付き合っている彼氏がいると話すサトミは、それでも孝紘への面会を続けていた。

「だって、うちが行かんと寂しがるやないですか。これまでいろいろ優しくしてもらったけん、そのお返しもせんといけんし……」

注文したハンバーグセットを食べながら、当然のことといった顔で話す。孝紘とは、もともと友人を通じて顔見知り程度の関係だったというサトミ。驚いたのは、彼女が孝紘と付き合うことになったきっかけだった。

「最初は、レイプやったとです。車に乗せられて、無理やり……」

唖然《あぜん》とした。孝紘が不良少女らを組織して売春をさせていたことや、プレゼントや覚せい剤をちらつかせてのナンパを繰り返していたことなどは、地元での取材で耳にしていたが、レイプというのは初耳だった。私は思わず、「レイプって……そんな相手をなんで好きになったの？」と口にした。しかし彼女は平然と言う。

「レイプは嫌やったけど、そのあとで優しかったけん。車でいろいろ連れて行ってくれたり、行ったことのないような店でごはん食べさせてくれたり……。ほんなごつ、うちが今まで経験したことないくらい優しか人やったと。そんで、付き合うようになったし、好きになっていったっちゃん」

事件取材を長く続けていると、自分の想像を超えた世界に出会うことがしばしばある。このときも私は腕を組んで思わず唸った。

控訴中の孝紘が私に送ってきた、四百字詰め原稿用紙百五十八枚に及ぶ犯行の記録がいまも手元にある。そこには、穣吏さん殺害の翌日にサトミと交わしたやり取りが綴《つづ》られている。

〈孝紘、まさか人殺したりしとっちゃなかやろネ。私の目ば見てちゃんと正直に話してんネ、何かあっとろ！　孝紘には私が居るとやけネ、ちゃんと話して聞かせて。どうしたと？　と、一気にまくしたてられ、俺は女の勘の凄さと、ズバリ全てを見抜かれていた事にビックリし、つい目をそらし、〝何もなか〟とイラついた言い方をした〉

つくづく男と女は付き合った時間やきっかけ、互いの年齢差ではないと思ってしまう。

さらにその夜、今度は小夜子さんに手をかける直前のことだが、孝紘はサトミと二人きりになることがあった。彼はそこでの心境を次のように記す。

〈俺はこの女を心より愛しく、大切に思っていたし、一生守ってやりたいと思っていたので、昨晩の事がどうしても悔やまれてならなかったが、今晩の事も思うと、この愛する女とも、一緒に居れる残り時間が少ないのを分かっていて、俺はどうしようもなく切なかった。その為、残り少なくても、一緒に居れる残りの時間の一分一秒をも精一杯大事に愛してやろうと思ったのだった〉

二十歳の男が十五歳の女に向けた、あまりにも幼い激情である。怒ったときには細い目をこれでもかと吊り上げ、嬉しいときにはとろけるように目尻を下げる。感情がいつも表に出てしまう孝紘の、思い詰めた顔が脳裏に浮かぶ。

事件からすでに二年が経っていた。私の目の前に座る童顔のサトミの口から発せられた言葉は、十七歳の少女でありながら〝母性〟を感じさせるものだった。

「孝紘はうちにいっぱい愛をくれたけん、あげんことになった後でも、うちが見捨てたらいかんと思うし、できる限り最後まで面倒ば見らないかんって気持ちがあるっちゃんね」

その言葉を聞いた日から八年が過ぎた。風の便りでサトミは結婚したと耳にした。改めて当時の携帯電話に何度か連絡を入れてみたが、呼び出し音は鳴るものの、本人が出ることも、返信もなかった。

刑事への手紙

サトミの他にも、孝紘のことを気にかけている人々がいた。

一四年九月、私は福岡県下のとある場所へ向かった。ほどなく目的地の駅に着くと、携帯電話で相手に到着を伝えた。

「おう、着いたとね。なら、いまそっちに行くけん」

やがて、小柄だが精悍《せいかん》な顔立ちの男性が姿を現し、こちらに向けて手を振った。日焼けした顔で笑うのは、引野和夫さん（仮名）だ。現在六十代の彼は、孝紘の取り調べにあたった刑事である（その後、定年退官）。

「事件はそら残酷なもんやったけどくさ、当時、俺にも十九歳の息子がおって、（孝紘と）一歳しか違わんかったと。それでもし自分の子がそうやったらどうすると思って、（取り調べに）当たりよったね。結局、筑紫野署には百日くらい泊まったばい」

当時二十歳の孝紘に対して、引野さんは五十代半ば過ぎ。親子ほどに歳の違う被疑者と刑事だった。

「もうな、最初に取調室で会ったときにくさ、『お前が俺を死刑にするとぞ』て叫んで、椅子を振り上げて暴れよったもんね。それからも頭突きしてくるわ、殴りかかってくるわ、味噌汁をかけようとするわ、とにかく暴れまわって、いっちょん話にならんかったばい」

いかにも大変だったという様子で、よく通る大きな声が返ってきた。逮捕の四年前、相撲部屋にいた孝紘の初土俵時の身長は百七十三センチメートルで、体重は百四十三キログラム。引退していくらか痩せたとはいえ、その体格で暴れられると、手練《てだ》れの刑事といえども、相当に手を焼いただろうということが想像された。

「俺と竹内（仮名）いう刑事がコンビを組んで担当したとやけど、タバコの火を腕に押しつけられたり、ボールペンでここば突かれたこともあったとばい。もう無茶苦茶やったと」

引野さんは自分の眉間を指さした。当然、周囲から公務執行妨害で立件しろとの声が挙がったが、彼はそうはしなかった。それどころか怒ることすらなかった。

「孝紘は『なんで怒らんとや？』て、よう言いよったばってん、不思議と俺は腹が立たんかったと。それよりも、こいつをなんとかせんといかんて思いよった」

目の前の引き締まった顔には深い皺《しわ》が刻まれている。

「もう毎日んごと反抗するけん、たった十日くらいが三十日にも四十日にも思えたばい。そいでくさ、ある日突然に、なんのきっかけもなく、孝紘が椅子から立ち上がったと。ほんで、『引野、竹ちゃん、今から話すけん』て、事件について一から順を追って全部話し出したとたい。もう俺も竹内も涙をボロボロ流してくさ、あんときは孝紘も泣いとった。みんな、いつまでも涙が止まらんやったね……」

これにて一件落着に思えたが、その日の夜、孝紘は留置場のトイレでちり紙を呑み込み、自殺未遂騒動を起こす。しかし、取り調べ中に孝紘の様子がおかしいと感じた引野さんが、あらかじめ留置係に注意するよう助言していたことで、事なきを得たという。それはまさに刑事の〝勘〟だった。

「じつはくさ、孝紘が留置されとった筑紫野署を出て移送されるとき、俺にくれた手紙があるったい」

そう言うと、引野さんは懐《ふところ》から大切そうに封筒を取り出した。

〈引野へ〉

折り皺《じわ》とシミのついた封筒の表に宛名が書かれ、その端に小さく〈ラブレター〉との文字が添えられている。断りを入れて内容を見せてもらった。

〈引野へ

今日までの約3ヶ月、マジありがとう。

俺の我《ワガ》ママを全て聞き入れて最後まで付き合ってくれたし、『俺は、お前ば信じとるけんがたい』の一言が、マジ嬉しかったばい。

俺は、引野が俺付きの刑事で幸せやったと思っとるばい。

俺の最後の時を最高の３ヶ月にしてくれて皆大好きやし、ありがとう。

俺は、拘置所で最後の最後まで絶対あきらめず、前向きで正直に、俺の残された時間を元気に頑張って生きるけん。

だけん、引野・竹内君・××（原文実名、以下同）・××さん・××の皆も、身体には充分気を付けて、元気に仕事頑張ってね。

最後に、大好きで最高の警察官・刑事たちマジありがとうございました。

じゃあ、『さようなら』は嫌いなので、バイバイ。

by 北村孝紘〉

四人を躊躇《ちゅうちょ》なく殺した凶悪犯の、飾りのない感謝の言いまわし。その率直な表現に虚を突かれ、ぐっときた。

「あいつはこういうことするけんねえ……」

引野さんはそう言うと、一瞬黙った。そして感慨深い表情を浮かべた。

「ほんと、この手紙を貰《もろ》うたときは嬉しかったばい。もう、涙なしでは読めんかったもん。刑事やっとってよかったーて思ったね」

元刑事はそう口にすると、目尻に深い皺を作って微笑んだ。

国選弁護人の枠を超えて

引野さんに会うのと時期を同じくして、私は福岡市内の法律事務所を訪ねた。会議室で待つ私の前に眼鏡をかけた細身の男性が、書類を抱えて姿を現した。

松井仁さんは、孝紘の控訴《こうそ》審と上告《じょうこく》審を担当した弁護士である。四十七歳。私選ではなく国選であるため、本来ならば控訴審のみでその役割を終えることができるのだが、今後も引き続き福岡で相談に乗ってもらいたいと願う彼に請われて、上告審まで担当していた（東京都の弁護士との二人態勢）。

その熱心で献身的な活動は、直接目にしていた。なにしろ、孝紘はなにか用件があると、すぐに松井さんを通じて私に連絡を入れてきたのだ。それはたとえば、出版社を紹介してもらえないかという依頼だったり、過去に出た雑誌記事のコピーが欲しいという要求だったりした。そのたびに松井さんは私の携帯電話に連絡を入れて、「北村孝紘からの伝言で……」と申し訳なさそうに切り出していた。

また、〇七年には孝紘が描いた八十枚に及ぶ刺青下絵の画集『証』の制作まで担当したという。それはもはや、弁護人の職務を超越した〝ボランティア活動〟ともいえる献身ぶりだった。

いったいなぜ、そこまで熱心に動く気になったのか。その理由が知りたかった。

「自分でも、なぜここまでやるんだろうと思います。私もわからないんですよ。まあ、放っておけないというのが一番近いかもしれません」

弁護士の松井さんはそう口にすると苦笑いを浮かべた。北村家の一家四人全員の死刑が確定してからは、孝紘を経由して家族からの頼み事も受けているようだ。

「實雄さんの年金の手続きをしたり、あと孝さんからは本を買って差し入れて欲しいと頼まれて、その購入代金に充ててくれと箱いっぱいの古本を送ってきたから、それを売りに行かなければいけなかったり……」

思わず「大変じゃないですか」と訊いた。そうなんです、という顔で松井さんは頷《うなず》く。

「まあでも、一番大変だったのは刺青の下絵画集（『証』）を作ったときですよ。あれって私、キンコーズ（ビジネスコンビニ）で全部やったんですから。ただ、大変だったけど楽しかった。共同制作の満足感があったし、自分でもやればできるんだって……。下絵でTシャツも作ったんですけど、それも（孝紘）本人はすごく喜んでましたね」

負担にはなるが、孝紘が思い描く自己実現には協力したいのだと語る。

「いかに彼の生活を人間性のあるものにできるかどうかだと思うんです。弁護士会も言っていますが、死刑はやはり残虐《ざんぎゃく》な刑罰です。せめて執行を待つ間は、ちゃんと生活をさせてあげたいとの思いがあるんです」

英国の大学への留学経験があり、これまで国際取引や外国人の事件の弁護を中心に取り組んできた松井さんにとって、孝紘は初めての死刑言渡《いいわたし》事案だった。

最初の接見では、例によって孝紘は睨みつけてきたそうだ。

孝紘が「彫紘」の銘で描いた刺青原画

「控訴から数日後だったんですが、なんでこんなに来るのが遅いんだって怒ってましたね。ただ、二、三回目の接見からは徐々におとなしくなっていきました」

飄々《ひょうひょう》と語る松井さんに、私は「孝紘って、不思議と愛敬《あいきょう》があるんですよね」と口を挟んだ。すると彼も同調した。

「非常に人懐っこいし、いったん信頼関係ができると、気を遣うんです。そういう点では憎めない部分がありますね。家族思いの純粋さもあるし、付き合いは嫌ではないです。これもなんかの縁だと思いました。それに彼も頼ってきますし、私が社会との接点なので断ち切るのは忍びない」

たしかに、孝紘の人懐っこさは私も肌で感じていた。面会の間隔が開いてしまったときなど、「なん、最近冷たいっちゃないと。なかなか来んけん、どっかで浮気ばしよるんやないかて、思いよったばい」などと軽口を叩く。また、拘禁が続き気持ちの弱っていた母の真美には、毎日のように励ましの手紙を出すなど、家族思いの一面も見られた。思い返せば、次のように発言していたこともあった。

「俺はけっこう小さい頃から少年院やら入っとうけんくさ、こういう生活も平気ったい。けど、母ちゃんは拘置所やら慣れとらんけんね。けっこうきつかろうや。やけん、せめて手紙でも出しちゃらんとね」

松井さんの許《もと》には、死刑確定後も月に一度は孝紘から手紙が届くという。

「彼自身は『死刑には賛成ですから』と言っています。それから、最近は身辺整理をしようとしていると感じることがありますね。執行後の遺骨の引き取り先について書いてきたり、本人が持っている刺青の画集や道具を譲る話をしてきたりしますから……。まあ、これからも彼との付き合いは続いていくでしょうね」

そう語る表情は、決して迷惑ではなさそうだ。その厚意に、素直に感嘆した。

静かなる絶叫

あと数日で事件から丸十年を迎えようかという日、大牟田市内をレンタカーで走った。不景気が続いていることもあってか、驚くほど当時と街の景色は変わっていない。

だが、北村家の木造一戸建ての家屋があったあたりは、取り壊されて草ぼうぼうの原っぱとなり、「売地」の看板が立てられていた。被害者の高見家も家屋はなくなり、更地に生い茂る草が、横にある保育所の二階と同じ高さに達していて、時間の経過を感じずにはいられない。

被害者の遺族の話を聞かないわけにはいかないと思っていた。

伝手《つて》を辿《たど》り、原純一さんの母・恵理子さん（仮名）に連絡を入れ、「体調が悪いので自宅でなら」との条件で面会を許してもらえた。

聞いたところ恵理子さんは、事件が起きたときと同じアパートに一人で住んでいるという。

取材当日、居間に通されて息を呑んだ。部屋の三分の一が純一さんの写真を飾った祭壇で占められ、その左右に花が、祭壇上にはたくさんの菓子と飲み物が置かれているのである。さらにテーブルの背後にある棚の上には、二十枚近い純一さんの写真が、それぞれ額に入って並ぶ。

「私ねえ、この部屋から引っ越せないんですよ。いまでも純がこの部屋に帰ってくるんじゃないかって気がして……。（純一さんの）弟は大学の関係で福岡に行ったんですけどね、たぶん私は、死ぬまでこの部屋を出きらんのでしょうね」

現在五十二歳の恵理子さんは、つい最近悲劇に遭遇したばかりのような、憔悴《しょうすい》した顔で語る。

「鍵を忘れて出て行ってもいいように、うちは親子しか知らない秘密の場所に、玄関の鍵を置いてるんですね。それを毎日見に行ってしまうんです。純が鍵を取りにきたっちゃないやろうかって……」

そこまで口にすると、恵理子さんはこぼれ出た涙をぬぐった。私はただ彼女の言葉に耳を傾けるほかなく、黙って頷いた。

「正直いって、なんでうちの子が被害に遭わないかんのかって思うんです。（北村）真美と私と高見さんが揉めているのなら、まだわかります。けど、私はそんなことはなかったわけやないですか」

実際、事件のきっかけは金銭目的だが、その根は北村一家と高見小夜子さんとの確執によるもの。純一さんは彼らが口封じのために殺害しようと行方を探していた高見龍幸さんと、たまたま一緒にいたというだけの理由で殺害されたのだ。

「理由が知りたかったから、私はこれまでに二回、真美と面会しました。そのときに真美は『純までは殺す気はなかった。（龍幸さんと車に）一緒に乗ってたから、殺さずにはいられなかった』と口にしたんです。だから私が『子供にまで手を出す必要はあるのか』と改めて訊いたら、『私は現場にいなかったのでわからなかった。もし純だとわかっていたら、その日の犯行は諦めていたかもしれない』って言われました」

恵理子さんはもともと殺された小夜子さんと付き合いが長く、彼女の紹介で真美と知り合った。その関係は決して深くない。

「こっちは真相が知りたくて面会してるのに、この人、なにを言ってんのって……。訳わかんなかったです。あの人たちは、一生反省しないんだと思いました」

私は質問した。

「いま『あの人たち』という言葉を使いましたが、逮捕された北村一家四人のうち、とくに誰が許せないということはありますか」

彼女は大きくかぶりを振った。

「誰が許せないとかはありません。それは事件が起きた当時からそうです。一人だったら一人を恨めばいいけど、一人じゃなくて四人ですし、広げていったら相手の家族も恨みたくなる。もう、恨み始めたらきりがなくなるんです。それこそ、純を呼び出した龍幸くんも恨みたくなるし、その親の高見さんも恨みたくなる。そして、なにより自分を恨みたくなるんです。私があのとき、純を行かさなきゃよかった、と……」

純一さんは、殺される三時間ほど前の午後十一時過ぎに、弟の穣吏さんを探す龍幸さんからの電話で、この部屋から呼び出された。

「電話があって、『ちょっと出てくる』って。それが純を見た最後だったんです。もう私は、純には『ごめんね』しかありません。助けてあげられなかったのと、あのとき家を出るのを許したのと……。一番離しちゃいけない手を、私が離してしまったんだから……」

もちろん恵理子さんに落ち度はない。だが母親は、そうやって十年間自分を責め続けているのだ。

恵理子さんは問わず語りに、純一さんとの思い出を次々と口にした。生活の苦しい母子家庭のなかで、それでも笑いが絶えなかったことや、純一さんが自ら定時制高校を選び、バイトをしながら学校に通っていたことなど、エピソードを交えながら目を潤ませて語る。

「歳は取ります。時間は過ぎます。でも、私の心の中の時計は、止まったままなんですよ」

そう締めくくると、「待ち続けて、十年です」と洩《も》らしてため息をつき、純一さんの写真に目をやった。

部屋は静まり返り、飼っている猫のかさこそとした足音だけが響く。私は気持ちを振り絞って尋ねた。

「彼らの死刑が執行されても、その状況は変わりませんか……」

恵理子さんは「ふっ」と軽く笑みを浮かべた。

「死刑になっても、終わりません」

そして間を置き、口を開いた。

「やっぱり自分がお腹を痛めて産んだ子供ですから。いまも、純はあの世で私のことを待っててくれてるって思うんです。……わかるでしょ？　だから、矛盾してるんです。あの世で待っててねっていう自分と、家に帰ってくるのを待っている自分がいるんです。おかしいんですね。本当に、おかしいんですよ。でも、おかしくならなきゃ、生きていられないんです」

私は、静かな口調で語られる絶叫を聞いた。

同じ十年という歳月であっても、加害者側と被害者側との間で流れた時間は明らかに異なる。断絶ともいえるその溝が埋まる姿を、少なくともそのときの私は想像することができなかった。

最後の面会

二〇一一年十月三日、北村孝紘（養子縁組で判決時は井上姓）の上告が最高裁で棄却され、死刑が確定した。これ以降は面会できなくなるという期日の直前、私は福岡拘置所を訪ねた。

「面会できる相手は制限されるけどくさ、まだこれからも雑誌やら作るつもりやけん、そんときは一光さんも協力しちゃりいよ」

気づけば最初の面会から五年。いつしか私のことを苗字ではなく名前で呼ぶようになっていた孝紘は、最後の面会でも未来を語った。約十分の面会時間の終了を告げるタイマーのベルは、あっという間に鳴った。

「もう会えなくなるけど、いろいろありがとう。躰《からだ》に気をつけて」

死刑囚となる人間に、躰を気遣う言葉を使うことに違和感を覚えたが、それしか言葉が思い浮かばない。すると孝紘は立ち上がり、直立不動の姿勢をとった。

「一光さん、俺こそこれまで長い間お世話になりました。本当にありがとうございました」

神妙な顔で言うと、深々と頭を下げた。孝紘の目には涙が浮かんでいた。初めて見る、彼の涙だ。

拘置所を出てからの帰り道、頭がぢんぢんとした。正直、切なさが募った。

それから三年が経ち、私は大牟田市街が見渡せる公園の高台にやってきた。眼下に広がる景色のなかで、十年前に起きた凶行に思いを馳《は》せる。

かつてはこの景色のなかに、被害者も加害者もいた。だが、前者は無念の死を余儀なくされ、後者はその咎《とが》により死を待つ身となった。つまり、幸せになった者はだれもいない。

失われた時を取り戻す術《すべ》はなく、数軒の永遠に灯りのともらなくなった家を呑み込んだまま、街はそこに在り続ける。それだけが、なにも変わらないことなのかもしれない。

CASE
2

松永 太

北九州監禁連続殺人事件

福岡県北九州市の松永太(40)による史上稀に見る凶悪犯罪。内縁の妻、緒方純子(40)と共に被害者を監禁したうえマインドコントロール下に置き、自らは手を下さずに殺し合いをさせていた。2002年、監禁されていた広田清美さん(仮名・17)の脱走により発覚。清美さんの父、由紀夫さん(仮名・34)、純子の両親である誉さん(61)と静美さん(58)、妹の理恵子さん(33)とその夫の主也さん(38)、二人の子供の彩ちゃん(10)と優貴くん(5)の計7人が殺害されていた。(写真は47NEWSより)

屈託のない〝悪魔〟

「いやーっ、先生、わざわざ私のために東京から来ていただき、ありがとうございます。先生、いま私を取り巻く状況は、本当にひどい話ばかりなんですよ。とにかく聞いてください……」

二〇〇八年十一月、福岡拘置所。稀代《きたい》の凶悪殺人犯は、上下グレーのスウェットスーツを着て面会室に現れた。明るく晴れやかな表情で私の前に座ると同時に、堰《せき》を切ったように喋り始めた。

「もう私の裁判はね、司法の暴走ですよ。私自身、なにも身に覚えのないことなのにね、私ひとりに罪を被せようとする陰謀が、あらかじめ出来上がっているんです。ほんと、裁判所という機関は、いまではもうほとんど、事実を発見する仕組みが機能しなくなっていると思います。感情的にならず、冷静に判断することをよしとされる裁判官が、マスコミや一部の作家のアジ（テーション）に乗っかった意味不明の判断を次々に実行しているんです。いわゆる魔女裁判のように裁こうとしているんです」

陽に当たらず地下で栽培されたウドを想像させる、漂白されたかの如き白い肌。歌舞《かぶ》伎《き》役者のように整った顔立ち。だが、その見開いた黒目の奥には感情を窺えない闇が宿る。私はメモを取る手を止め、しばし彼の表情に目をやった。

なんなのだろう、この饒舌《じょうぜつ》な語りは。なんなのだろう、この罪悪感のなさは。

事件発覚直後から現場での取材を重ね、凶悪な犯行内容を知っている私のなかに、違和感ばかりが募る。自らの潔白と司法への不満を息もつかずに訴え、その合間に笑みを浮かべて私を持ち上げ媚《こび》を売る。そんな男を目の前にして、ひとつの確信が生まれていた。

悪魔とは、意外とこんなふうに屈託のない存在なのかもしれない、と。

男の名は松永太《ふとし》。面会時は四十七歳。福岡県北九州市で一九九六年二月から九八年六月にかけて、七人が殺害された「北九州監禁連続殺人事件」の主犯である。

二〇〇二年三月、松永と内縁の妻である緒方純子《おがたじゅんこ》に監禁されていた十七歳の少女が、同市内の祖父母宅へと逃走したことで犯行が発覚。逮捕された松永は、七人全員に対する殺人（うち一件は傷害致死）などの罪に問われて一審、二審ともに死刑判決を受けた。私が面会したときは、最高裁に上告中であった。

一方、共犯者として松永と共に逮捕された純子は、一審で死刑判決を受けるも、二審では松永の強い影響下にあった、との理由で無期懲役へと減刑されていた。

ちなみに被害者七人のうち六人が、純子の両親や妹を含む親族だ。原則四人以上の殺人は死刑という「永山基準」に当てはまる事件の被告人でありながらも、松永による精神的な支配下での犯行であったことが思料された。

さらに付け加えれば、後の最高裁でもこの高裁判決は支持され、一一年十二月に彼女の無期懲役が確定する（同時に松永の死刑も確定）。つまり松永による抑圧は、それほどに苛烈《かれつ》なものだったのである。

この裁判を取材した司法記者に会ったとき、彼は松永が純子を支配した構図について、次のように話した。

「松永は間違いなくDV常習者。長期にわたり純子に対して殴る蹴る、さらには通電の虐待を繰り返してきた。だけど純子はDV被害者特有の心理で、暴力の原因は自分にあると思い込んでしまった」

通電とは電気コードの先に金属製のクリップをつけた器具を躰に装着して、一〇〇ボルトの電流を流す虐待方法だ。松永は純子に通電を繰り返し、彼女の右足の小指と薬指は火傷《やけど》でただれ、癒着するほど痛めつけられていた。記者は続ける。

「純子は二度、松永の許《もと》を逃げ出そうとしたが、連れ戻されてより激しい通電虐待を受けた。もう逃げられないという諦めと、通電の恐怖を心に植え付けられた彼女は、松永の要求を拒むことができない心理状態に置かれてしまった」

かくして、純子は松永の主導の下、自分の身内を巻き込んだ大量殺人の共犯者となっていく。

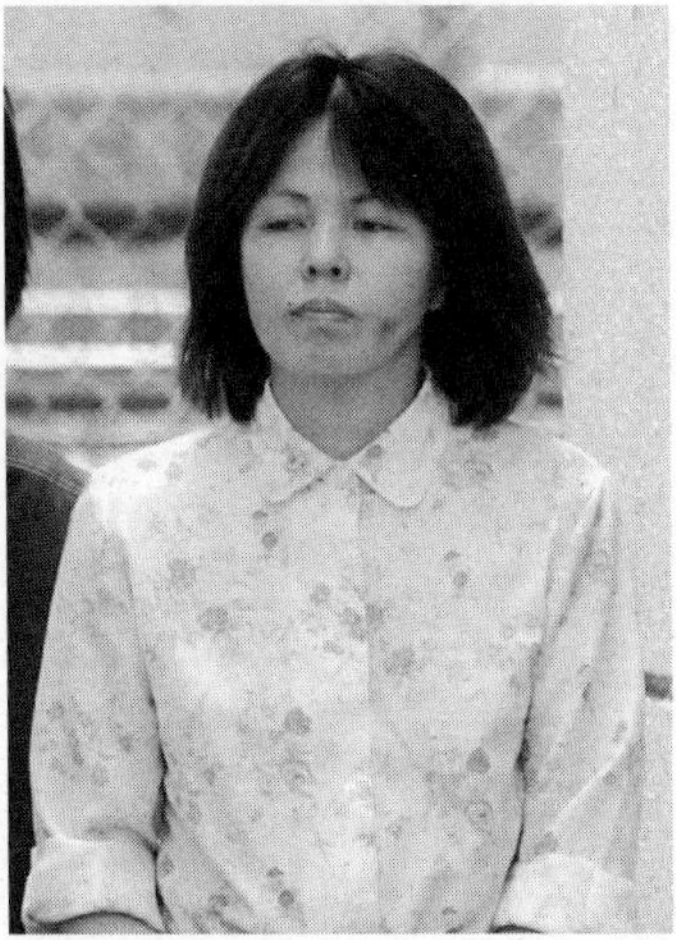

緒方純子

もっとも、二人が逮捕された直後は、これほどまでに被害者が多く、かつ凶悪な犯行であることは、捜査関係者を含めて誰も想像していなかった。だからこそ、偶然網にかかった鮫の腹を割いたところ、そこから無数の骸《むくろ》が出てきたような、予期せぬおぞましさを感じさせることになったのだ。

戦慄の〝殺人部屋〟

「2DKの部屋に入った捜査員全員が愕然とした。生まれて初めて霊感のようなものを実感したよ。本当に恐ろしかったんだ。部屋に入ってまず感じたのは、明らかに人間の血の臭いだった。部屋の片隅には消臭剤が大量に積まれていて、血の臭いを消すためだとすぐに想像がついた。風呂場やトイレ、部屋など、あらゆるドアに七、八個の南京錠《なんきんじょう》がかけてあって、窓には全部つっかえ棒が釘打ちされていた。それはもう、なにもかも異様な光景だった」

これは、七人が殺害された三萩野マンション(仮名・北九州市小倉北区)に、家宅捜索で初めて足を踏み入れた状況について回想する捜査員の言葉だ。

〇二年三月、監禁から逃走した少女・広田清美さん(仮名)は、捜査員に対して父親が殺されたことを訴えた。さらに「とにかく部屋を見てほしい」と繰り返した。そこで半信半疑の思いで家宅捜索をした捜査員の目に飛び込んできたのが、先の証言にある、手練《てだ》れの刑事をも戦慄《せんりつ》させた〝殺人部屋〟の痕跡だった。

九六年から九八年にかけ七人が殺されたこの部屋で、最初の犠牲者となったのは、清美さんの父親・広田由紀夫さん(仮名・当時34)である。

北九州市で不動産会社に勤めていた由紀夫さんは、客の知人として知り合った松永に社内での不正行為などの弱みを握られて勤務先を退職。娘の清美さんとともに、三萩野マンションでの同居を強要された。

そこで松永による、殴る蹴るの暴力や通電が繰り返されることになる。さらに由紀夫さんには一日一食の食事制限も加えられ、徐々に衰弱していった。九六年二月、彼は閉じ込められた浴室内であぐらをかいたまま上半身を倒し、脱糞している状態で見つかった。当時十一歳の清美さんが掃除をしている目の前で、由紀夫さんは息絶えたのだった。

純子から報告を受けた松永は、『ザ・殺人術』という本を参考に、遺体をバラバラにすることを決め、純子と清美さんの二人に命じて、遺体を浴室で解体・処分させた。

その次に、この部屋で松永が暴虐の限りを尽くしたのが、純子の親族・緒方家の人々である。それまでは福岡県久留米市にある純子の実家で、実直に暮らしていた三世代家族の六人は、松永の謀略にかかり、九七年四月頃からこの部屋で軟禁状態にされた。

殺害されたのは純子の両親である誉《たかしげ》さん（当時61）と静美さん（当時58）、妹の理恵子さん（当時33）とその夫の主也《かずや》さん（当時38）、さらに二人の子供である彩ちゃん（当時10）と優貴くん（当時5）である。

その悪辣《あくらつ》な手口をすべて紹介するには紙幅が足りない。時期とおおよその殺害状況のみを記しておく。

●九七年十二月　誉さん殺害
心臓部への通電によるショック死。誉さんの反抗的な発言に怒った松永の指示により、家族の前で純子が通電したところ、座ったまま前のめりに倒れた。死亡したことが確認されると、松永の誘導で遺体は純子と静美さん、理恵子さん夫婦と彩ちゃんの五人で解体することになった。

●九八年一月　静美さん殺害
誉さんの死後、松永は静美さんへの通電を集中。精神に異常をきたした彼女は奇声を上げ、食事を拒絶するようになったため、浴室に閉じ込められた。松永の指示で主也さんが電気コードで首を絞め、理恵子さんが足を押さえて殺害。遺体は純子と理恵子さん夫婦、彩ちゃんの四人で解体した。

●九八年二月　理恵子さん殺害

静美さんの死後、松永による顔面への通電など、衝撃の強い虐待が集中する。彼女もまた奇声を上げるようになり、松永から殺害を示唆《しさ》された純子と主也さんが話し合い、主也さんが電気コードで首を絞め、彩ちゃんが足を押さえて殺害。遺体は純子と主也さん、彩ちゃんの三人で解体した。主也さんは「とうとう自分の嫁さんまで殺してしまった」とすすり泣いた。

●九八年四月　主也さん殺害

元警察官の主也さんの体力を奪うために、松永が食事を制限し、通電を繰り返したところ、やがて衰弱して水も受け付けなくなった。浴室に閉じ込められ、痩《や》せ細った主也さんに、松永が眠気覚まし剤と五〇〇ミリリットルのビールを飲ませたところ、一時間後に死亡。遺体は純子と彩ちゃんの二人で解体した。

●九八年五月　優貴くん殺害

主也さんの死後、松永が「大人になったら復讐するかもしれない」と純子に殺害を指示。その上で松永は「優貴はお母さんに懐いていたから、お母さんのところに返してやったら」と遠回しに彩ちゃんに殺害を了承させる。そして純子と彩ちゃんが電気コードで首を絞め、清美さんが足を押さえて殺害した。遺体は純子と彩ちゃんの二人で解体した。

●九八年六月　彩ちゃん殺害

優貴くんの死後、松永は彩ちゃんへの通電を集中させた。これまでの食事制限もあり、二歳児のおむつが穿《は》けるほどに痩せ、衰弱した彩ちゃんを松永が説得。逆らうことのできない彩ちゃんは、優貴くんが殺害された場所に自ら横たわり目を瞑《つむ》った。純子と清美さんが首に巻き付けた電気コードで絞殺。遺体は純子と清美さんの二人で解体した。

このように緒方家については、およそ月に一人のペースで殺人が繰り返された。松永は主犯であるにもかかわらず、自分の手は一切汚さずに、七人もの命を奪ったのである。

だが、拘置所で面会した私に向かって彼は嘯《うそぶ》く。

「いまさら嘘はつきません。私は殺人等の指示はしておりません。私を誹謗《ひぼう》する報道ばかりですが、小野さんは違った角度からこの事件を見てください。それは、松永は無実であるという視座からです。それが事実なんです」

大きな目でこちらを射抜くように直視して言い切る姿は、確信に満ちていた。嘘をついていることへの後ろめたさや、信じてくださいとすがりつく卑屈さといった、ある意味で人間的ともいえる湿り気は、まったく含まれていない。人間に酷似したヒューマノイドロボットをテレビで見たときのような、目の前にある存在はたしかに人間の姿かたちをしているのだが、そこに魂の存在が感じられないという経験だった。

もっとも、彼が自己の無実を強弁する背景もわからないではない。犯行の段階で松永は、遺体の解体や処分の方法について細かく指示を出し、彼なりに〝足がつかない〟ように工夫していたからだ。当時の福岡県警担当記者は説明する。

「遺体は包丁やノコギリを使って、細かく切り分けられてから鍋で煮こまれました。そうして肉と骨を分離させ、肉はミキサーでさらに細かくしてからペットボトルに入れ、近くの公衆便所などに捨てています。骨は細かく砕いて缶に入れ、大分県と山口県を結ぶ旅客船などから海に投棄したそうです。解体場所となった浴室は、松永の指示で念入りに掃除されており、誉さんには台所の配管の交換を、主也さんには浴室のタイル交換をさせていました」

こうして七人の遺体の痕跡は完全に消されたのだ。まさに〝遺体なき殺人事件〟だった。当然ながら、遺体から殺害方法を割り出すことはできず、あくまでも関係者の証言を含めた状況証拠を収集して、殺人を立証するほかない厄介な案件である。

事件発覚後すぐに北九州市へ飛び、現場で取材を始めた私は、三萩野マンションの複数の住人から話を聞いた。そのときに印象に残っている言葉がある。

「深夜にね、あの階からギーコ、ギーコってノコギリを挽《ひ》く音がするんよ。それが何日も続き、しばらく間が空いては繰り返されよった。もう、なんの音なんやろうかっち思いよったね」

また別の住人はこんなことも口にしていた。

「夏とかにすごい異臭がしよったんよ。もう、レバーを煮たような、なんとも言いようのない臭い。とくにあの階から臭いよった。それでね、廊下や階段の踊り場に人間の小便や大便がされとったこともある。足跡があの部屋に続いとったことがあるけ、別の階の人が注意したんやけど、中年の女が出てきて子供の頭を叩き、『あんたがやったん？』って怒りよった。いまから思えば、臭いをごまかすためやったかもしれんね」

それはまさに、遺体を消し去る作業を実行する音であり臭いだったのだ。取材で入ってきた捜査情報とこれらの証言が結びついたとき、酸鼻《さんび》をきわめた現場での様子を想像し、戦慄《せんりつ》を覚えずにはいられなかった。

王様と奴隷

さらに〇二年六月から〇五年九月までに七十七回開かれた一審の公判で、事件の詳細が明らかにされると、そのあまりに悪辣な犯行内容に唖然とさせられた。実際、旧知の地元テレビ局の報道担当幹部は次のように嘆息していた。

「こんなこと言うと被害者に申し訳ないけど、この事件はテレビ向きじゃない。あまりにも犯行内容が残酷なんで、映像にできないんですよ。だから経過だけを粛々《しゅくしゅく》と報じるしかない」

松永が主導した事件の残忍なところは、殺害現場に親族を立ち会わせる、あるいは親族に手をかけさせるという点だ。さらにはその遺体を子供を含めた親族に解体させ、処分まで担わせている。

松永は助言という体で命令を下し、逆らうことのできない相手に殺害や遺体処理を実行させた。さらに「自分たちで考えろ」と示唆《しさ》することによって、相手が忖度《そんたく》して自発的に行動するように持ち込んでいた。

当時、この事件に携わる誰もが疑問に感じていたことがある。

なぜ、被害者は逃げられなかったのか。なぜ、自ら犯行に加わってしまったのか、ということだ。

あの場にいて、唯一生き残った清美さんは後にこう証言している。

「(松永と緒方家の関係は)王様と奴隷でした」

つまり、まったく抗《あらが》うことができなかったのである。このような状況を生み出したのは、松永が周囲の者を精神的に支配するための段階を踏んでいたからだ。

そのほとんどは、まず甘言《かんげん》で近づき、信用した相手から不満を聞き出し、そそのかして外の世界と繋《つな》がる勤務先などの集団から離脱させる。続いて自らの手元に置き、不信の元となる情報を囁《ささや》いて親子や夫婦、姉妹といった絆を断ち切る。そして子供を人質にしたり、犯行に加担した弱みを握ることで逃げられなくする。さらに互いの監視を命じて常に一人の生贄《いけにえ》を作り、その生贄に浴びせた苛烈な暴力によって、皆に「次は自分かもしれない」との恐怖心を叩きこむというものだ。

なにゆえ、このような悪魔の所業を思いつき、実行に移すことができたのか。それを知るには、松永太という男の足跡を辿る必要があった。

松永からの手紙

松永太と福岡拘置所で面会してからすぐに、彼からの封書が自宅に届いた。

中身は三枚の便箋。黒字のボールペンを使い、神経質な印象の細かい字で書かれた手紙には、マスコミの報道や有識者による見解を恣意的として批判する言葉が並んでいた。そのうえで客観的に証拠を見てほしいということが、繰り返し書かれていた。

また、松永はとある作家の名前を挙げ、同人は勝手な想像をふりまわしているだけだと断じ、私に対してそのような作家に〝なり下がらないように〟との注意も書き添えていた。

それ以降にやりとりした手紙もほぼ同じ論調だった。私（松永）は事実しか話していない。だから証拠を純粋な目で見て貰えば、無実だと分かるはず、というものだ。

拘置所のアクリル板越しに対面した松永は、私について当初は「先生」と呼び、続い

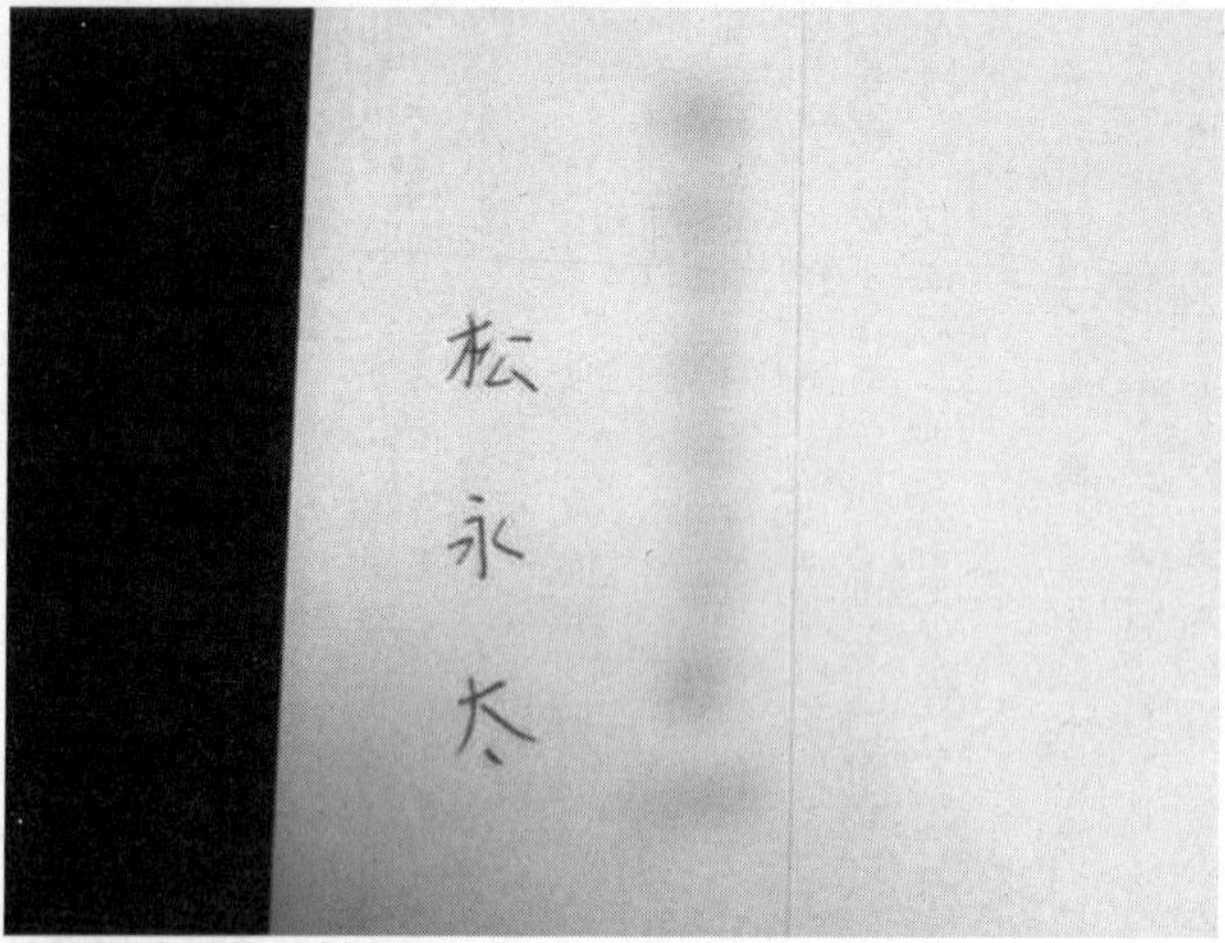

筆者宛の封筒に記された名前

て「小野さん」となり、さらには「一光さん」と変遷《へんせん》することで、親近感を演出しようとした。加えて、さも真実を語っているという声色で強調する。

「一光さん、神に誓って私は殺人の指示などはしていません。それらについては、控訴審での私の陳述書を読まれても、分かってもらえると思います。一光さんを信用していいのか不明ですが、私は小野一光という人は信用できると思ってこの話をしています。だからこそ、私が殺人の指示などしていないことを信じてもらいたいのです」

松永がそのように主張する理由はすぐに理解できた。なにしろ彼は殺人を実行していないのだ。おまけに、そう命じたことが録音で残されているわけでもない。つまり客観証拠がないから無実だと言いたいのである。事実、その点に注意を払って犯行を重ねてきたのだろう。

しかし、事件当時に子供だった広田清美さんの供述だけでなく、成人の緒方純子までが、当初の黙秘から自身の死刑判決を覚悟した全面自供に転じたことで、状況証拠の信用性が格段に上がったことは、松永にとって計算違いだった。

いくら〝遺体なき殺人事件〟とはいえ、一九九四年に発覚した「埼玉愛犬家連続殺人事件」を持ち出すまでもなく、状況証拠の積み重ねで有罪となった例はいくつもあるのだ。

捜査員は次のような言葉を口にしている。

「なによりも緒方が自供したことが大きかった。それに尽きる。我々の誰もが、卑劣な松永を絶対に許さないとの執念で、捜査を続けてきたからね。その思いがやっと実を結んだということに、万感の思いがあった」

犯罪捜査のプロにここまで言わせる凶悪犯の原点は、松永家の実家がある福岡県柳川《やながわ》市にあった。

凶悪犯の原点

松永は一九六一年四月、福岡県北九州市で畳店を経営する両親のもと、長男として生まれた。上に姉が一人いる二人姉弟だった。やがて彼が七歳のとき、祖父が柳川市の実家で営んでいた布団販売業を父親が継ぐことになり、同市に家族で移り住んだ。

地元の公立小学校から公立中学校へと進んだ松永は、当時から自分よりも弱い存在に対してのみ、横暴な態度を取る子供だった。小・中学校時代の松永の同級生は、「いい印象がない」と前置きして語る。

「体格の良かった松永は、中学時代はバレー部に入り、わりと頭も顔も良かったけど、みんなからは好かれとらんやった。というのも、自分より強い奴にはなんも言えんくせに、弱い相手ばかりにイジメば繰り返しよったから。よく、背の低い同級生に『早く飲んで見せろや』と言って、無理やり牛乳ば飲ませよった」

この証言者によれば、後に松永の起こした事件が明らかになったとき、同級生同士で「あん奴はしかねんやろ（あいつならやりかねない）」との会話が交わされたのだという。

中学卒業後、松永は久留米市（当時は三潴《みづま》郡）にある公立高校に進学した。同学年には後に共犯者となる緒方純子も通っていたが、軟派な松永と真面目な純子との間に接点は見られない。高校に入った松永は、持ち前の甘いルックスと不良っぽい言動が受けて、急激にモテるようになった。小学校から同級生だった谷口康治さん（仮名）は、高校時代にそんな松永の家によく遊びに行っていた。谷口さんは当時を振り返る。

「あいつは本当に口が達者やったと。女の子にはマメに連絡を取るし、家に連れて来るまでのアプローチが上手いったい。それで同級生やら年下の女の子を部屋に連れ込んでは、見境なくコマしよった」

両親があまり干渉しない松永の実家は、女性を連れ込んでも注意されないため、友人たちのたまり場になっていた。そこで谷口さんは、次のようなことを松永に話した記憶があるという。

「あの当時、俺がよくいきがって『女を人と思っちゃいけん。女をカネづると思わな』って言いよったけんがくさ、その影響ばモロに受けて、松永は女に飯代ば払わせることにプライド賭けとったね。あと、あいつは極端にキレイな女の子には行かんかったい。それよりはあんまりモテんで、自分に簡単になびくような子にばっか声をかけよった」

そんな松永は高校二年のときに、家出した女子中学生を家に泊めたことから、不純異性交遊の咎《とが》で退学処分となり、久留米市の私立高校に編入した。その高校では自分が暴力団組員と繋がりがあるかのように装い、「俺に手を出すと酷《ひど》い目に遭う」と口にして、同級生に信じ込ませていた。

八〇年に高校を卒業した松永は、福岡市内の菓子店や親類の布団販売店などを転々とした。とはいえ周囲からは、「なんもしよらんように見えた」との声が上がるほど、不真面目な働きぶりだったようだ。

じつは同年の夏、松永と純子との間に、初めて互いを意識する関係が生まれていた。その事情を知る元福岡県警担当記者は語る。

「松永がほとんど面識のなかった純子に電話をかけ、外で会ったというのが二人の馴れ初めです。でも、それは松永がたまたま、自分が退学になった高校の卒業アルバムを見て、当時交際中の女性と同じ『ジュンコ』という名前なので、ふざけて電話したというのが真相です」

もしここで松永の気まぐれがなければ、純子は犯罪者にならず、親族の六人は死なずに済んでいたはずだ。だが、運命はこんな些細《ささい》なことで狂わされてしまう。

この記者によれば、件《くだん》の電話で当時短大生だった純子と一度は会うが、次に松永が電話をかけて彼女をふたたび誘うのは、それから約一年後のこと。ただ、再会時の松永は、高校時代に培った〝スケコマシ〟の技を発揮したという。会社を経営して成功していることや、音楽の才能を認められていることなど、学生の純子の前で大風呂敷を広げ、好印象を残した。

八一年に松永は別の「ジュンコ」と結婚するが、翌八二年に純子が勤務先の幼稚園で巻き込まれたトラブルの相談を松永にしたことで、男女の関係を結ぶ。妊娠中の妻のいる松永との不倫交際の始まりだった。

当時、ろくに仕事をしていなかった松永は、事業の世界に乗り出した。八一年五月に父親の会社を引き継ぐことになり、翌八二年には、柳川市に布団訪問販売会社『ワールド』を興したのだ。

この家業引き継ぎの経緯を含め、松永と両親との関係について、松永家および親族は取材を完全に拒否しているため、窺《うかが》い知ることができない。ただ、松永は八五年に祖父や実父の反対を押し切って約五千万円を銀行から借り、実家があった場所に三階建ての自宅兼事務所を新築。さらに八八年にはそこで同居していた両親を自宅から追い出している。

『ワールド』時代の松永の行状こそが、後の犯行に重なる、詐欺と暴力にまみれた世界だったことは、紛れもない事実である。

生け捕り部屋

〝生け捕り部屋〟と呼ばれる平屋建ての木造小屋が『ワールド』の敷地内にあった。

二十歳の松永が布団販売会社を引き継ぎ、自分の布団〝訪問〟販売会社とした途端に、営業方針は激変した。高校の同級生のうち、自分の意のままに操れる二人を側近の幹部社員に据え、「お前らの友だちに『会社が倒産しそうなんで助けてくれ』と頼み込み、土下座してでも布団を売れ」と仕事を強要したのだ。

松永が押しつけた〝泣き落とし商法〟では、原価数万円の布団を、S（シングル）二十五万円、W（ダブル）三十万円という法外な値段で販売した。同時に、幹部の彼らがさらに同級生へ声をかけ、従業員集めをするようにも命じた。その際、松永は次のような檄《げき》を飛ばしている。

「世間知らず、お人好《ひとよ》し、それである程度言うことをきく人間を探し出せ」

そこで実行された従業員の獲得手段は、まさに〝生け捕り〟といえるものだった。

元同級生の幹部社員や従業員から強引に契約させられた結果、高額の支払いに窮した者は、従業員として無給で働くことを迫られる。また、そこで保証人になった者も同じで、代金を肩代わりできない場合は働かされた。さらには、布団の購入が無理なら販売を手伝って欲しいと頼まれ、それくらいならと了承したところ、社名入り名刺を作られるなどの既成事実を口実に脅され、従業員にさせられた者もいた。

そのようにして確保された住み込みの従業員たちが寝泊まりしていたのが〝生け捕り部屋〟なのだ。

従業員たちは残飯のような食事しか与えられず、命令に従わないと殴る蹴るの暴行を受けた。さらに逃走を防ぐために相互監視を命じられ、従業員どうしの密告が横行していた。まさにその後、北九州市の三萩野マンションで実行された虐待のひな形が、柳川市の『ワールド』内で萌芽《ほうが》していたのである。

前出の記者によれば、この時期に後の松永の人格を形成する、三つの大きな要素があったという。

「まず一つ目は松永の親戚である義男さん（仮名）の存在です。彼は二十年以上前に内臓疾患で亡くなっているのですが、松永家や『ワールド』にも出入りしていました。義男さんは結婚詐欺や手形詐欺など、詐欺についての知識が豊富で、松永は彼の影響を受けています。その結果、松永は従業員に名義貸しや、架空人名義での信販契約を締結する詐欺行為を強要するようになったのです」

松永は違法行為を恐れる従業員に向かって、「犯罪を犯しても自白しなければいい。物証さえ残さなければ大丈夫だ」との持論を展開していた。

「二つ目は栗原物産（仮名）という、暴力団のフロント企業との親密な関係です。この会社の人間が松永家によく顔を出していて、松永も個人的に連絡を取っていました。彼は自分が暴力団と繋がりがあるように振る舞うことで、周囲に恐怖心を抱かせることができることを実感しました」

そのため『ワールド』の従業員のみならず、緒方家やその他の〝獲物〟に対しても、自分は暴力団と繋がりが深いと吹聴《ふいちょう》。さらには、「知り合いの暴力団員に頼めば、どこに逃げても見つけ出せる」と脅すことで、逃走を諦めさせていた。

「そして三つ目は父親の布団販売会社を継いだということです。人に使われるのではなく自分の会社を持ったことで、松永は自由に動くことができました。そこで詐欺の方法や人を恐怖で支配する方法を体験したことは、松永にとって後の犯行のための蓄積になっています」

たしかに、松永にとってこの『ワールド』時代の経験は、ある種の〝実験場〟だったと思えてならない。後に被害者たちを恐怖で支配するため頻繁に使った通電による虐待も、ここで生まれている。

剝き出しの電気コードで通電

松永と純子が一審で裁かれている時期に、私は『ワールド』の元従業員を取材した。彼、生野秀樹さん（仮名）は、八四年秋に友人から頼まれて『ワールド』の名義貸契約に応じたところ、従業員を探していた松永から因縁をつけられて〝生け捕り〟にされた。

「布団販売の数字が悪いと、松永から拳や電話帳で顔を殴られたり、木刀で腕を殴られたりしました。そんな生活が半年くらい続いた八五年春、私を会社に引き込んだ男から、剝《む》き出しにした電気コードで腕に通電されたんです。そいつは工業高校を出ていて、電気の知識があったんですけど、ショックで倒れた私を見て、目の前の松永が笑いながら、『それ、いける』と……。以来、従業員を使って、人体にどんな影響があるかの実験が繰り返されました」

当時、新築したばかりの『ワールド』社屋の三階には、防音設備が施されたオーディオルームがあり、そこが〝通電部屋〟となった。

「私は過去に百回以上、松永の指示で通電されましたが、あいつはどうすれば相手が死なないか、傷が残らないかを研究していたのです。片腕と片足に電流を流された時は、『心臓がバクバクするか？』と聞かれました。腕や足に傷が残った時は、『こりゃ改良せないかん』などと言ってました。あと、手や足だけでなく、額《ひたい》や局部にも通電されました。額はいきなりガーンと殴られるようなショックがありました。局部はもう、言葉に表せません。蹴られる以上の衝撃と痛みでした。それを松永はニヤニヤ嬉しそうに眺めていました」

通電は従業員への罰として連日行われ、なにか気に食わないことがあると、松永は

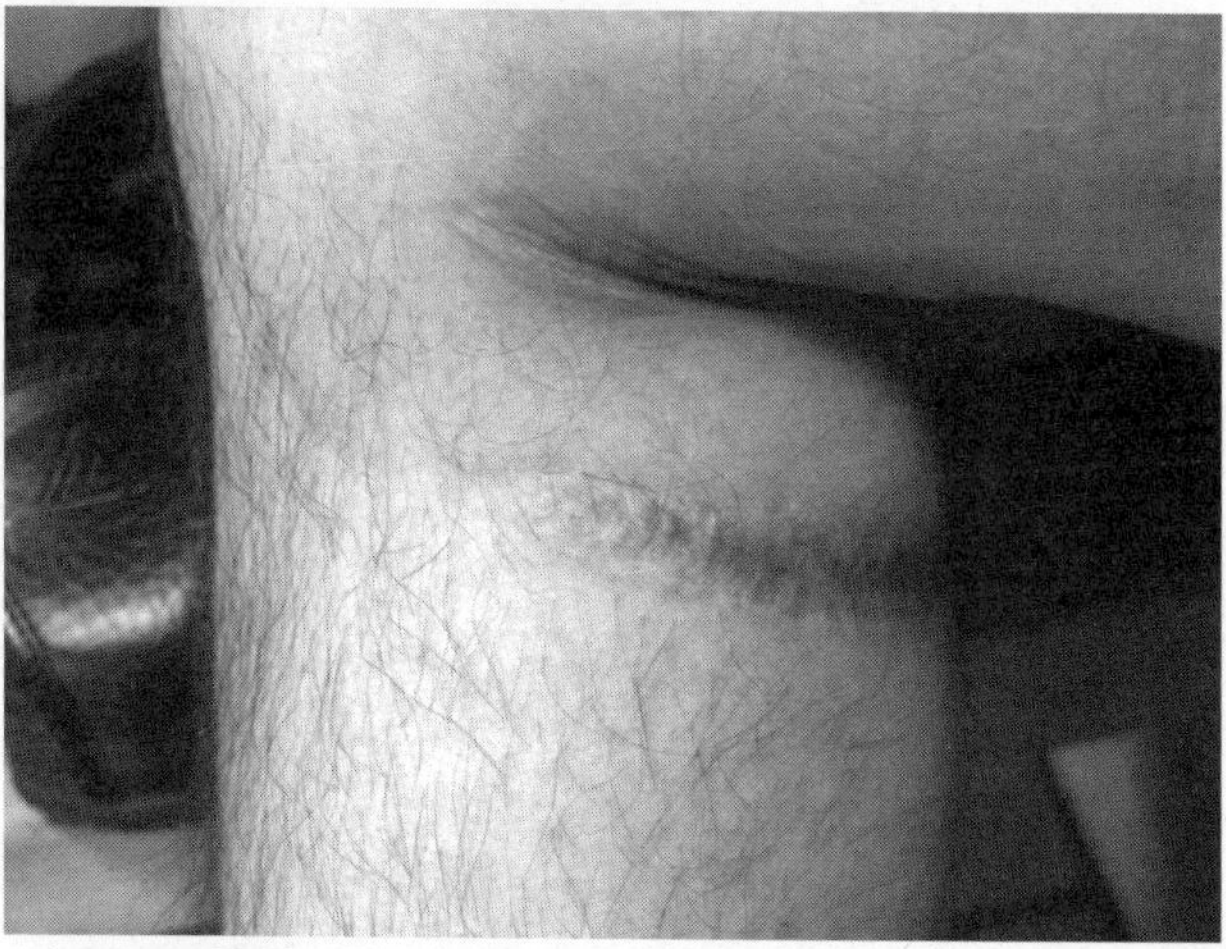
今もふくらはぎに残る通電による火傷痕

「電気！」と声を上げ、すぐに通電器具が用意された。

取材を終え、生野さんに通電された痕を見せてもらった私は息を呑んだ。肘《ひじ》から先と、膝から下、そのすべてに幅一センチほどの縄を巻いたような、ケロイド状の火傷痕《やけどあと》が残っていた。しかし生野さんは事もなげに口にする。

「手なら手でね、手首と肘の二箇所に剥き出しの電線を巻いて、電気を流されるわけですよ。そうすると電線が熱を持つでしょ。だから火傷してしまうんです。ただ、こっちのほうが額や局部よりは楽でした」

この原稿を書くにあたり、私は改めて生野さんの許を訪ねた。前の取材から十年以上が経過していた。

「あれから時間が経ちましたけど、ずっ

と人を信じることができないんです。気づけば相手を疑う感情が出てしまう。そのため、松永の許を逃げ出してからも、職場の上司を信じられず、職を幾つも変わりました」

そう語る生野さんの両手足には、ケロイド状の火傷痕が生々しく残る。

「松永に対する恐怖はいまもあります。死刑が確定しましたけど、それでもまだ安心できない。再審請求を続行しているし、あの男のことだから、いつか出てくるんじゃないかとの思いがある。いまだに当時の恐怖がふとしたときに蘇り、声を上げそうになります」

彼はつとめて冷静な口調で言った。

「たぶん会ったら殺してしまうと思います」

その重い言葉を聞き、松永の被害に遭った者の心の傷を直に突きつけられたような気がした私は、ただ頷くことしかできなかった。

詐欺、夜逃げ、そして〝特技〟

いずれ俺がこの町を制覇する――。

詐欺まがいの手段で得たカネをばらまき、柳川市内の夜の街でそう豪語していた松永だが、『ワールド』の内情は、八〇年代後半にはすでに火の車だった。

本業の布団訪問販売業では、これまでの名義貸しなどの詐欺商法を看破され、信販会社の加盟店契約を解除されることが相次いだ。そのため出資者を集めてヤミ金を始めたり、手形を騙《だま》し取るなどして、自転車操業を繰り返していた。

八五年二月から経理担当社員として加わった純子のほか、常に五人ほどいた従業員は、通電の恐怖に耐えかねて一人、また一人と逃げ出した。八八年五月の段階で松永と純子、そして通電の実験に利用された生野さんの三人しか残っていなかった。

ちなみに、暴力団の存在をちらつかせて脅したにもかかわらず、従業員たちが逃げ出したこの経験から、松永は相手を逃がさないために〝人質〟を取ることの重要性を認識したようだ。というのも、それ以降の犯行で彼は子連れの〝獲物〟に対しては、常に子供を親から引き離し、手元に置くようになったからだ。

九二年十月、失敗から学んだ教訓と効果的な虐待方法を身に付けた松永は、柳川市から敗走した。

松永と純子に生野さんを加えた三人で〝夜逃げ〟したのだ。目指したのは知人が宿を手配した石川県。幌《ほろ》付きの一屯トラックに最低限の荷物を積み、ひっそりと姿を消した。

資金繰りのために詐欺事件を起こしたことと、手形の不渡りを免れるために信用金庫の支店長を脅迫したことで、松永と純子が指名手配されたことが逃走の原因とされるが、追われたのは警察からだけではなかった。先の記者は言う。

「松永は地元の保険代理店と組んで、車両事故を装った保険金詐欺を企《たくら》みましたが、その代理店が松永を裏切って暴力団員と組み、松永に追い込みをかけたんです。そのため柳川にいられなくなった」

銀行から『ワールド』に融資された約九千万円の返済は滞ったまま破綻。松永や純子が消費者金融などから借りたカネも焦げ付かせた。また、松永が甘言《かんげん》を弄《ろう》して知り合った女たちを騙して借金させ、返すと伝えていたカネも、当然の如く放り出した。

用意された宿が想像と違うとの理由で、わずか一泊の滞在で石川県から福岡県に戻ってきた松永らは、北九州市を潜伏先とした。しかし九三年一月には、松永の暴力に身の危険を感じた生野さんも逃走するに至る。

そして松永と純子の二人が残された。潜伏中の身であるため偽名を使いながら、手っ取り早くカネを得る方法は、もはや松永が身に付けていた〝特技〟しか残されていない。

それは、女を食いものにするということだった。

「裸の写真をばら撒く」

「松永太がアジトとしていた三萩野マンションや篠崎マンション（仮名・北九州市小倉北区）の室内からは、大量の写真やビデオテープが出てきた。それは松永がこれまでに関わった女性との性行為や、相手の乳首や性器に電極を当てて虐待しているものだったりと、見るに堪《た》えないものばかり。なかには緒方純子が松永と相手の性行為を撮影した写真もあった。完全に倒錯《とうさく》の世界だ」

捜査員がうんざりした口調で洩らす。緒方家を支配した際も、松永は純子だけではなく、母・静美さん、妹・理恵子さんとも肉体関係を持っていることを、家族全員の前で口にした。そうして諍《いさか》いを生み出し、家族の絆が分断されていく様を楽しんだ。元福岡県警担当記者は、松永による支配の様子を記録した、ある写真の存在について口にする。

「押収物のなかに、静美さんと理恵子さんの二人が全裸で並ばされ、お尻を突き出している写真がありました。それは当時の松永が、緒方家の女性を性的にも完全に支配していたことを象徴しています」

松永は八四年、純子との不倫交際を知った静美さんが交際に反対したところ、「人目のないところで純子との別れ話を相談したい」と静美さんをラブホテルに連れ込み、無理やり肉体関係に持ち込んだ。また理恵子さんについても、九七年に純子が一時的に逃走した時期に、北九州市内のビジネスホテルで松永が迫り、肉体関係を結んでいた。松永は二人との性行為に止まらず、写真やビデオでその痴態を撮影し、公表すると脅していた。

そもそも彼には、自身の犯行の原点ともいえる、柳川市で布団訪問販売会社『ワールド』を経営していたときにも、数多《あまた》の女性を毒牙にかけた過去がある。

高校時代こそ相手に食事を奢《おご》らせる程度で済ませていたが、『ワールド』を興してからは、完全に〝金づる〟として女性と接した。ただ貢がせるだけでなく、消費者金融で借金をさせるなどして、現金を引っ張るようになっていたのだ。

端整な顔立ちの松永は、拘置所面会室のアクリル板越しに、甲高い声で訴えた。

「この事件をフェミニズムの観点で非難する人がいますが、そんな先入観を排して、証拠を客観的に見たときにのみ、事件が正しく見えてくるのだと思います。そうすれば私が事件に関与していないことは明らかになるはずです」

そんな松永の逮捕から半年以上経った頃、福岡県の某市に松永の元彼女がいるとの情報が入った。樋口佳代さん（仮名）は、戸惑いながらも私の取材に応じた。

佳代さんが勤めていたクラブで松永と初めて会ったのは八〇年代終盤、十九歳のときだった。店のママに「いいお客さんだから」と席に呼ばれたのだという。

「二十七歳の松永はスーツにネクタイ姿で、布団販売会社の社長ということでした。銀行の支店長と一緒だったので、若いのにやり手だと思いました。それからは店に来ると、私を席に呼ぶようになったんです。接待があるから付き合ってと言われて、何度も同伴しましたが、そこでは『僕の彼女』と紹介されました」

やがて松永は夜逃げして、佳代さんの前から姿を消した。以来、連絡は途絶えたという。私が「松永におカネを用立てたことがありますよね」と問うと、彼女は黙って頷いた。

「従業員の緒方純子が事故を起こして、示談金が二百万円必要との話だったんです。それで百数十万円を消費者金融で借りて、手渡しました。向こうからは目途《めど》が立ったら返すからと言われ、断りきれませんでした」

佳代さんは暴力や脅迫の被害を受けておらず、その点では不幸中の幸いだったといえる。

松永は緒方家の女性たちがそうされたように、自分と肉体関係を持った女性の性的な写真を、脅しの材料として撮影していた。加虐趣味もあったが、それは相手女性にカネを工面させるだけでなく、自分の要求を拒絶できなくする〝枷《かせ》〟としての役割も果たした。実際、純子も法廷で「自分の裸のポラ（ロイド写真）が松永の手にあり、なにかあるとばら撒《ま》くと脅された。それでもう先がないと思って諦めた」と証言している。

夜逃げの際に行動をともにした元従業員の生野さんは、松永がこまめに女性たちと会う姿を見ていた。

「私が車を運転して松永をコンビニとかスーパーの駐車場に連れて行き、そこで待ち合わせた女性の車に乗り換えて逢引《あいび》きをしていました。記憶にあるのは二十歳くらいのフリーターや、三十代のスナックママ、あと看護師や学校の先生もいました。みんなチャーミングな感じの女性です。ほかにも、高校を卒業して『ワールド』の事務員として働いていた地味な感じの女の子とも、社内でセックスしている姿を目撃したことがあります。松永は付き合った女性に布団の信販契約をさせたり、借金させたりして、カネを引っ張っていました。逮捕後に警察の人がやってきて、松永に騙された若い女性が自殺していた話を聞き、胸が痛みました」

残酷さへの無感覚

潜伏先となった北九州市から生野さんが逃げ出した九三年一月、松永は次の〝獲物〟として、八五年ごろに一時交際し、その後主婦になっていた元同級生の末松祥子さん（仮名）に電話で連絡を取った。

子育てに追われていた祥子さんの愚痴を聞き、彼女の恋心を呼び覚ました松永は、善意の第三者を装って、「じつは自分の会社の従業員で気の毒な人がいる」と純子を紹介した。純子は妊娠中で出産を控えていたが、それは松永の第一子だった。

祥子さんの父親を取材した私は、その時期の様子について次のように聞いた。

「祥子が毎晩出かけると婿さんから聞いて、私が問い質したんです。そうしたら『緒方さんという知り合いに、もうすぐ子供が生まれるとやけど、旦那さんが助からんごとある（助からない）病気で、ものすご大変なんよ』と言うんです」

祥子さんは純子に手術費用を貸すため、約二百三十万円を振り込んだ。さらに一月後半に純子が出産してからも、彼女と会うために外出した。

「娘が夜に出歩くのを止めないことを咎《とが》めると、涙を流しながら、『緒方さんはかわいそうな人なの。貧乏で子供のミルク代もなかけん、米のとぎ汁やら飲ませようとよ』と……」

松永と純子の〝演技〟にすっかり騙された祥子さんに対し、松永は結婚をちらつかせて、子供を連れて自分の許に家出してこないかと持ちかけた。その誘いを真に受けた祥子さんは、九三年四月に子連れで家を出て、七月には夫と離婚してしまう。祥子さんは北九州市で娘と新生活を始めたが、夏には松永、そして純子と彼女が産んだ長男が移り住んだ。もちろん祥子さんは疑いを抱くことなく、松永は自分と結婚するものだと思い込んでいた。そのためそそのかされるまま、子供の養育費名目で実家や前夫にカネの無心を続け、松永に手渡した。

同年十月、祥子さんの三歳の娘が頭に大けがを負い、母親だと称する純子に連れられて病院に運び込まれた。しかし娘は死亡し、「椅子から落ちた事故死」として片付けられた。純子は実際には事故の現場を目撃しておらず、現在も真相は闇に包まれたままだ。ショックに打ちひしがれた祥子さんへ追い打ちをかけるように、その頃から松永による通電の虐待が始まった。そして九四年三月、大分県の別府湾で祥子さんの水死体が発見された。彼女の死については自殺か事故で、事件性はないとして処理された。父親は嘆く。

「千三百万円近い金額を送ったとに、祥子の遺体を引き取りに行ったとき、あの子は家を出たときと同じ服装でした。それに預金口座には、三千円しか残されとらんかったとです」

なぜここまで酷《ひど》いことができるのか——。

松永の犯行をトレースしながら、なんども独り言を呟いた。口を閉ざして頭の中だけで考えていると、全身に毒が回りそうな気がした。口に出して少しでも毒抜きをしておかないと、どんな酷いことに対しても無感覚になってしまうような、危機感を覚えた。

それで耳かきの先くらいは、常に松永のそばにいた純子の心理を想像できたと思う。客観的に事件を追う私ですらそうなのだ。渦中にいた彼女が、いかに残酷な行為についての拒絶感を喪《うしな》っていたことか……。

かつて松永は面会する私に向かって平然と口にした。

「私はこれまで（裁判で）自分の主張じゃなく事実を言ってきただけです。もし一光さんがこの事件をやられるならば、少なくともこれまでのマスコミや、訳のわからない裁判所の判断に拘泥《こうでい》されることなく、フラットな気持ちで見て欲しい。私は証拠に基づかない主張はしません」

子連れ女性を〝獲物〟に

祥子さんの死からほどなく、後に松永と純子の許から逃げ出し事件を発覚させた少女・広田清美さんとその父・由紀夫さんが囚われの身になった。同時に、松永は別の〝獲物〟を狙った。

その女性、原武裕子さん（仮名）は、彼女の夫が由紀夫さんの親友という関係だった。松永と純子は詐欺目的で、由紀夫さんに同夫婦を紹介させるように仕向け、面識を得たのである。

松永は一学年上で夫と子供のいる裕子さんに対し、京大を卒業した「村上博幸」と名乗り、現在は塾講師をやっていると説明して、悩みを聞くなど彼女の相談にのっていた。やがて常套《じょうとう》手段である結婚をちらつかせて夫との別居を迫った。

由紀夫さんの死（九六年二月）と緒方家の人々の殺害（九七年十二月〜）の間となるこの時期、松永は夫と離婚した裕子さんと同居した。九六年十月のことだ。そこで裕子さんから搾り取れるだけカネを奪った松永は、いきなり態度を豹変《ひょうへん》させた。

自分の姉だと紹介していた純子とともに、裕子さんを殴り、手首に電気コードを巻き付けて通電を加えるなどの暴行を重ね、アパートの一室に監禁。室内に約三カ月半閉じ込められた裕子さんは、九七年三月に二階の部屋から飛び降りて逃走を図り、腰椎骨折や肺挫傷の重傷を負いながらも二人から逃げることができた。

その後の彼女について、前出の記者は語る。

「逃走から五年が経っても、裕子さんは重度のPTSD（心的外傷後ストレス障害）に苦しんでいました。松永が逮捕された後、警察が捜査協力を求めても、彼女は松永に対する恐怖心が消えず、小さな物音で躰がビクッと震えてしまうような状態でした。さらに監禁された部屋から逃げ出した際に、自分の幼い子供を置き去りにした（後に保護）。その罪悪感をずっと引きずっているのです」

緒方家の親族六人が死亡した大量殺人から逮捕までの三年九カ月の間、松永と純子は変わらず〝獲物〟を求めて蠢いていた。

二人が逮捕された日、清美さんが監禁されていた篠崎マンションと数々の殺人が実行された三萩野マンションとは別の、泉台マンション（仮名・北九州市小倉北区）で四人の男児が保護された。

そのうち当時九歳と五歳の男の子は、松永と純子の子供。そして六歳の双子の男の子は、松永が甘言を囁いて九九年に夫と別れさせた金子友里さん（仮名）の子供だった。友里さんに対し松永は「医者の田代」、純子は「〝逃がし屋〟で探偵の岡山」と名乗って接触。松永が結婚を申し込み、その気にさせていた。

そそのかされた彼女は、山口県で水商売の仕事に就き、子供を松永らに預けている。さらに、逃走費用、盗聴防止費用、事務所スタッフの人件費、子供の養育費などの名目で、約三千三百万円を渡していた。もし二人の犯行がいつまでも発覚しなかったら、友里さんと子供たちの運命はどうなっていたかわからない。

さらに松永と純子は、友里さんを陥れる作業と並行して、新たな〝獲物〟を、方々で物色していたことも明らかになった。

〇一年夏ごろから松永と純子は、中年の女性を連れて、北九州市内のカラオケ店に週一回のペースで出没した。同店では松永が東大卒の医師、純子が看護師長だと偽り、中年女性は看護師だと紹介。当時十九歳の女性店員を松永が狙ったのだ。

その女性店員・林めぐみさん（仮名）が彼らの犯行を知ったのは、松永と純子が逮捕されてからのこと。福岡県警の捜査員より連絡があり、押収物のなかに彼女の顔写真と住所を書いた紙があったと聞かされている。めぐみさんを直撃したところ、彼女は困惑の表情を浮かべた。

「写真を撮られたり、住所を教えた憶《おぼ》えはありません。ただ、店で松永は私を指名して、飲み物を持って部屋に行くと、いつもお酒を飲まされていました。それで『僕はめぐみさんのことが好きだから』と口にして、何度も飲みに誘われました」

スーツ姿だった〝医師〟の松永との交際を、落ち着いた色のカーディガンを着て、いかにも〝看護師長〟の純子が遠まわしに薦めていた。

「緒方は、『先生はすごい人で、週に一回、大学でも教えている』と話していて、『付き合うとかはできんやろうけど、相手しちゃってね』と言われてました。もう一人の中年女性はいつも黙っていて、緒方は『あの子は無口だから』と話していました」

松永はめぐみさんの同僚の男性店員にチップとして一万円を渡し、彼女の携帯番号を入手。何度か電話をかけて誘うなどしていた。結果的にめぐみさんが二人の毒牙にかかることはなかったが、さらに多くの被害者が生まれる可能性は十分にあった。また、同席した中年女性の素性は判明しなかったが、彼女自身がすでに〝獲物〟だったかもしれない。

粘ついた笑顔

拘置所で実際に対面した松永という男について、いまだに目に焼き付いているのは、分厚い裁判資料を抱えて面会室に入って来てからの、ニヤニヤとした表情だ。決してニコニコではなく、ニヤニヤと粘《ねば》ついた笑顔。私にはそれが、顔の表面に貼り付けられた仮面に見えた。

また彼は何度か、九二年に少女二人が殺害された「飯塚事件」について触れた。冤罪を訴えながらも、〇八年に死刑が執行された久間三千年《くまみちとし》元死刑囚を引き合いに出し、自分もそれと同じだというのだ。

「一光さんね、久間さんは私のすぐ近くで生活されていました。あの人はどう見ても無罪です。証拠上も明らかです。つまり証拠なんかどうでもよく、裁判所に都合の悪い証拠は無視するやり方です。一光さん、どうか私の弁護人の視座に立って、検証してみてください。そうすればいかにこの裁判がデタラメであるかわかるはずですから……」

いったい被害者は何人いるのか。殺人で事件化されただけで七人。しかしそれ以外に松永の周辺で出た死者を加えると、少なくとも十人。さらに詐欺や傷害などにも範囲を広げれば、その四、五倍の被害者がいることは容易に想像がつく。

そんな稀代の凶悪犯罪者である松永と、彼に支配されて犯行に加担した純子の逮捕から、今年（二〇一五年）三月で十三年になる。当時取材した関係先をまわると、あるところはそのままの姿で残り、またあるところはすっかり様変わりしていた。

七人が殺害された三萩野マンションはそのままの姿で残っていた。住人によれば、事件の現場となった部屋は、いまだに空き部屋だという。

一方で、松永が従業員を虐待しながら緒方と詐欺行為を行っていた柳川市の『ワールド』事務所は、すっかり更地となり、「売地」の看板が立てられていた。

そして、住んでいた六人全員が殺され、姿を消した久留米市の緒方家は、家屋こそ当時のままだが、競売にかけられた末に、いまではまったく関係のない家族が住んでいる。

それらはみな、どのような形であれ、時の経過を感じずにはいられない変化を遂げていた。だが、松永による被害を受けた人々は、いまだに変わらぬ苦しみを抱えている。

北九州市内にあるマンションのチャイムを鳴らすと「どちらさんですか？」と年老いた男性が顔を出した。私は訪問の理由を説明した。

彼は松永と緒方の元から逃走した清美さんが助けを求めた祖父で、現在八十一歳の古谷辰夫さん（仮名）である。私は清美さんが逃走のあとで、たしか児童相談所の施設に入っていた記憶があることを口にした。

「施設は半年で出て、小倉にアパートを借りて独りで暮らしとりました。そのときは児童相談所で手伝いのアルバイトをしよりました」

やがて清美さんは仕事を見つけ、県外に出て行ったと彼は続けた。

「それから一年くらいして、うちに顔を出して、結婚するって報告がありました。子供も二人生まれています。電話連絡で知りましたが、両方とも男の子です」

じつはそのあたりの事情については把握していた。彼女は施設にいるときに知り合った男性と交際していて、一緒に県外に出て結婚したのだ。

あの残酷な事件の被害者として生き残った清美さんについて、それ以上詳しく質問することは憚《はばか》られた。私は帰り間際、せめて亡くなった彼女の父親・由紀夫さんの墓参りをしておこうと思い、その場所を訊《たず》ねた。

「由紀夫の墓は建ててないんですよ。遺骨もなんもないからねえ。位牌《いはい》だけ、うちの仏壇のなかに置いてるだけですよ」

淡々とした言葉が返ってきた。

遺骨がない。初めて〝遺体なき殺人事件〟の罪深さを実感した。

〇八年の面会を機に始まった松永との手紙のやり取りは、翌年の春を迎える前にぷつんと途切れた。彼の言葉を信じようとしない私について〝使えない奴〟と判断したのだろう。

本来ならばもっと上手に付き合い、彼が訴える〝真実〟の正体をつきとめるべきだったのかもしれない。だが、私はどこかで松永との糸が切れたことに胸を撫で下ろしていた。

怖かったのだ、彼が。

CASE
3

畠山鈴香

秋田児童連続殺人事件

2006年4月、秋田県山本郡藤里町で畠山鈴香(33)が娘の彩香ちゃん(9)、約1カ月後に米山豪憲くん(7)を相次いで殺害した事件。彩香ちゃん殺害後に〝行方不明〟時の娘の情報を求めるビラを配り、事故死と断定した警察への不信を表明するなど鈴香の不可解な行動も大きく取り上げられた。さらに豪憲くんの遺体が発見されると容疑をかけられた鈴香にTV、新聞、雑誌等、メディアの取材が殺到したことが「メディアスクラム」として問題となった。09年、無期懲役判決が確定。

幹線道路から一軒の民家へと抜ける道は、前夜に降った大雨でぬかるんでいた。足を取られぬように気をつけながら進むと、十五台ほどの三脚に据えられたテレビカメラとスチールカメラの立ち並ぶ光景が目に入る。その周辺には、五十人近い報道関係者が集まっていた。

彼らの視線の先にあるのは、二十メートルほど離れた場所に一軒だけ建つ二階建ての家屋。窓にはカーテンが引かれ、屋内の様子を窺うことはできない。

家屋と報道陣との間にある空きスペースの端に、一台のセダン型乗用車がエンジンを切った状態で停まり、なかに二人の人影があった。

二〇〇六年五月二十日午後四時半過ぎ、秋田県北部に位置する能代《のしろ》市二ツ井町でのことだ。

「出た」

誰かれともなく口にした。

家屋の玄関引き戸を開け、黒いシャツを身に纏《まと》った三十代の背の高い女が表に出てきた。一斉にスチールカメラのシャッター音が響く。

女は脇目もふらずにセダン型乗用車へと向かうと、窓を開けた相手になにかを訴え、怒鳴り声を上げた。

「……だいたい警察が居るっていうのがおかしいじゃないですか。マスコミのトラブル対策なんて聞いたことがないって言われましたよ。迷惑なんですよ……」

耳を澄ますと、女はあきらかに車内の刑事たちに怒りをぶつけていた。彼らが敷地内で自分に対する監視を続けるから、マスコミが自宅前に集まるのだと抗議している。報道関係者は固唾《かたず》を呑んで、遠くからそのやり取りを見守っていた。

沸騰した体温

ICレコーダーの録音スイッチを入れた私は、そのやり取りが聞こえる場所に近づこうと、抗議する女の裏手に回り込んだ。するとタイミング悪く、女は刑事たちのもとを離れてしまった。今度は居並ぶカメラの列へ怒りの目を向けて歩き出す。

後ろから小走りに追いつくかたちで、私は早足に歩く彼女の脇に並んで声をかけた。

「あの、鈴香さん。我々もこうやって実家前にいることを申し訳ないと思ってます。なんとか一度、お話ができる場を設《もう》けませんか」

その言葉に彼女、畠山鈴香（33）は私を睨《にら》んだ。眼球に走る血管が浮き上がって見えそうなほど、血走った視線だ。なによりも首から上が、コンロの火にかけられたまま激しく蒸気を吹き出すヤカンのように、怒りで膨脹し、ハッ、ハッと激しい呼吸音が伝わってくる。

「ふざけんな……」

私に向けてではなく、鈴香は自分に言い聞かすように小さく呟き、前を向いた。そして、近くに捨て置かれている朽ち果てた車のボディを二回、ガン、ガンと激しく蹴ると、カメラの列へと一直線に進む。私はそのわずか数十センチ後方に並び、遅れないようについてゆく。数人の記者が私の後ろにいる気配があったが、振り返る余裕はない。

「鈴香さん……」

また声をかけようとしたときだ。

「いいかげんにしてください」

異変を察知して待機場所から駆け寄り、正面に対峙《たいじ》することになった、何人かのカメラマンと記者に向かって彼女は声を荒げた。そしてトーンを変えずに言い放った。

「いますぐ全員撤収してください」

視界のなかにいる旧知のワイドショーのディレクターが切り出した。

「できれば、お話を聞かせていただくことは……」

「ふざけんなっ」

鈴香は言葉を途中で遮《さえぎ》って叫んだ。

「あなたがたがいることだけでもプレッシャーになるんです。邪魔なんです。とっとと帰ってください……」

彼女はふいに脇で写真を撮っていたカメラマンに顔を向けた。

秋田さきがけ　2006年(平成18年)6月9日　金曜日

「豪憲ちゃん　絞め殺した」

秋田魁新報

藤里男児殺害

鈴香容疑者が

長女の死との

能代市二ツ井町の実家周辺に大挙し押し掛けたマスコミに抗議中、シャッターを切られ激高する畠山鈴香容疑者＝5月20日午後4時50分すぎ

財政審建議の全容

読者センター　1818

清酒の至宝　小野之里

後に新聞に掲載された取材中の筆者（左から３人目）秋田魁新報2006年６月９日

「そこ写すなって言ってんだろ、お前は。おら、フイルム出せ。出しなさい。出せって言ってんだろが……」

視線を一点に据え、カメラマンに詰め寄り恫喝《どうかつ》する鈴香の表情は、鬼気迫っていた。

尋常ではない——。

もちろん、後にメディアスクラムとして問題となった、この際の私を含めた報道関係者の取材方法も尋常ではなかった。その点では反省している。だが、ここで私が鈴香に感じた尋常ではないという感覚は、現実離れしたものに向けられたものだった。単なる怒りの発露ではなく、なにかに憑依されたかの如き爆発を、彼女に感じたのだ。

鈴香が怒りを爆発させた実家から車で約十五分の距離にある、藤里町の町営団地に彼女の住まいがあった。鈴香宅の二軒隣に住む小学一年生の米山豪憲《ごうけん》くん（当時7）が行方不明になったのが三日前の五月十七日。翌十八日には首を絞められた豪憲くんの遺体が、自宅から約八キロメートル離れた、米代《よねしろ》川川岸の道路脇の草むらで発見された。

遺体発見の報《しら》せを受け、十九日に秋田入りした私が目にしたのは、同じ町で前月に一人娘の彩香ちゃん（当時9）を亡くしたばかりの〝被害者の母〟の行動確認を行う警察車両と、それを知り集まった報道関係者たちだった。

そして今日、鈴香の取り乱した姿を、彼女の沸騰した体温が感じられるほど、すぐそばで目にした。

これは殺《や》っている。まだ証拠もなにも開示されていない段階だったが、なぜか確信する自分がいた。

あだ名は「心霊写真」

〈氏名　畠山鈴香
あだな　しんれいしゃしん
長所　ひょうきん
短所　あきる〉

一九七三年に秋田県二ツ井町（現：能代市）で畠山鈴香は生まれた。父親はダンプ運転手（後に砂利運搬会社を経営）をしており、七九年に地元の小学校に進んだ。

そこでつけられたあだ名は、先に挙げた小学校の卒業文集の自己紹介欄に残されているように、「〝心霊写真〟」だった。きっかけは一年生のときに担任から「水子の霊がついている」と言われたからだという。担任が信仰する宗教団体への寄進を求めるための言葉だった。鈴香の母・理香子さん（仮名）が校長に抗議をして、不適切な言葉を口にした担任は交代するに至る。しかし、子供には強烈な言葉の影響が、卒業時まで及んだことは明らかだった。

〇六年の事件発覚後、鈴香の小学校時代の同級生は、少女時代の彼女について次のように語っていた。

「鈴香はいきなり自分の持ち物を自慢したりとか、空気が読めないところがあったんで、イジメられていました。あだ名も『心霊写真』だけでなく、『バイキン』と呼ばれて、トイレで水をかけられたりしていたはずです。先生もイジメには気づいていたと思いますが、見て見ぬふりをしているところがありました」

小学校から大部分の生徒が同じ中学に進むため、中学時代も鈴香の境遇が変わることはなかった。加えて、この時期から高校を卒業するまでは、父親の隆さん（仮名）による、家庭内暴力が激しさを増したという。その件について取り上げた一審の公判を傍聴した司法担当記者は説明する。

「証言した理香子さんによれば、鈴香が中学生のときに隆さんが糖尿病で入院し、男性としての機能が失われてから、理香子さんと鈴香への暴力が激しくなったそうです。その内容は、酒に酔った隆さんが言葉尻をとらえて理香子さんや鈴香に当たり、殴ったり蹴ったり、髪を摑《つか》み引きずったりするというもの。理香子さんは『自分の（男性）機能がないということで、女を憎むようなところがあった』とまで言い切り、隆さんへの憎しみを口にしています」

やがて地元の高校に入学した鈴香はバドミントン部に入部した。高校では不良生徒の後をくっついて歩くようになり、目立ったイジメこそなくなったものの、クラスメイトからは疎外される存在だった。その理由について、以前取材した同級生は、彼女の〝盗癖〟を口にした。

「鈴香はときどき『お金を持ってるから奢る』と言い出すことがあったんですね。そんなときに限って、部室に置いていた誰かの財布がなくなるということが何度かあって、その場の状況から犯人は彼女しかありえないのに、追及されても『絶対に私じゃない』って否定していたんです。でも、翌日から食べ物をまわりに奢ったり、あからさまに金回りがよくなっていました。鈴香は使い走りみたいな感じで、飲み物とかを買いに行かされたりしていたので、逆に奢ったりすることで、いい恰好《かっこう》をしたかったんだと思います」

一四年十二月、私は鈴香の高校時代の同級生で、卒業後も親しくしていた小島今日子さん（仮名）を訪ねた。事件への取材が沈静化したいまならば、落ち着いて話ができるのではないかと考えたからだ。自宅での取材に応じてくれた彼女は、過去を振り返る。

「鈴香は高校に入ってから、自分から同級生に話しかけたりと、彼女なりにまわりとうまくやるように努力していたと思います。ただ、どういうふうに人と付き合えばいいのかわからないので、いつも自分の話を『聞いて、聞いて』となってしまうんです。そうなるとまわりから『またきたよ』って、うざがられてしまい、悪循環を起こしていました」

私が鈴香の〝盗癖〟について尋ねると、今日子さんは「たしかに事件がありました」と苦笑いを浮かべた。

「高校二年の秋でした。バドミントン部が全県大会に出場するための宿泊費十数万円を、まとめて職員室に置いていたんですけど、なくなったことがあったんです。それで顧問の先生が関係者を調べたところ、鈴香が盗んでいたことがバレた。たしか、彼女は無期停学の処分を受け、部活も辞めたと思います。ただ、一カ月くらいしたら何食わぬ顔で戻ってきて、普通に授業を受けていました」

鈴香の学年の卒業文集には、同級生が彼女を馬鹿にする文言がいくつも残されている。

〈いままでいじめられた分、強くなったべ。俺達にかんしゃしなさい〉

〈秋田から永久追放〉

〈やっと離れられる。3年間はちょっと……〉

〈畠山鈴香…自殺・詐欺・強盗・全国指名手配・変人大賞・女優・殺人〉

それらが書かれたのは鈴香が嫌われていたからだろうか。私の問いかけに、今日子さんは首を横に振った。

「あれを書いたのは、鈴香と普通に話をしたりする人たちです。小中学校からの知り合いで、鈴香がからかいやすいから書いたんです。悪意を持ってというのとは違います」

私は、これまでに耳にした鈴香の話はネガティブな内容ばかりなのに、なぜ彼女と卒業後も仲良くしていたのかと訊いた。

「鈴香とは高校を卒業した二年後くらいに偶然、二ツ井の町内で再会したんです。それから連絡を取り合うようになったんですけど、私といるときはいたって普通です。もちろん、旦那の愚痴とか仕事の愚痴とか、聞いて聞いてという部分はあったんですけど、それだけじゃなくて、互いの子供を連れて遊びに行こうって電話をかけてきて、一緒に公園に行ったりしていました。あと、私が嫁いだ先で揉めたときに電話をしたら、すぐに車で迎えに来てくれたりとか……。これまで報道されてきたような悪い部分だけでなく、優しかったり友達思いだったりのいい部分もあったんです……」

水商売を次々とクビに

九一年三月に高校を卒業すると、鈴香は栃木県の鬼怒川《きぬがわ》温泉にあるホテルで仲居の仕事に就いた。学校に来ていた求人票で見つけた仕事だった。

九二年十二月、ホテルを辞めて地元へ戻った鈴香は、地味だった高校時代とはうって変わり、髪を脱色してカラーを入れ、ミニスカートやホットパンツといった肌を露出する服をよく着るようになっていた。当時働いていたパート先には、男が車で迎えにくることもあったという。

九三年の夏頃、二十歳の鈴香は、能代市内にある結婚式場の喫茶店でアルバイトをしていた。いつもミニスカートでベレー帽を被っている鈴香を見て、声をかけた女性がいる。

クラブ『ルクラブ』（仮名）を経営していたママ・山崎真樹子さん（仮名）である。真樹子ママと話をした鈴香は、「店で働いてみたい」とみずから志願。初めて水商売を経験することになった。

「鈴香は上背があるうえに、当時はスリムで足も長く、スタイルが良かった。見た目が悪くなかったから働いてもらったんですけど、口の利《き》き方や行儀がまるでなっていないので、危なくてお客さんの横につけることはできませんでした。だから彼女にはカウンターの中でボーイと一緒に飲み物を用意する仕事をしてもらいました」

この取材をした〇六年当時、すでに『ルクラブ』は閉店。引退した真樹子ママは自宅で私の質問に答えてくれた。彼女は続ける。

「週に三日、午後七時から十二時までということで店に出てもらいましたが、四、五回店に出たところで、鈴香のお父さんから店に電話があり、『娘が無理やり水商売をやらされた』と怒鳴られたんです。うちは無理強いなんてしていないのに、きっと彼女がそう説明したんでしょう。だったら来なくても構わないということを伝えました」

しかしそれから一カ月ほどして、「父親とは話をつけました」と、鈴香は店に舞い戻

クラブホステス時代の鈴香

ってきたのだった。

「相変わらず態度は悪く、客の前で足を組んだり、気が利かないことを注意するとチッと舌打ちしたりしていました。そうこうしているうちに、他の店から鈴香が店のお客さんと寝ているという話が入ってくるようになったのです。それも相手は一人とかではなく、十人近くいるとの話でした。さらに彼女は、店のボーイとも付き合っていました。彼を問い詰めたところ、鈴香が入店して間もなく付き合い始めたことを認め、『毎日のように（性行為を）求められ、疲れて困る』というようなことを口にしていました。それで、さすがにこのままだと店の評判が落ちてしまうと考えて、辞めてもらったのです。結果的に鈴香がうちで働いたのは、途中で来なかった一カ月を含めて、

三、四カ月だったと思います」
時を同じくして、彩香ちゃんの父親である前夫・川崎行雄さん（仮名）と、能代市内の海岸での〝ナンパ〟で知り合った鈴香は、付き合い始めた彼を誘って、九四年一月から栃木県の川治温泉へと移り住む。そこで鈴香は、住み込みのコンパニオンの仕事を始めた。当時の雇主《やといぬし》を取材した旧知の記者は語る。

「鈴香は電話帳で置屋を見つけて、働きたいと言ってきたそうです。背も高く、見てくれは悪くなかったのですが、愛想もなくボーッとしていて、ヤル気がまったく感じられなかったから、役に立つかどうか心配したと話していました。その悪い予感は的中し、鈴香はコンパニオンとしてお座敷についても、ブスッと押し黙り、座が持たない。お膳の片付けも言われるまではやらず、まったく気が利かなかったそうです」

鈴香はわずか二週間ほどで仕事をクビになるが、その直接的な理由は、シンナーの吸引だったという。

「いつも薬品の臭いをプンプンさせているため、雇主が同僚たちに尋ねたところ、『鈴香はシンナーを吸っている』ということがわかり、本人は頑として認めなかったらしいのですが、信用問題にかかわるため、辞めてもらったそうです」

続いて鈴香は川治温泉の別の置屋で働き始めるが、ここでの評価は前にもましてひどいものだった。当時の彼女を知る人物は言い放つ。

「（鈴香は）どうしようもない嘘つき女。だらしないうえに怠《なま》け者でした。座敷だって、腹が痛いだとか頭が痛いだとか言って、約束の一時間前でもかまわずに、しょっちゅうドタキャンするんです」

事務所の近くで川崎さんと同棲していた部屋の中には、カップラーメンの空容器が散乱し、掃除をした形跡はまるでなかった。結果的にこの置屋も、半年も経たないうちに辞めることになる。

栃木を離れて地元に戻ってきた鈴香と川崎さんは、九四年六月に入籍した。二ツ井町に部屋を借り、川崎さんは鈴香の父親が経営する砂利運搬会社で働くことになった。

鈴香はスーパーでレジ打ちのバイトをしていたが、八月と九月、十一月に近隣の病院で腹の痛みを訴え、毎回診断書を要求していた。診察をした医師は詐病の可能性を指摘しており、仕事を休むための口実だったと見られる。

間もなく鈴香はスーパーを辞めるが、夫婦ともにパチンコで浪費し、さらには川崎さんが新車を購入するなどして、二人が抱えた借金は増えていった。そのため鈴香の父・隆さんの勧めもあり、二ツ井町の部屋を出て、事件を起こした藤里町の町営団地に引っ越したのだった。

九六年十一月、鈴香は二十三歳で彩香ちゃんを出産する。しかしこの段階ですでに夫婦間には綻《ほころ》びが生じていた。翌年の春に鈴香が川崎さんの浮気に気付き、責めるようになると、彼は鈴香が家事を一切しないことや小遣いをくれないことを理由に、ゴールデンウイーク前には家を出てしまう。そして二人の離婚はあっさり成立した。

じつはこの離婚の直前、鈴香はかつて短期間在籍したクラブ『ルクラブ』時代の同僚との間で、窃盗騒ぎを起こしている。被害を受けた田代由加里さん（仮名）は語る。

「九七年の春のことです。街中で久しぶりに会って電話番号を交換した鈴香から連絡があり、そんなに親しくないのに、『今日遊びに行っていいか？』と言われたんです。それで生まれたばかりの彩香ちゃんを連れてうちに来たんですけど、私が台所にお茶を取りに行って居間に戻ったら、『帰る』って言うんです。時間にして十分から十五分くらいでした。いったいなにしに来たんだろうって、意味がわかりませんでした」

鈴香は生後半年も経っていない彩香ちゃんの、おくるみや替えおむつなども持参しておらず、由加里さんは「ちゃんと子育てができているのか心配になった」という。

「鈴香が帰ってから、彼女の様子が気になったもんで、大事なものをしまってある場所を見ると、そこに三万円入れていたのに、二万円が無くなっていたんです。やられた、と思って鈴香の実家に電話すると本人が出て、『盗《と》ってないよ。盗るはずないじゃん』って否定しました。そこで私が『じつはあの部屋には防犯カメラがあるんだよ』とカマをかけると、『ああ、盗った』と、やっと白状したんです。そうすると今度は『ダンナが働かないし、カネがないから』と言い訳を並べていました。結局、私が彼女の実家におカネを返して貰いに行ったんですけど、鈴香と母親の二人が出てきて、鈴香は『ああ、はい』みたいにふて腐れた表情で応対し、母親も鈴香を叱るでもなく、憮然とした表情で横に立っていました」

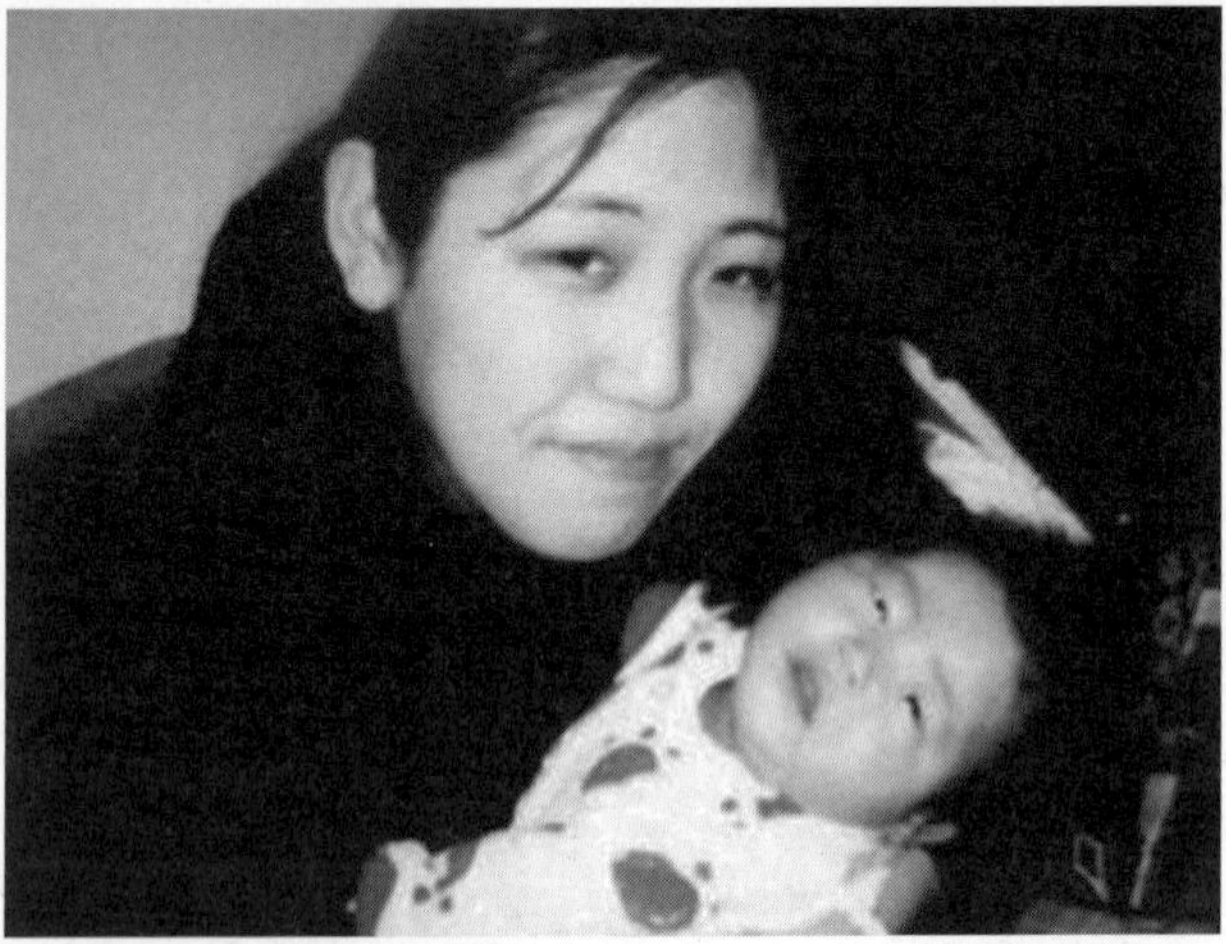
生後間もない彩香ちゃんを抱く鈴香

まずは嘘をついてごまかし、追及から逃げきれなくなると白状する。犯行を認めてもなお、自分のやったことに対する贖罪《しょくざい》意識は著しく欠けている。学生時代の窃盗事件に始まり、鈴香の犯行はすべてこのパターンを繰り返してきた。

離婚した鈴香は彩香ちゃんを実家に預け、鷹巣《たかのす》町（現：北秋田市）にある生命保険会社でセールスレディーを始めた。だがここでもトラブルの種は尽きない。当時の同僚は明かす。

「先輩のお客さんに対しても、平気で体を張った〝枕営業〟をかけては客を奪っていました。それがもとでトラブルとなり、一年も経たないうちに辞めさせられています」

続いて鈴香は地元の釣具店、パチンコ店などで働いた。とくにパチンコ店では二〇〇〇年から七歳年下の同僚と交際を始め、事件を起こすまで関係は継続した。その一方で、家計については厳しい状況が続いており、離婚前からの借金が約三百七十万円にまで膨らんだことから、〇三年一月にパチンコ店を辞めて三月に自己破産し、以後、生活保護を受給する生活を送るようになる。

実娘の「事故死」に残る謎

第一の〝事件〟が起きたのは、三年後の〇六年四月九日のこと。小学四年生の彩香ちゃんが学校から帰宅後、行方不明になったのだ。鈴香は近隣を探し回り、午後七時四十五分ごろに一一〇番通報をして警察も動いたが、行方はわからなかった。翌日午後になって、自宅から約十キロメートル離れた藤琴《ふじこと》川の中洲で、彩香ちゃんの遺体が発見された。

途中に浅瀬や堰《せき》のある川で流されたにしては、着ていた上着やズボンには汚れがほとんど付着しておらず、靴も脱げていなかった。遺体には目立った外傷もない。私が後に取材した、納棺時に彩香ちゃんの遺体を見た人物は次のように語っている。

「遺体は川の上流に頭を向け、左側面を下にして浅瀬に浸かっていたそうです。十キロメートル近く流されたわりに小さなすり傷とかもなく、きれいな遺体でした。だから川を下って流れ着いたのではなく、遺体発見場所にそっと置かれたんじゃないかという印象を持ちました」

結論からいえば、鈴香が彩香ちゃんを殺害していた。しかし、当初は事故として片付けられた。それは、彩香ちゃんが自宅近くの藤琴川で遊んでいる際に、誤って川に転落したというものだった。

実際、彩香ちゃんの遺体発見から二日後の四月十二日に発行された新聞各紙は、いずれも秋田県警が彩香ちゃんの死因について「河原で遊んでいて誤って川に落ちた事故」と結論づけたことを伝えている。

ところが翌五月に豪憲くん殺人事件が起きたことで、秋田県警は慌てて彩香ちゃんの死亡について「事故」ではなく「事件」と扱いを転換したのだ。また、初動捜査を怠り、急ごしらえで「事件」としたことで、新たな疑惑も生まれた。この機会にそのことにも触れておきたい。

後に彩香ちゃんの殺害場所として特定されたのは、当初、川に落ちたとされた場所とは違い、藤琴川にかかる大沢橋だった。鈴香は、そこで魚を見たいと言った彩香ちゃんを、殺意を持って橋の欄干に乗せ、恐いとしがみついてきたところを反射的に左手で振り払い、落下させたというのが「公式の」犯行状況だ。だがこの大沢橋という殺害場所について、いまだにその真偽を疑う声が上がっているのだ。長年にわたり藤琴川でアユ釣りをしている男性は言う。

「地元の人で大沢橋が殺害場所だと信じている者はだれもいません。私は釣りのために藤琴川のいたるところを歩いていますが、大沢橋から遺体発見現場の中洲までの間に、浅くなっている場所が四箇所ある。当時はたしかに雪解け水で川の水位は上昇していましたが、それでも普通に流れ着くことはありえません」

同様のことは事件発生当時から言われており、今回の取材でも方々で耳にした。仮に流れ着くことがあったとしても、彩香ちゃんには擦《す》り痕が残り、靴なども脱げるはずというのが、地元の川を知る住民の見方だ。先の男性は続けた。

「彩香ちゃんは風呂とかで殺されて、遺棄現場に運ばれたという可能性だってある。だけど（秋田）県警は、最初に川での事故ってしたもんだから、どうしても川で死んだってことにする必要があったんでないの」

いったいなぜ秋田県警は「事故」との結論を急いだのか――。

いずれにせよ、当初の捜査で彩香ちゃんの死が「事故」とされたことによって、鈴香のなかで〝なにか〟が刺激された。結果的にこのことが鈴香を第二の犯行へと導いていったことは、疑いようのない事実である。

暴走が始まった

我が子を〝亡くした〟母の暴走が始まった――。

一人娘である彩香ちゃんの水死を「事故」であるとされた畠山鈴香は、未解決事件について当事者が情報提供を訴える民放テレビ番組と連絡を取り合い、〇六年四月十九日に被害者の母として取材を受けた。そこで娘の死は「事故」ではなく「事件」だと主張した（同番組は放送見送り）。

続いて四月二十八日、鈴香は彩香ちゃんの顔写真の入ったビラを制作し、近隣に配布した。A4大のカラーコピーで、上部に赤い大きな字で〈知りませんか?〉と書かれた紙面には、自宅と携帯電話の番号付きでこう記されていた。

〈畠山彩香　9才　140cm前後　水色のジャンパー　水色のジーパン　くつ23cm　4月9日(日)藤里町粕毛の団地から午後4時以降行動が分りません。当日以外でもこんな所で遊んでいた、見かけた等、少しの事でもいいので下記まで連絡お願いします。
畠山鈴香〉

かつて鈴香と同じパート先で働き、親しくしていた女性は、その頃の鈴香について「なにかに憑《つ》かれたようだった」と語る。

「会ったときにずっと彩香ちゃんのことを話してたんですけど、『絶対に事故のはずがない』って繰り返すんです。じゃあ誰がなんのために殺したのかって尋ねると口を閉ざして、『だけど彩香は殺されたんだ』って言い張ってました。まわりがなんと言おうが、そうとしか考えられないと断定した口調でした」

なぜ鈴香は自身に疑いが向けられる可能性も厭わず、彩香ちゃんが殺害されたと周囲に触れ回っていたのか。一審の公判を傍聴した司法担当記者は法廷での結論を解説する。

「裁判長は、『健忘』ではなく『記憶の抑圧』という言葉を使い、鈴香が事件性を主張するなかで抑圧が強化され、『(彩香ちゃん殺害は)第三者の事件と思うようになった』との判断を下しました」

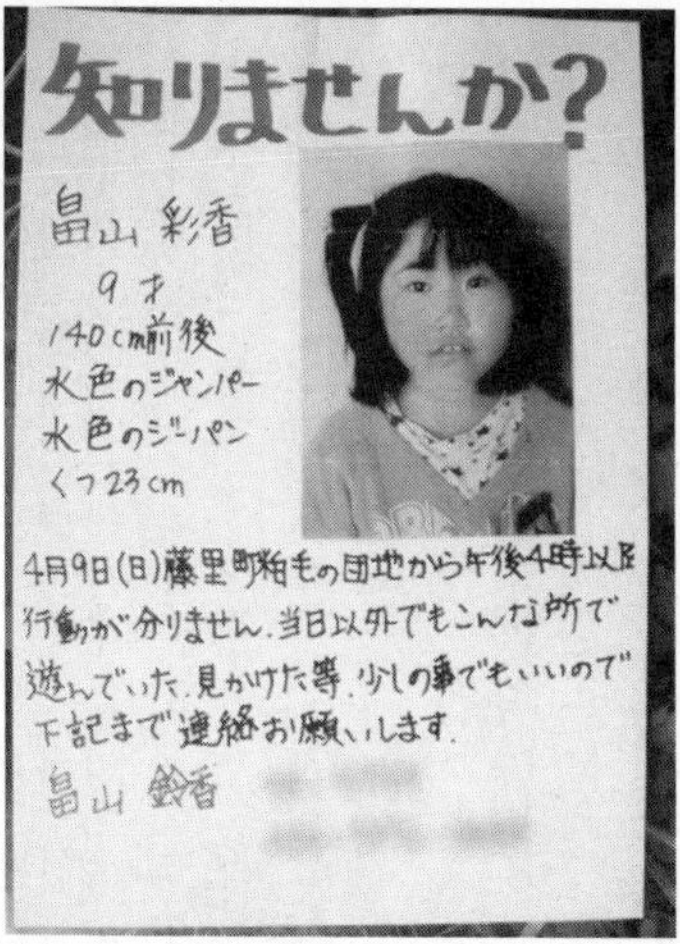

鈴香が配った顔写真入りのビラ

誰かが彩香ちゃんを殺したと思い込む鈴香の、秋田県警の捜査に対する不信感と不満は募っていく。記者は続けた。

「彩香ちゃんのことで、警察がきちんと捜査をしないことに不満を抱いていた鈴香は、もし子供が被害者となる事件が新たに起きたら、警察やマスコミも本腰を入れてくれるのではないかと考えました。五月十六日には、無差別に子供をさらおうと計画し、車で物色していたことを証言しています」

　そして第二の悲劇が起きてしまったのである。

　小さな子供たちは集団で下校しており、そうでない子も親がついているなどしたため、早々に彼女の計画は頓挫《とんざ》するはずだった。しかし翌五月十七日午後三時半頃、自宅にいた鈴香の視界に、学校から一人で帰宅する米山豪憲くんの姿が入ったのだ。彼の兄が彩香ちゃんと小学校の同級生ということもあり、娘とよく一緒に遊ぶ友達だった。

「豪憲くん、彩香が使っていたものを思い出に貰ってもらえないかな」

鈴香はそう言って豪憲くんを玄関内に招き入れると、下駄箱の上に置いていた軍手をはめ、玄関脇の部屋の物干しにかけていた腰ひもを手に、背後から近づいた。そして腰ひもを豪憲くんの首に一周巻きつけると、力を込めて両手で五分以上にわたって左右に引っ張り続け、小さな命を奪ったのである。

自宅玄関内で豪憲くんを殺害した鈴香は、遺体をビニールシートにくるむと、ランドセルなどとともに軽自動車の後部荷台に詰め込み家を出た。そして午後四時過ぎには、人気の少ない米代川の脇道から草地の斜面に遺体を転がし、所持品を近くに投げ捨てたのだった。

じつはこの遺体を遺棄に向かう途中で、鈴香は二ツ井町内にある雑貨店に立ち寄っている。同店主はそのときの様子を憶えていた。

「午後四時頃、黒っぽいワンピースを着た大柄の女の人がやってきたんです。それで（米代）川沿いの道は通れるかって聞いてきました。そこは冬に閉鎖される道だったので、私が『いまは通行止めじゃないか』と言うと、店の前に停めた軽自動車の脇で左右をキョロキョロと見回し、車に乗り込んで走って行きました」

豪憲くんの遺体は、翌十八日午後三時頃に、付近をジョギング中の男性が発見した。

その男性によれば、仰向けに横たわり、顔にハエがたかっていた遺体から一メートル離れた場所に帽子が、同じく三メートルのところにランドセルが転がっていたという。

逮捕直前の〝自宅会見〟

豪憲くんの行方不明が発覚してからというもの、秋田県警は鈴香の実家前であからさまな行動確認を始めた。同時に、わずか一カ月程の間に同じ地区で二人の児童が変死しており、うち一人は殺人の疑いが濃厚だという異常事態を聞きつけた報道関係者が集まり、取材は過熱していく一方だった。

私は事件発生時から一四年の自宅訪問時にいたるまで、鈴香の母、理香子さんに取材しようとしたが、彼女からは、「お話しすることはありません」と完全に取材を拒絶され続けている。そこで事件発生時から鈴香の実家に上げてもらい、その後も理香子さんと定期的に連絡を取り続けている、テレビディレクターの吉井龍一さん（仮名）に話を聞いた。

「（鈴香の）実家の居間で、うちが入手していた、彩香ちゃんが遊ぶ映像をモニターに流すと、理香子さんは『彩香、彩香ぁ』と言って画面をさすっていました。その部屋に鈴香が入ってきたんですが、髪がバサバサで、寝起きのような雰囲気。具合が悪そうな感じでした。鈴香がモニターを見ながら、『うちの彩香は豪憲くんと仲が良かった』とか、『うちの彩香は可愛くて』と口にすると、横で理香子さんは泣いていました」

以来、吉井さんは毎日のように、報道関係者が取り囲む鈴香の実家を訪ねることになった。

「鈴香は普段は静かなんですが、時折ヒステリックになることがあり、『私はなにもやってないのに、ずっと見られていて外に行けない。そんな状況が続いていては寝られない』と私や理香子さんに当たってました。そのスイッチが入ったときは、なんか普通じゃないなと思っていました。鈴香は毎日すごい量の薬を飲んでいて、なかには睡眠導入剤も含まれていると話していました」

彩香ちゃんの四十九日にあたる五月二十七日、鈴香は当初より離れた場所で実家前に貼り付く報道関係者約三十人を実家に招き入れ、初めて囲みの会見を開いた。私もその場にいたが、Vサインをする彩香ちゃんの写真が飾られ、花に囲まれた祭壇の前に鈴香が座り、彼女の背後の壁には、彩香ちゃんが死亡したとき身に着けていたジャンパーとズボンがかけられていた。

そこで鈴香は、娘の死についてなにがあったのか知りたいのだと切々と訴え、続いてこれまで週刊誌等に報じられた、自分がネグレクト（育児放棄）をしていたという報道はまったくのデタラメだと断言。娘についてはかわいがっていたと説明した。

話を始めて十分ほど経過したところで、鈴香は唐突にある〝情報〟を切り出した。

「そういえば、豪憲くんが殺される十日から二週間くらい前、（藤里町の）自宅の前に、三十代の男が乗った不審な車が停まっていました。その男が下校する子供たちを目で追っているから、私が『なにしてるんですか』と問いただすと、『携帯の電波の状況が悪いと届けがあり、調べに来ている』と話していました」

そこに居合わせた報道関係者にとっては初めて耳にする話だったが、誰一人として彼女の言葉を信じていなかった。というのも、その時期にはすでに報道関係者の間で、秋田県警は近いうちに鈴香を豪憲くんに対する死体遺棄容疑の重要参考人として任意同行を求める、との話が出回っていたのだ。

カメラマンは実家に貼り付き、取材する記者はすでに鈴香の逮捕を見越して、彼女の過去を洗うべく関係先を訪ね歩いていた。報道関係者の誰もが、必ず訪れる〝その日〟を待ち構えていたのである。

〈私は傷付いています〉

鈴香が能代署に任意同行を求められたのは六月四日の早朝だった。その日の午後十一時過ぎ、彼女は米山豪憲くんの死体遺棄容疑で逮捕された。五月十八日に豪憲くんの遺体が発見されてから、十七日後のことだ。

当時、東京のキー局から派遣されていた旧知の記者は、自供への流れを尋ねる私に次のように答えた。

「地元局の県警担当記者によれば、任意同行後、鈴香がめまいを訴えるなどしたため、事情聴取はすんなりとは進まなかったようです。ただ、豪憲くんの服に鈴香の家で飼っていたウサギの毛がついていたこと、ランドセルに鈴香の指紋がついていたことを指摘され、さらには豪憲くんの遺体に付着していた毛髪のDNA型が、鈴香のものと合致したことを突きつけられて観念したようです」

やがて豪憲くん、彩香ちゃん殺害容疑で再逮捕が繰り返されるのだが、取り調べ時から鈴香の証言は二転、三転していた。まずはその場しのぎの言葉を発し、矛盾を追及されると意見を変えるということが繰り返されたのだ。こうした性向について、公判と並行して行われた精神鑑定に携わった鑑定医は、鑑定調書に〈(鈴香)被告は安易に調書の記載内容を認めてしまう傾向がある〉と記している。取調官に「××じゃないのか?」と問われたときに、深く考えることなく「そうだ」と迎合してしまいがちだというのだ。

また、その調書には〈自分の言動が社会からどう思われるかを考えず、自分の思っていることをそのまま表現してしまう〉ともある。実際、鑑定医が鈴香に書かせた日記には、そうした傾向が顕著に表れていた。

A4大のノートに書かれたこの日記のコピーが私の手許にある。

〈二〇〇七年)10月21日(日)苛々《いらいら》する。泣きたいのに泣けない。のどの奥に何かつまる感じがする。苦しい。書いてもいいのか判らないが書くことにした。豪憲君のことです。豪憲君に対して後悔とか反省はしているけれども悪いことをした罪悪感というものが、彩香に比べてほとんど無いのです。ご両親にしても何でそんなに怒っているのか判らない。まだ2人も子供がいるじゃない。今まで何も無く幸せで生きて来てうらやましい。私とは正反対だ。よかれと思って何かしても裏目裏目に出てしまった。正反対の人生を歩いてうらやましい。そう思ってしまうのは悪い事なんだろうか？〉
〈11月5日（月）検事は東京での公判の時、私が泣いたのを親友が私の思い通りに話してくれなくて泣いたのだろうと言った。この人には一生私の気持ちは通じないと思った。米山さんの言う通りの刑罰を望みますと言った。母と弟、私も泣いていた。検事は罪を軽くする為にそんな事を言ったのだろうと言われた。やっぱり検事は判ってない。それとも職業がら人の言葉を素直に受けとれず、言葉の裏を考えるのだろうか？　哀れな人だ〉
〈11月6日（火）私は傷付いています。もう裁判なんてどうでもいいとさえ思っています。1人は辛い。何もいらなくなる。人の温《ぬく》もりを感じたい。寂しい。今すぐ家族の元へ帰れなければ死を選びたい。ギリギリの状態で今にもはちきれそうな感じです。生きて帰りたい私と死にたい私、今は死にたい方が強い。ちょっとした隣の部屋の物音にも苛々する。怒鳴りたくなる。必死で我まんする。叫ぼうか迷った事もある。何も無いはずなのに苛々が止まらない〉
これらの内容から、鈴香が自己中心的で身勝手な性格だと決めつけてしまうことはたやすい。だが、鑑定医は彼女の生育、生活環境に起因する〝人格障害〟との見方をしている。中高生時代に繰り返された父親の暴力、加えて「精神的なへその緒が切れていない」と表現するほどに「近すぎる」と鑑定医が指摘した母親との関係、それが鈴香の歪んだ人格を形成したというのだ。

前出の吉井さんは鈴香の逮捕直後も母・理香子さんと会っていたという。

「マスコミの目を避けるため、二人で五能《ごの》線に乗って海辺に行ったりしました。そこで理香子さんに『本当に鈴香がやっているのか？』と訊かれ、私が頷《うなず》くと『やっぱり鈴香なのかな……』と呟いていました。彼女は前々から、鈴香が捕まったら自殺したいと口にしていたので、これはもう一緒にいないとまずいと思っていました」

潜伏先のホテルを手配するなど、しばらく理香子さんの面倒を見た吉井さんだが、何度か彼女の様子に疑問を感じることがあった。

「理香子さんは孫の彩香ちゃんのことはよく口にしていました。だけど、豪憲くんについてはあまり話をしたがらないのです。人様の子だからということでしたが、自分の娘が殺めた被害者について、なにも言わないのはどうしてなんだろうと違和感を覚えました。私は何度も『鈴香はなぜ豪憲くんを殺したと思うか？』と訊ねましたが、理香子さんは『わかんないんだよね』とだけ言って、急に口が重くなるのです。ですから、孫の死を悲しむ気持ちはあるが、娘がなぜ犯罪に手を染めたのか、その背景とは向き合っていないような気がします」

殺人理由は「わかんねえんだと思う」

それはなにも理香子さんに限ったことではない。鈴香にしても、きちんと自分の犯行と向き合えたのかどうか、定かではないのだ。

鈴香の父親が経営する会社で働いていた吉田誠さん（仮名）は、鈴香が幼少の頃から実家に出入りしており、〇六年の逮捕後も面会に行くなど、長年にわたり彼女のことを知っている人物である。

「じつは鈴香本人から援助交際をしているって話も聞いてたんだよね。生命保険会社に勤めてたときのお客さんだとか、パチンコ屋に勤めてるときのお客さんだとか……。なしてそんなだらしねえことすんのって聞いたら、『だって稼ぐとこがねえもん。カネが必要だから。そうでねえと飯食っていけねえべ』って。だから仕方ないんだって話してた」

今回、改めて取材で会ったところ、「これまで言えなかった話だけど」との前置きで、吉田さんは切り出した。そして彼は続ける。

「裁判では彩香の育児を放棄していたなんて話が出ていたけど、可愛がることもあったんだよ。事件を起こすちょっと前に会ったときも、『今度はディズニーランドに連れて行きたい』って話してたしね。当然、邪魔だとかいう話も聞いてない。だから本人も（殺人について）どうしてこうなったのか、わかんねえんだと思う。鈴香に面会したときも、逮捕前に彼女が『（彩香ちゃんを）絶対に殺してねえ』と言ってたから、『どうしてあんとき嘘をついたんだ？』と尋ねたら、顔色を変えて『うーん』と唸ると、急に黙り込んでたから……」

吉田さんが面会した当時、鈴香の頬の肉は落ち、逮捕前よりも痩せていた。頬にはいくつも吹き出物ができており、どうしたのか聞くと、「もともと沢育ちだから、水が合わない」との答えが返ってきたという。彼は振り返る。

「そういえば面会のとき鈴香に、お前は両親のどっちに似たんだって聞いたのよ。そうしたら、『やっぱりオヤジに叩かれたりして、自分もそういう性格になってる』と話してた。オヤジのしつけがそうだったから、自分もそうなってたって。でも、事件としつけとは関係ねえもんな。本当のところ、なんであんなことしたのかわかんねえのよ。なにしろ当の本人がわかんねえんだからな、まわりがわかるはずねえべ」

〇九年五月に弁護側が上告を取り下げたことで、鈴香の無期懲役判決が確定。彼女は現在、福島刑務支所に収監されている。そこでの様子はなかなか伝わってこないが、吉井さんが、鈴香の母・理香子さんと一三年十一月に電話で話したところ、「(面会した)鈴香の顔がおだやかになっていた」との報告を受けたそうである。

事件が起きた藤里町にある町営団地の鈴香が住んでいた家は取り壊され、空き地には消火栓が設置されている。また豪憲くんの家族も〇八年にこの団地を出て、いまは遺体発見現場に近い二ツ井町で暮らす。

世界遺産・白神《しらかみ》山地を望む風光明媚な町を震撼させた、一人の女による連続殺人は、明確な理由が永遠に解き明かされないまま、時間によって風化するのをただ待つように、放置されていた。

CASE
4

鈴木泰徳

福岡3女性連続強盗殺人事件

2005年3月に発覚。04年12月から05年1月にかけて、トラック運転手の鈴木泰徳(35)が福岡県で3人の女性を相次いで殺害した事件。3件とも無差別で強姦・強盗目的で忍び寄り(強姦に至ったのは1件)、最終的に殺害するという残忍極まりない犯行であった。にもかかわらず鈴木は犯行前後も通常業務をこなしていたが、被害者の携帯電話を使用していたことで犯行が発覚し逮捕。後にその携帯電話で出会い系サイトを利用していたこともわかった。11年に上告が棄却され、死刑が確定した。

その男は三人の女性を殺《あや》めていた。

問われた罪は、一人目の被害者に対しての強盗強姦・強盗殺人罪。二人目には強盗殺人罪と銃刀法違反罪。そして三人目は強盗強姦未遂・強盗殺人罪と銃刀法違反罪――。

男の名は鈴木泰徳《やすのり》、三十六歳（逮捕時は三十五歳）。

私は二〇〇五年六月の初公判の後に、福岡拘置所にいる鈴木を訪ねた。その凶悪な犯行内容から、粗暴な男だと思っていた。だから事前に手紙等でのアポは取らず、いきなり会いに行ってみようと思った。

受付に面会理由を「安否うかがい」と書いた申込書を渡す。番号札を貰い、断られることを予想しながら待合室にいたところ、「××番の札の方、×号面会室へ」と、私の番号が呼ばれたので、素直に驚いた。通常、面会を断る場合には、面会室に呼ばれることなく、受付で会わない旨を伝えられるからだ。

面会室に入って背後の鍵をかけ、立ったまま鈴木が入ってくるのを待った。アクリル板の向こうの扉には、横長の覗き窓がある。まず刑務官がその窓から見て、私がいることを確認した。続いて鈴木の目が窓枠のなかに現れ、こちらに向けられた。くりっとした、意外に大きな目だ。目が合うと私は軽く会釈《えしやく》した。

わずか一カ月間で三女性を殺人

強姦殺人と思《おぼ》しき事件が発生したとの一報を受け、東京を出て福岡県飯塚市の現場に到着したのは、薄暮から夜へと変わるころだった。被害者の女性は専門学校生だという。〇四年十二月十三日のこと。前日の深夜に起きた犯行の現場となった公園は、正面を流れる小川から細い道を挟み、芝生にブランコと鉄棒だけが置かれた寂しい造りだった。周囲を見回すと街灯は少なく、かなり暗い。犯人によって園内に連れ込まれたことが想像された。

被害者の名前は安川奈美さん（仮名）。飯塚市内にある歯科技工士の専門学校に通う十八歳である。旧知の福岡県警担当記者に聞いた話によれば、長崎県の離島で生まれた彼女は、四月から一人暮らしを始めていた。当日は友人と会い、その帰りに犯行に巻き込まれた可能性が高い。首には絞められた痕があり、死因は窒息死だった。記者の説明は続く。

「仰向けに倒れた遺体の首にはマフラーが巻かれていて、その近くには財布入りの彼女のバッグが落ちていたそうです。顔には抵抗の際にできたと思われる擦り傷があり、着衣に乱れがあったため、わいせつ目的で襲われ、殺害されたようです」

周辺を取材していくと、奈美さんの素朴で素直な人柄が浮かんでくる。アルバイト先のコンビニ店長は、次のように語り絶句した。

「学校の先輩に紹介されて十一月からバイトを始めたのですが、仕事熱心で本当にいい子でした。いまどきなかなか見かけない素朴なタイプで、いちばん最初の給料は四日分だけだったのに、『嬉しい』と喜んでいたのが印象に残っています。今度のクリスマスに友達と過ごすのを楽しみにしていて、お正月は実家に帰るんだと嬉しそうに話していたのに……」

小学生の頃から始めた剣道で、中学一年時には初段を獲得していた奈美さんは、やがて重い病を患い、入退院を繰り返しながら高校を卒業し、夢を抱いて飯塚市にやって来た。そこで凶行に巻き込まれたのだ。

十六日に故郷の島で営まれた葬儀では、集まった三百人以上の参列者の前で、彼女の父親は気丈に挨拶した。その言葉が耳に残る。

「(娘は)十四歳で膠原《こうげん》病を患った後、入院しながら高校に通っていました。一生懸命頑張って、一生懸命生きてきました。それをこういう形で……本当に残念です……」

それから約一カ月後の〇五年一月十八日、今度は福岡市で大手航空会社の子会社に勤める二十三歳の女性が殺害される事件が発生した。

被害者の名前は福田祥子さん(仮名)。その日の早朝、仕事に向かうため福岡市東区の自宅から、福岡空港に向かっていたところで被害に遭った。地元の記者は説明する。

「午前七時過ぎに新聞配達員が空港近くの公園で遺体を見つけました。遺体は刃物で何箇所も傷つけられていて、死因は失血死。どうも服を脱がされ乱暴されたようで、荷物も持ち去られています」

子会社とはいえ、被害に遭ったのは大手航空会社の関係者。しかも強盗強姦殺人の可能性があるということで、私はすぐに福岡へ飛んだ。

現地に着いてまず、遺体発見現場の公園へと向かった。空港にほど近い、大型店舗や倉庫が周囲にあるその公園は、目の前の道路からは遮蔽物《しゃへい》がほとんどなく、丸見えに近い場所だった。ただ、街灯は道路脇に等間隔にあるのみで、早朝の暗い時間帯ならば、走行する車からだと、よほど注意深く見なければ、人の存在に気づくことはないだろう。そのうえ車通りも少なく、人家から離れていることもあり、叫び声なども届かない可能性が高い。

第一発見者の五十代の女性に話を聞いた。

「パートで新聞の配達中だったんですけど、公園の中になにか転がってると思って近づいて目を凝らしたら、人だったんです。遺体は仰向けに倒れていて、顔が腫れあがり、鼻血を出していました。お腹のあたりが血だらけで、下半身は下着まで脱がされて丸見えになっていました。それがあまりにかわいそうで、持っていたスポーツ新聞をその上にかけて、携帯で一一〇番に電話したんです。時間は午前七時二十四分でした。遺体から離れた場所には、パンティと靴下が片方、あと、彼女が着ていたオーバーのボタンが落ちていました。警察の人はすぐにやって来ました」

翌日からの取材で、祥子さんの職場や交友関係などを捜査機関が調べたところ、怨恨《えんこん》による事件の可能性は薄いことが判明。さらに彼女の人物像も、次第にはっきりしてきた。

北九州市の公立大学と並行して同市の航空専門学校にも通っていた祥子さんは、キャビンアテンダント（CA）を目指していた。一度は挫折を味わうが、大学卒業後もCAへの夢を諦めきれず、契約社員として福岡空港で飛行機に乗るためのボーディングブリッジを操作する仕事をしながら、ふたたび航空専門学校に通うための費用を貯金していた。同専門学校の理事長は、当時の取材に「純粋、素直、真面目。こんな子が今どきいるのかと思うような子だった」と語っている。

わずか一月ちょっとの間に、福岡県下で将来への夢を抱いて頑張る、二人の若い女性の命が奪われるという事件が続いた。

ともに遺体は公園で発見され、着衣に乱れはあったが、前者は首を絞められて所持品は残され、後者は刃物で切り付けられて所持品を持ち去られていた。

飯塚市から福岡市までは約四十キロメートルと、犯行現場が離れていることに加え、殺害方法が異なり、さらには強盗の有無という違いもあった。それらの要素から、当時、私のなかで二つの犯行が結びつくことはなかった。

配送中に殺人

「小野さん、福岡の事件で動きがありました。福田祥子さんの携帯電話を持っていた直《のお》方《がた》市の男が、今日の未明に占有離脱物横領容疑で逮捕されたようです……」

大阪での取材を終えた私の携帯に、福岡市の事件で世話になった地元の記者から連絡が入ったのは、その年の三月八日昼のこと。殺人での再逮捕があるならば、行き先を福岡に変更したほうがいいと頭を巡らせていた私に、記者は言葉を重ねた。

「それで、その男は福岡の事件だけでなく、飯塚の事件と、あともう一つ、北九州で昨年末に起きた事件にも関与しているようなんです」

「ええっ！」

思わず声を上げた。それはまさに青天の霹靂ともいえる話だった。礼を言って電話を切り、新大阪駅では迷わず博多行きの切符を買った。

北九州の事件とは、〇四年十二月三十一日の早朝、同市に住むパート主婦の大倉聡子さん（仮名・当時62）が、勤め先のスーパーに向かう途中の路上で、何者かに刃物で背中と腹を複数箇所刺されて死亡したというもの。発生時に取材はしていなかったが、大倉さんが持っていた現金（後に六千円と判明）の入ったバッグが奪われており、殺意が認められれば強盗殺人という事件だった。

そこで逮捕された男というのが、直方市に住む〝土木作業員〟の鈴木だった。彼には妻と幼い子供二人がいるという。

地図上では、事件が起きた飯塚市、北九州市、福岡市を線で結んだ三角形の中心に、鈴木の住む直方市がある。さらにそれぞれの犯行日を振り返ると、十二月十二日（午後十一時半ごろ＝犯行予想時刻、以下同）、十二月三十一日（午前七時ごろ）、一月十八日（午前五時半ごろ）と、ほぼ一定の周期だった。

福岡入りして取材を始めてからわかったことだが、これらの犯行当時に鈴木は、土木作業員ではなく運送会社に勤め、トラックで生鮮食品などの配送をしていた。その配送エリアのなかに、彼が犯行に及んだ三つの地域が含まれていたのだ。

しかも、事件が起きた日のうち二日は鈴木の出勤日で、犯人だとすれば犯行後に何食わぬ顔で仕事をしていたことになる。鈴木がかつて勤めていた運送会社の関係者は言う。

「鈴木は十二月十三日の午前四時に福岡方面に向かって出発しているので、最初の事件は仕事前の犯行です。次の事件があった十二月三十一日は休みでしたが、犯行現場は鈴木が仕事で使う、田川市から北九州市に向かうルートのすぐそばで、保冷車のタコグラフを見ると、その数日前から現場の近くで停車していた記録が残っています。さらに一月十八日は午前三時過ぎに福岡市に向かい、納品作業をして午前五時から五時四十分まで休憩。続いて午前六時から納品作業をしていますので、途中の休憩時間にやったのだと思います」

周囲で鈴木の変化に気付く者はいなかった。もっとも、鈴木が同社に入ったのは最初の犯行のわずか二カ月前の〇四年十月だったことから、それも無理はない。関係者は続ける。

「鈴木は事故を何度も起こしていて、困った存在でした。十一月の試用期間中に〝独り立ち（単独運転）〟をしたのですが、そこでまず自損事故を起こしました。それで数日間謹慎処分を受けて、十二月十八日からふたたび独り立ちしたのですが、（〇五年）一月上旬には二度目の事故を起こしています。福岡市で事件を起こした十八日は、謹慎処分後に運転を再開した日でした。しかしその翌日の十九日未明にまた事故を起こしてしまい、二十二日に退職したのです」

以来、三月に逮捕されるまでの間は土木作業員をしていたため、逮捕時に発表された職業がそのようになっていたのだ。

底知れぬ無自覚

自宅周辺の聞き込みでは「子煩悩で、子供を連れてよく出かけていた」という話や、「腰が低くおとなしい感じだった」などという話も出てきたが、それ以外に聞こえてくるのは、ほとんどがネガティブな内容だった。それも〝借金〟と〝女〟にまつわる話ばかりだ。さらにそこに〝キレる〟という要素も加わる。

そもそも、鈴木が犯人として浮上したきっかけと、身柄確保時の状況からして異常だった。知人の記者は呆《あき》れ顔で話す。

「鈴木は祥子さんから奪った携帯を使い、出会い系サイトなどのアダルトサイトに頻繁にアクセスしていました。その理由は『通信料が惜しかった』というもの。携帯電話の電波で位置が特定できることを知らずに使い続けたため、二月中には容疑者として浮上したのです。ちなみに、パチンコやスナック遊びなどで多額の借金を抱えていた鈴木は、看護師の妻から愛想を尽かされ、夫婦生活を拒絶されていました。身柄を確保されたときも、借金のことで責められるのが嫌で自宅に帰れず、近くに停めた自家用車内で、祥子さんの携帯からアダルトサイトに接続している最中でした」

もしこれが下着泥棒の犯人がとった行動であるならば、〝愚か〟の一言で片付けることもできるが、三人の命を奪ったあとの行動なのである。私は鈴木のその底知れぬ〝無自覚〟に、ただならぬものを感じた。

鈴木は直方市の南に位置する町で、自動車整備工場を経営する家に生まれた。直方市内の中学校から鞍手《くらて》郡宮田町（現・宮若市）にある公立の農業高校を経て、自動車関係の専門学校を卒業してからは、〇四年五月まで実家の整備工場で働いていた。

高校時代の同級生によれば鈴木は「そんなに目立つタイプではなかった」そうだが、印象に残っていることがあるという。

「自分らとは腹かく（腹を立てる）場所が違うというか、どうでもないことで急にキレるタイプなんですよ。あいつはちょっとだけ柔道部に入ってたんですけど、冗談で足技をかけたりすると、腹ばかいて、手加減なく相手を投げ飛ばしたりするんです」

別の同級生の自宅を訪ねたときのことだ。彼、只野宏一郎さん（仮名）は戸棚から葉書を取り出して私に見せた。それは鈴木が二〇〇〇年の正月に只野さんに宛てた年賀状だった。裏面を見ると、前年に行われた結婚式で、タキシードとウェディングドレス姿でケーキカットをする鈴木と妻が写っていた。只野さんは鈴木の顔を指差し語る。

「鈴木は奥さんが看護婦をしよるとよく自慢してました。何度か直方の繁華街で飲んだりしたんですが、結局は〝ええかっこしい〟なんですよ。あいつには馴染みの飲み屋が何軒もありました。そこに常連のような顔をして寿司折りとかを持って行き、店では大盤振る舞いをして、女の子の歓心を得たりするんが大好きやったんです」

鈴木は自分の身の丈以上にカネを遣い、無計画に借金を重ねていたとの、嘆息混じりの言葉が続く。

「友だちやら、消費者金融なんかにカネを借りまくってました。それで借金取りがやってきて、あいつの親父さんが肩代わりしたことも何度かありました。前に親父さんに会ったとき『（鈴木の借金が）たぶん一千万くらいあったんじゃなかろうか』という話も聞いてます。整備工場を辞めたのも、奥さんに内緒で自宅を抵当に入れて数百万のカネを借り、それがバレて勘当されたからなんです」

自宅を抵当にした借金は、鈴木の父親の援助で弁済した。只野さんによれば、鈴木は懲りずに、その後さらにもう一度、自宅を抵当に借金をしたのだそうだ。それが〇四年九月ごろにバレてしまい、夫婦関係は破綻していたという。

ヤミ金業者「逆ギレがすごいったい」

鈴木による三件の殺人が大きく報じられるなか、私が記事を書いていた週刊誌の編集部に、一本の〝タレコミ〟電話が入った。

福岡市の郊外にある喫茶店で、私がその電話の主・横山武史さん（仮名）と会ったところ、彼は持参したカバンから何枚かの紙を取り出した。それは鈴木の免許証と健康保険証、さらに実家の自動車整備工場の名前が入った名刺のカラーコピーだった。

横山さんはさらにもう一枚の書類を私の前に差し出した。そこには「借入申込書」と書かれている。

横山さんの仕事は非合法のヤミ金業者。かつて鈴木に何度かカネを貸していたと語る彼は、「ニュースを見たら、鈴木は何の罪もない女の人らに、ひどいことをしとるやろ。それが許せんけん、この書類ば出しちゃろうって思ったと」と口にした。

手渡された「借入申込書」に鈴木は、自分の役職について「工場長」だと嘘を書き、他社で借り入れている金額については「一件、二十万円」と少なく申告していた。

「電柱の張り紙を見て電話してきたとやけど、確認すると実家がしっかりしとるけんね、それで貸すことにしたと。うちはトイチやけん、たとえば十万円貸すなら、十五万円の借用書を書かせるったい。それで十日に一万五千円ずつ利子がつく。鈴木の場合、最初のときは十万円貸して、さすがに一発で返してきた。けど、次のときからは返済が遅れ

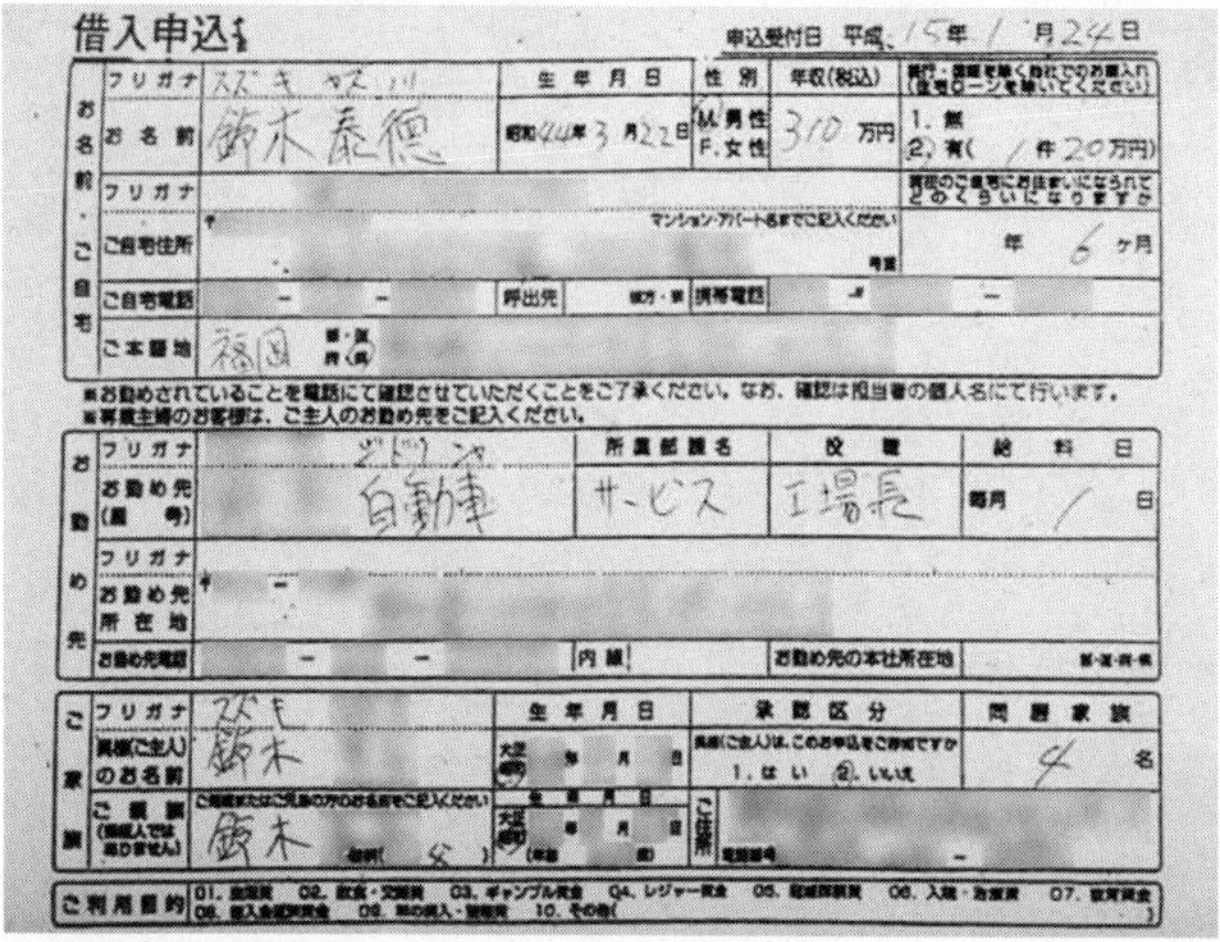
借入申込書　申込受付日　平成15年1月24日
お名前・ご自宅
フリガナ　スズキ ヤスノリ
お名前　鈴木泰徳
生年月日　昭和44年3月22日
性別　M.男性　F.女性
年収(税込)　310万円
銀行・信販を除く当社でのお借入れ(住宅ローンを除いてください)　1.無　2.有(1件20万円)
フリガナ
ご自宅住所　〒　マンション・アパート名までご記入ください
現住のご住所にお住まいになられてどのくらいになりますか　年　6ヶ月
ご自宅電話　－　－　呼出先　携帯電話　－
ご本籍地　福岡　都・道　府・県
※お勤めされていることを電話にて確認させていただくことをご了承ください。なお、確認は担当者の個人名にて行います。
※専業主婦のお客様は、ご主人のお勤め先をご記入ください。
お勤め先
フリガナ　ジドウシャ
お勤め先(屋号)　自動車
所属部課名　サービス
役職　工場長
給料日　毎月　1　日
フリガナ
お勤め先所在地　〒
お勤め先電話　－　－　内線
お勤め先の本社所在地　都・道・府・県
ご家族
フリガナ　スズキ
奥様(ご主人)のお名前　鈴木
生年月日　大正・昭和　年　月　日
承認区分　奥様(ご主人)は、この申込書をご存知ですか　1.はい　2.いいえ
同居家族　4　名
ご親族(保証人ではありません)　ご両親またはご兄弟の方のお名前をご記入ください　鈴木　続柄(父)
生年月日　大正・昭和　年　月　日
ご住所　電話番号　－
ご利用目的　01.生活費　02.飲食・交際費　03.ギャンブル資金　04.レジャー資金　05.冠婚葬祭費　06.入院・治療費　07.教育資金　08.借入金返済資金　09.物の購入・建築費　10.その他(　)

鈴木直筆の「借入申込書」

て、結局三カ月くらいかかったね」

借金の目的については「パチンコ」だと話していたと、横山さんは明かす。

「嘘も多かったね。よそで借りてないとか言いよったのに、調べてみると他に二軒で借りとったとかね。あと、最初はおとなしい印象やったけど、逆ギレがすごいったい。『払うんやから、よかろうもん』て声を上げたりとか、あと、警察に行くとか、その筋の者を知っとるとか、キレると尋常やなかった」

横山さんは十万円ずつ、三回にわたって鈴木にカネを貸している。

「去年（〇四年）三月ごろ、『五十万円くらい貸してくれんやろか』て来たけど、その前の返し方が悪かったけん、それは断った。三回目のとき、連絡が取れんで自宅に行ったとやけど、他にも借金取り

が来とるみたいでね、奥さんは『離婚したいんです』て話しよった。そのときは鈴木からすぐに電話がかかってきて、『自宅に来られちゃ困る』て、キレとったね。父親のとこにも行ったとやけど、親父さんは私の顔を見るなり『また（鈴木が）借金ですか？』て、呆れ顔やった。もう何回も同じことがあったとやろうね……」

涙と、殺意の否認

拘置所の面会室。扉の覗き窓からこちらを見た鈴木は、顔を引っ込めた。続いて扉が開き、刑務官とともに私の前に姿を現す流れだ。まずはなにを訊こう。頭のなかを整理した。

しかし……。

面会室に入ってきたのは、刑務官だけだった。

「知らない人なので、会わないそうです」

「そう……ですか」

予想を裏切られたような、しかし、これこそが予想通りだったような気持ちを抱きながら、面会室を出た私は拘置所を後にした。

〇五年六月二十二日、福岡地裁で開かれた初公判の法廷に現れた鈴木泰徳は、髪の毛を短く切りそろえ、黒いTシャツに濃紺のジャージ姿で、百八十センチメートル近い巨体を縮め、うなだれていた。

検察側は冒頭陳述で、鈴木が中学生のころから女性の下着に執着して窃盗をくり返したことや、二十代の半ばから強姦モノのビデオを好むようになり、自宅から同種のビデオやＤＶＤが大量に押収されたと指摘。〇三年からは出会い系サイトで、見知らぬ女性とわいせつな内容の会話やメールのやり取りをしていたなど、その少年時代にまでさかのぼり、性的に異常性があることを暴露した。

以下、公判で明らかになった犯行状況を簡易に記しておく。

鈴木は一九八九年ごろ車で人身事故を起こし、被害弁済のために消費者金融でカネを借りたことをきっかけに、借金をするようになった。後にパチンコやスナック遊びなどの遊興費で、妻に隠れて約八百万円の借金を抱えた鈴木は、そのことが発覚すると妻から小遣いを止められ、夫婦生活を拒絶される生活を余儀なくされた。

そこで〇四年十二月の初旬から、一人歩きの女性を襲って、金品を強奪して生活費などを得たうえ、強姦で性欲を満たそうと考え、車で女性を物色するようになったのである。

飢えた鈴木の目に、十二月十二日午後十一時半ごろ、友人宅から帰宅しようとする安川奈美さんの姿が、飛び込んできた。

鈴木は彼女が人気のない公園の前に差しかかったところで、背後から口をふさいだ。そして逃げ出そうとする奈美さんを抱え上げて園内に入ると、彼女の腹の上に馬乗りになり、マフラーの両端を左右に引っ張って気絶させ、姦淫した。

欲望を遂げた鈴木は、奈美さんの手提げバッグを奪おうと考えたが、自分の顔を相手に見られたことを思い出し、彼女の胸のあたりに馬乗りになると、ふたたびマフラーを使って死亡するまで絞め続けた。そのとき、公園の近くにトラックが停まり、運転手が降りてくる気配があった。慌てた鈴木は逃走し、結果的に彼女のバッグがその場に残されることになったのである。

次の犯行は十二月三十一日の大晦日。前夜に襲う相手を見つけることのできなかった鈴木は、午前七時ごろに北九州市内の駐車場に車を停め、車内から〝獲物〟を探した。そんな鈴木の視界に入ったのが、若々しい赤いフード付きのコートを着てパート先に向かう、大倉聡子さんの後ろ姿だった。皮肉なことにその日は雪で、聡子さんはふだん乗っていた自転車を使えず、いつもと違うルートを歩いていた。

帽子を目深《まぶか》にかぶり、軍手をはめた鈴木は、車内に置いていた刺身包丁をジャンパーの内側に隠し持ち、聡子さんの後を追った。すぐそばまで近づくと、彼女が五十歳以上の女性であることが判明したため、強姦を諦めてエナメル製のショルダーバッグを奪うことに方針を変更した。そこで彼が選んだのは、極めて乱暴な手段だった。

鈴木はいきなり聡子さんの背後から包丁を突き刺したのだ。

「命だけは助けて」と六十メートル近く逃げる彼女を執拗に追い、路上に倒れたところに馬乗りで背部や胸部を何度か刺したあと、順手に持った包丁で心臓部分を深く刺して殺害した。そしてバッグを奪い取ると、停めていた自家用車に駆け戻り、現場を後にしたのだった。

翌年一月十八日になると、鈴木は仕事で保冷車を運転するときも、包丁を持参するようになった。午前五時二十分ごろ、徒歩で福岡空港へと向かう福田祥子さんを移動中に見かけた鈴木は、車をUターンさせて駐車場に停め、包丁を隠し持って尾行した。彼女が公園の前に差しかかったところで、背後から口をふさぎ、面前に包丁を突き付けて園内に引きずり込んだのである。続いて祥子さんの顔面を殴りつけ、馬乗りになって首を絞めながらさらに数回殴りつけた。公園の奥では彼女のセーターを下着ごとたくし上げ、露出した乳房を弄《もてあそ》んだ。ストッキングを引きちぎり、パンティをはぎ取ると彼女の口に押し込み、抵抗できないよう殴りつけた。

鈴木は姦淫しようとしたが、前の路上をバイクが通りかかるなどしたため断念。意識を取り戻した祥子さんの背中を包丁で三回刺し、さらに仰向けになった彼女の腹部を二回刺し、財布と携帯電話やCDプレーヤーの入ったバッグを奪って公園から逃走した。

犯行後は仕事に戻り、その日の配送業務を終えた鈴木は、午前六時半ごろ現場の公園に戻っている。近づいて様子を見たところ、祥子さんの腹部が痙攣《けいれん》していたので、間もなく死亡するだろうと思い、保冷車に乗って立ち去った——。

三人の女性の命が無残に奪われる様子が、検察官によって淡々と読み上げられると、被告人席の鈴木は手に握りしめた白いハンカチで、時折涙をぬぐった。だが、それが反省によるものかどうかは、疑わしい。

というのも鈴木は、かかる犯行内容にもかかわらず、聡子さんと祥子さんへの殺意を否認するなど、その後ずっと、公判において悪あがきを続けたからだ。ほかにも奈美さんへの殺害行為、さらには奈美さんと祥子さんへの強姦、強盗の故意についても否認していた。

責任転嫁の陳述書

「鈴木は北九州の事件で再逮捕されたあとで頭を丸坊主にしました。ただそれは事件を反省したからではなく、暑かったからというのが理由です。物盗り（強盗）を否認するなど態度が悪く、被害者に謝罪する素振《そぶ》りもない。そんな鈴木に対して、捜査員はみんな不快感を持っています」

一審の裁判が始まる前に、福岡県警担当記者から聞いていた話だ。

〇六年九月七日の日付で書かれた鈴木の意見陳述書のコピーを目にしたとき、その言葉を思い出した。一審の判決公判を二カ月後に控えて作られたその陳述書は、鈴木による手書きで、最後に指印が押されている。

書き出しこそ殊勝な反省の言葉で始まるが、以下は捜査の不当を訴え、言い訳をする文言が延々と続く。

〈検察側の言っているように、私自身が法廷で嘘をつくのではなく、警察や検察が考えた、嘘の犯行内容の供述調書を都合のいいように押し付けて作成したのであって、本当に嘘つきなのは、捜査側である、警察と検察側なのです〉

続いて〈裁判長、裁判官のお3方にお聞きします〉として、次のような質問を投げかけている。

〈裁判所は検察側が全て正しいと思っているのでしょうか？　質問のしかたが、検察よりで、トゲがあるように感じるのですが。

前の裁判長も裁判官も、7回公判時、私が一度も、反省や謝罪の気持ちを見せてないと言うが、法廷の出入場時に傍聴席に一礼をし、公判内でも謝罪の言葉を述べているし、退廷時にも、述べている。これで駄目なら、どんな態度をすればいいのですか？　見て見ないふりですか？〉

この文章に至っては、もはや〝逆ギレ〟の様相を呈している。そして犯行の動機について、責任を転嫁する言葉が続くのだ。

〈当時の妻の一言一言が辛かったことは確かです。（中略）自分なりに、今度こそ、頑張って、やり直そう、だから、小遣いはいらない。私の精一杯の努力を理解してほしかった。だから、仕事に行く時のガソリン代くらい、グチを言わないでほしかった。私は自分の借金で妻だけでなく、親にも迷惑をかけていて、当時の私は、何とも言えない孤独感につかれきっていました〉

それらの身勝手な言葉の羅列に加えて、ヤミ金の過酷な取り立てがあり、ストレスや睡眠不足などで精神的に追い詰められ、〈ものごとの良し悪しの判断が出来ない状況下にあったのだと思います〉と結論づけているのである。

最愛の家族を奪われたうえに、これほどまでに空疎《くうそ》な文章を突きつけられた遺族の心情を思うと、ただひたすらやりきれなさが募る。

「やっぱ性欲が理由よ」

鈴木の逮捕から十年が経つ。私は直方市の歓楽街を訪ねた。鈴木は殺人に手を染めた後も変わらずこの街のスナックに出没しては、歌い、笑い、猥談《わいだん》を口にし、ときには気分を害して店のママにとりなされるということを繰り返していた。

じつは鈴木の印象について、どの店でも「内向的で、自分から知らない客に話しかけたりすることはありえない」との言葉を耳にした。ただ時折、女がらみのことで〝キレる〟姿は目撃されている。鈴木と十年以上前から飲んでいた知人は言う。

「気に入った女の子がいる店に通っては、おみやげを持って来たり、フルーツ盛りを頼んだりと、いつも大盤振る舞いをしよったね。一度、ご執心の女の子に持ってきた焼き鳥を別の客が食べたことがあって、そんときは口にこそ出さんかったけど、いっぺんに機嫌が悪うなって、明らかに苛々した態度を見せとった」

彼を二十代のころから知っているスナックのママは、同店での行動について振り返った。

「ちょうど事件の最中、他のスナックの女の子が三回くらい昼ご飯に誘われよったと。断ったらしいけど、もし行ってたら殺されとったかもって話が出てた。鈴木はうちの店には、いつも二時頃のラストまでおったよ。女の子目当てで通いよったこともあって、たしかその子に一度キレたこともあるんよ。『俺がこいだけカネを遣っとるとに、なんかその態度は？』って怒鳴りよった」

このママによれば、鈴木は店ではいつも猥談を口にし、性欲の強い印象があったという。

「よく『奥さんがさせてくれん』ちぼやきよったね。あと、フィリピンのニューハーフの子とも付き合《お》うてたことがあって、『一緒に寝て、朝になったら髭《ひげ》が生えとるとばい』とか話しよった。あの事件はカネ目当てやなくて、並外れて強い性欲が起こしたもんやと思うよ。結局おばあさんやったら、せんやったでしょ。若い人ばかり選んでやっとるから。昔からあん人のことは知っとるけど、やっぱ性欲が理由よ」

一方、犯行の最中から逮捕直前まで鈴木が顔を出していたスナックでは、彼が猥談を口にすることはなかったようだ。同店のママは話す。

「鈴木が来るときは、たいてい同級生か他のスナックの女の子と一緒でした。彼はいつも店の女の子やらにも『飲め、飲め』って気前がいいんやけど、事件のあとで同級生と来たときには、初めてカリカリしとる姿を目にしました。なんかが理由で女の子にキャンキャン言うて、その子が『あの人につけません』て泣きついてきたんで、私が代わったんです」

その日の鈴木は、ママが横につき、彼が十八番とする浜田省吾の『J. BOY』や『もうひとつの土曜日』などを歌って機嫌が戻ったらしい。

「逮捕の後で思い出したんですけど、そういえば事件後に店に来とったとき、鈴木が赤い携帯をいじりよったんです。それで私が『(携帯電話)二台持っとうと?』って聞いていました。向こうがなんて答えたか憶えとらんのやけど、あれが被害者の携帯やったと思うと、複雑な気持ちです」

祥子さん殺害後、事故を起こして運送会社をクビになった鈴木は、この街のスナックで土木作業員の仕事を得ていた。当時、直方市内で土木建築会社を経営していたスナックママの店に、若い知人に連れられて現れたのだ。ママは当時を回想する。

「うちに来たのは(〇五年)一月二十二日か二十三日でした。店を手伝っていたうちの娘が、鈴木の子供が通う保育園で保育士をしよったんです。それで『××くんのお父さん』という具合に憶えていました。その日は普通に飲んで、大声で歌っていたんですけど、それから三日後くらいにやってきて、勤め先を辞めて、仕事を探している、と。子供もいるから大変だということで、それならうちの会社で土木の仕事をやってみるね、という話になったんです」

そこで鈴木は二月二日から、逮捕前日の三月七日まで働いていた。

「あの日(三月八日)、仕事に出て来んから、携帯や自宅に電話を入れたんです。ただ、電話に出た奥さんによれば、昨日から帰ってないということだったんで、じきに連絡があるだろうと思ってました。そうしたら夕方のニュースで捕まったと出て、もう、びっくりしたんです。あとで従業員に聞いたら、仕事ぶりはまじめだったそうですし、とくに怪しいこともなかったようです」

「謝罪は一切ないです」

「その犯行は非常に凶悪、かつ残虐である」

〇六年十一月十三日に福岡地裁で開かれた判決公判。裁判長はその言葉に続き、鈴木に死刑判決を言い渡した。一連の公判における彼の弁明について、裁判長は「不自然」であると切り捨て、反省が皆無であると指弾した。時折涙を浮かべ、うなだれるようにして判決理由を聞いていた鈴木は、退廷前に傍聴席に向かって頭を下げ、小さな声で「申し訳ありませんでした」と口にした。

その後も控訴審、上告審と裁判は続けられたが、鈴木は一貫して殺意を否認し続けた。だが、いずれも訴えは棄却され、逮捕から六年の時を経た一一年三月に死刑が確定した。

現在彼は、福岡拘置所で刑の執行を待つ身である。もちろん、再審請求を出し続けている可能性もあるが、現在どのような状況にあるかという情報は得られなかった。

一五年三月上旬、私はレンタカーで長崎県某市へと向かった。原稿を書く前にご挨拶に伺いたいとの申し出に、奈美さんの父・高志さん（仮名）が応じてくれたのだ。事件後に県内の離島を出た高志さんは、現在は某市内で民宿を経営している。仕事の合間の短時間であれば、との条件での承諾だった。

目的地に着き、玄関を開けて声をかけると、「はーい」と声が聞こえ、がっしりした体型の高志さんが現れた。私は挨拶をして居間に上げてもらうと、奈美さんの写真が飾られている棚に手を合わせ、瞑目《めいもく》した。

以前は島で役所に勤めていた高志さんは、奈美さんの事件が起きたあとの市町村合併によって、単身赴任で現在の町にやってきたという。

「こっちに来て三、四年くらいしたら、私も鬱《うつ》のような状態になってしまい、そんな体調で役所の仕事をしたら迷惑がかかるということで、五年くらい前に辞めたんです。それで義理の母がやっていた、ここ（民宿）をやることにしたんです」

「それはやっぱり事件が関係しているわけですか？」

私が尋ねると、高志さんは頷いた。

「そうですね、そうだったと思います。当初はまあ、うちは妻の方が錯乱状態というか、そんときはずっと私がしっかりしとるつもりやったとですけど、だんだん今度は私が具合悪くなっていって……」

現在は夫婦でここに住んでいるという。気になっていたことを訊いた。

「ところで、鈴木からの謝罪というのはあったんですか？」

「いえ。一切ないです。実家からも連絡はないです」

間髪《かんはつ》を入れずに答えが返ってきた。私はすぐに言葉を返すことができない。すると高志さんが口を開いた。

「いまも事件のことというか、まだ奈美が帰ってくるかもというか……そういう思いしかないんです」

「それは奥様も同じで」

「うーん、そうだと思いますね。こうしてるあいだにも、ひょろっと帰ってこんかなって。そういう気持ちがまだあって、死んだよっていうのをまだ受け入れきらんていうか……それがずっとあるんですよね。けど、どっかで区切りばつけんといかんとは思うとるとですけど……。まだなかなかそうはいかんですね。気持ち的には」

苦渋に満ちた表情の高志さんを目にすると、これ以上、質問を重ねることはできなかった。私が「今日はお辛いことを思い出させてしまって申し訳ありません」と口にすると、高志さんは目を潤《うる》ませて声を絞り出した。

「ごめんね、まだ泣けてくるんでね……」

頭を下げて、民宿を後にした。

福岡を目指す帰り道、車を運転する私の頭のなかで、過日の会話が何度も繰り返された。

じつはこの取材に取りかかるにあたり、私は鈴木の母と電話で話していた。そこで彼害者のご遺族に伝えたい言葉はないかと尋ねたところ、次の言葉が返ってきたのだ。

「ご遺族の方には申し訳ないという思いがありますが、それをあなたに伝えていただかなくても結構です」

このままでは電話を切られてしまうと危惧した私は、「泰徳さんからは手紙は来てないんですか？」と質問を続けた。

「手紙は、来るにはくるけど、手紙ということではないです」

「というと？」

「何かを送ってくれとか、そういうことだけを書いたもんやから……」

そこで私は言葉を重ねた。

「お母さんは泰徳さんには面会に行ったりしてますか？」

「面会はたまに行きます」

「そのときに謝罪の言葉とかは？」

「私らに迷惑かけて申し訳ないとかは口にしよるけど……あの、これ以上お話しすることはありませんので」

通話はそこで途切れた。

私はこれらのやり取りのすべてを、とてもではないが、被害者の父親の前で明かす気にはなれなかった。

CASE
5

下村早苗

大阪2児虐待死事件

2010年7月30日に発覚。大阪市の風俗店で働いていた下村早苗(23)のネグレクト(育児放棄)により亡くなったのは、長女・桜子ちゃん(3)と長男・楓ちゃん(1)の姉弟。幼い二人はゴミだらけでエアコンも切られた部屋にわずかな食料を置かれたのみで閉じ込められ、脱水を伴う飢餓によって死亡した。約1カ月後に発見された際、既に遺体は腐敗していたという。早苗は二人を放置したまま遊び歩いた挙句、その様子をSNSに投稿するなどしていた。13年に上告が棄却され、懲役30年が確定した。

「四月七日に刑務所にいる娘と会ってきました。収監されて二年になりますが、だいぶ精神的にも落ち着いて、成長したという印象があります。人間的にも徐々に変わっていってるのだと思いました」

実父はそう口にすると私の目を見た。彼の娘の名は下村早苗《さなえ》。彼女は大阪府大阪市西区にあるマンションの室内に、五十日にわたって幼い我が子二人を放置して死亡させ、二〇一〇年七月三十日に逮捕された（逮捕容疑は死体遺棄）。犯行時、早苗は風俗嬢の仕事をしており、年齢は二十三歳だった。

早苗の父・下村雄太さん（仮名）は、数カ月に一度のペースで、懲役三十年の刑が確定して中国地方の刑務所にいる早苗に会いに出かけ、言葉を交わしてきた。彼は続ける。

「もともと、小学校のときは勉強のできる子でした。だから基本的な能力はあると思いますし、管理された場ではちゃんとやれるんです。刑務所では、ほうきとかを作る作業をしていますが、班長に選ばれたので、『年上の人に教えるのは大変や』と話してました。作業を見回って他の人にアドバイスをしているようで、『気を遣うからしんどい』そうです」

逮捕時の茶髪は黒髪に変わり、ギャル風のメイクがすっぴんになったことで、生まれつきの童顔が際立つようになった彼女は、塀の内側で罪を償う日々を積み重ねている。

「最近でこそ話題には出なくなりましたが、最初のころは『（犯行を）ずっと後悔してる』と口にしていました。あの子なりに考えることがあったんだと思います」

取り返しのつかない罪を犯した娘を、雄太さんは今後も末永く見守っていくつもりだという。そこには、彼自身が抱く「こんなことになるくらいなら、なぜあのとき……」という、自己の言動への後悔の念が垣間《かいま》見えた。実際、事件によって彼は加害者の父になると同時に、被害者の祖父にもなってしまったのだ――。

真夏の二児餓死

「室内に踏み込んだときの光景があまりにも悲惨で、捜査員も目を背けたくなるような状態だったそうです。足の踏み場もないゴミだらけのリビングに、裸で寄り添うように死んでいた長女の桜子《さくらこ》ちゃん（当時3）と長男の楓《かえで》ちゃん（当時1）の遺体は、茶色に変色して腐敗。食べられる物はすべて食べ尽くされ、空の冷蔵庫には、必死に食べ物を探しまわる小さな手形がたくさんついていました」

そう語るのは、事件発覚当時、大阪府警を担当していた記者である。

一〇年六月九日、幼い子供二人を放置して遊びに出ていた早苗は、糞尿とゴミで溢れる自宅リビングに十日ぶりに戻った。そして、食料を満足に与えられずやせ細った子供たちに、コンビニで購入したリンゴジュース、手巻き寿司、おにぎり、蒸しパン二個ず

楓ちゃんと桜子ちゃん

つを置き、封を切るとふたたび部屋を出た。それから逮捕される前日の七月二十九日までの五十日間、一度も部屋に戻ることはなかった。記者は付け加える。

「一月から早苗が勤めていた、大阪市中央区のマットヘルス『R』(仮名)が、寮として貸与していた部屋は、玄関から入ってすぐにキッチンやトイレ、浴室などの水回りがあり、ドア越しにリビングという造りです。早苗は子供二人を、空の冷蔵庫が置かれているだけのリビングに閉じ込め、ドアの外側にガムテープ四枚を貼って、水回りに行けないようにしていました。さらに、クーラーを切っていたため、室内温度が三十度を優に超える過酷な状況のなかで、子供たちは脱水を伴う飢餓によって、六月下旬ごろに死亡しました」

事件が報じられた直後の八月初旬、同じマンションの住民を取材した私は次のような話を聞いた。

「今年二月後半くらいから、しきりと子供の泣き声が響いていました。三月になると、連日のように夜中の二時や三時に『ママー、ママー』と、幼い女の子が大声で泣き叫んでいたのを聞いたこともあります。ただ、ここ一カ月くらいは、まったく泣き声がなかったので、引越しでもしたのかと思っていました」

早苗は、子供たちの父である山根芳樹さん（仮名）と三重県三重郡にあるアパートで同居していたが、事件の約一年前の〇九年五月十七日に離婚。その後、二人の子供を抱えて愛知県名古屋市に移り住み、市内のキャバクラに勤め、生計を立てるようになった。十月ごろから店に来ていた客と男女の関係になると、子供たちを部屋に残して遊びまわるようになる。しかし一〇年一月に、桜子ちゃんが水道を出しっ放しにしたことで水漏れ事故が起こり、名古屋から逃げ出していた。

生活に行き詰った早苗は大阪で職を求め、すぐに移り住める寮が完備されている風俗の仕事を選んだ。

勤務時間は午後六時から同十二時まで。仕事を始めた一月十八日の初日だけは子供たちを託児所に預けたが、それ以降は部屋に置き去りにするようになる。この時期から死亡するまでの五カ月間、子供たちの食事はコンビニで購入したパン、おにぎり、お菓子、ジュースのみであり、彼女自身が調理したものは無かった。

そのころ、昼間に近くの公園で子供たちを遊ばせる早苗を見かけた近隣の住民によれば、「小さな女の子がいくら『ママ』と呼びかけても、彼女は携帯の画面を凝視《ぎょうし》していて、相手にしていなかった」という。

三月ごろになると、早苗は職場のマットヘルスに客として訪れたAさんが勤める、大阪市中央区のホストクラブ『J』(仮名)に通い詰めるようになる。Aさんと親密になった彼女は、毎日のように彼の部屋で寝泊まりして、自宅には数時間立ち寄るだけの生活を送り始めた。

さらに四月下旬には、深夜に一人で訪れた大阪市中央区のクラブ『G』(仮名)で、声をかけてきた美容室の店長Bさんと仲良くなり、Aさんと交際する傍《かたわ》ら、Bさんの家にも泊まるようになった。Bさんとの肉体関係はなかったことが裁判で明らかにされたが、新たな外泊場所ができたことで、子供たちを放置する時間はさらに増えていった。

ちなみに、早苗はBさんに風俗店で働いていることを隠し、「北新地のクラブでホステスをしている」と偽っていた。これは地元の友人や新たに知り合った友人に対しても同じだ。

桜子ちゃんの三歳の誕生日である五月十六日、早苗は二人の子供を連れて、Aさんのもとを訪ねていた。当初は子供たちの存在を隠していた早苗だが、四月半ばに子供がいることを告白。この日に撮られた写メが彼女の携帯に残されており、そこに写る子供たちは、ネグレクト(育児放棄)によって痩せ細り、被虐待児に共通する気力、感情のない虚《うつ》ろな目になっていたことが後に明らかになった。

早苗はAさんの気を引くために、彼が勤める『J』に通ったが、風俗店での収入だけでは足りず、五十万円近い〝ツケ〟を残していた。その支払いに窮《きゅう》した彼女とAさんとの関係は徐々に悪化し、六月初旬に早苗はAさんのもとを離れ、彼からの電話にも出なくなった。

そのころ、早苗がBさんの部屋にいると、彼女には電話が何度もかかってきたという。しかし無視を続ける早苗に、彼がどうして出ないのかと尋ねると、彼女は「ストーカーだから」と説明していた。

ミクシィで「のろけ」

Aさんから離れる前に、早苗はすでに新しい〝男〟を見つけている。それは当時、彼女が『ミクシィ』の自分のページに残していた記録により明らかになった。

五月二十七日午前十一時二十六分に早苗が投稿した写真に、件《くだん》の男性が登場。彼女の書き込みによれば、相手は三十歳でアパレル関係の仕事をしている男性で、〈昨日仕事終わってから、ユージ（仮名）に会いました♡〉との記述があることから、少なくとも二十六日より前には出会っていた。その投稿では、早苗が上半身裸で下着姿の彼の頬にキスしている写真もあり、二人が男女の関係にあることは明らかだ。

早苗が最後に生きている子供たちと会った六月九日に、彼女はBさんの美容室で髪を切り、以降は外泊を重ねた。その期間も早苗は友達と遊んでいる様子を投稿し、ユージさんへの愛を語る言葉を『ミクシィ』に残してきた。

●六月十二日午後三時二十八分

〈空を見たトキ
きっとすごくシアワセなの
あなたとあたし
あぁ　また涙がでる
大好きで大切な人。〉

家を出て七日目にあたる次の投稿は早苗がVサインを出し、ユージさんの肩に顎を載せたツーショット写真に添えられていた。

●六月十六日午後十一時三十四分

〈お客さんとごはん行って
帰宅したらユージから
近くにおるってゆうから
会いに行ってきた
よかった、化粧落とさなくて
なんか今日も惚気《のろけ》やな
おやすむ、ぐっばい〉

早苗が愛を語るのと同じとき、室内に残された子供たちは喉の渇き、飢餓の苦しみ、唯一の庇護者《ひご》である母親が戻ってこないという不安と恐怖と絶望のなかにいた。死はもうすぐそこまで迫ってきていた。

彼女の投稿に対して、友人が〈桜子楓元気！？〉と子供たちの様子を質問すると、早苗はすぐに〈ちょー元気だよ　今ストーカーのせいで　夜は離れればなれやけど　また詳しく聞いて〉と答えている。

この時期、早苗は出身地で幼馴染みの多い四日市市《よっかいち》と、クラブで知り合った友人の多い大阪市を行き来していた。四日市市では友人宅、大阪市にいるときは、ほとんどBさんの部屋に泊まった。また、勤め先のマットヘルスにも七月二十四日までは出勤していた。

早苗は四日市市では中学時代の不良グループにいた飲食店店長と性交渉に及び、大阪市では六月下旬にサッカー観戦で知り合ったCさんと親密な関係になった。

また、これまで『ミクシィ』で親密な関係をのろけていたユージさんについては、別れを示唆する内容の言葉が綴られていた。
●七月十一日午前〇時三十八分
〈ユージは1ヶ月paris～
寂しいな。うん。でもちょっといろいろあったし
一旦休憩かな。な、ユージ〉

ただし、早苗の書き込みには、そのまま鵜呑《うの》みにはできない内容も少なくない。ところどころに小さな嘘がちりばめられているのだ。たとえば以下のような箇所がある。

〈地元帰るはずが
夕方ママとお客さんに
会わなきゃやったし
明日も予定あるしな〜〉

これは北新地のクラブのホステスという〝設定〟に基づいた嘘だろう。そのような箇所はほかにも散見され、都合の悪い部分については改ざんされているのだ。

「解離性障害」の疑い

犯行時期にあたる六月と七月をまたいで早苗と会っていた、四日市市の友人は記憶を辿る。

「あのとき（犯行時）は異常にテンションが高くて、居酒屋で隣のテーブルにいた知らない客に話しかけたり、朝まで遊びまわったりすることが多かった。ただ、子供を連れた友だちが来たりすると、いきなり『もう帰る』と不機嫌になったり、精神的にかなり不安定でした」

じつは彼女は高校時代に少年院へ入所したことがある。そのとき「解離《かいり》性《せい》障害」の疑いがあるとの診断が下されていた。これはつらい体験を自分から切り離そうとして起こる、ある種の防衛反応で、自分が自分である感覚が失われ、現実感を喪失してしまうというものだ。同障害には「解離性遁走《とんそう》」という、無意識のうちに失踪して新たな生活を始めたりするものや、「解離性同一性障害」のように、いくつもの人格が本人の行動を支配し、別人格による行動の記憶が抜け落ちることがあるとされる。

これらの「障害」は、あくまで疑いの域を出ない。しかし、早苗の行動を理解するためには、欠くことのできない情報である。

七月、子供たちはすでに息絶えていた。早苗もそのことに薄々勘づいていたはずだが、逃避を続けていた。とはいえ、完全に意識から消し去ることはできなかったようだ。

早苗はCさんや大阪の友人たちと兵庫県の須磨海岸へ海水浴に行き、写真を『ミクシィ』に投稿した。そこで次のように書いている。

●七月十九日午後二時四十三分

〈今年初海なう～。たーのーしー♡　ばーか♡〉

私には唐突に出てくる〈ばーか♡〉という言葉が、どうしても自分に向けられたように思えてならない。

さらには逮捕二日前の七月二十八日午後五時七分には〈元気ですか〉とのタイトルで、その日の午前四時三十二分に撮影した、朝焼けの街の写真を一枚だけ貼りつけていた。ビルが並ぶ暗い町の先に太陽が出る直前の写真だが、雲の多い空は群青色が灰色にくすみ、まるでこれから夜に向かうかのように感じさせる。それはまるで、取り返しのつかない愚かな行為に思いを馳せ、暗澹《あんたん》としているかのような寂しい写真だった。

そして彼女の『ミクシィ』への投稿は、これを最後に途切れるのだ。


「子供を死なせた」「私は死んだほうがいい」


七月二十九日の夕方ごろ、大阪市内にいた早苗の携帯に、勤務先であるマットヘルス『R』の主任・宮原博さん（仮名）から連絡が入った。彼は早苗が入店した日に、彼女と肉体関係を持った相手だ。宮原さんは早苗に管理人から連絡があり、部屋から異臭がするとの苦情があったことを伝え、室内を見せて欲しいと迫った。早苗は部屋がゴミだらけだから、自分が片付けるまで見に行かないで欲しい旨を口にすると、タクシーに乗って自宅へと向かった。

早苗は自宅マンションの前まで足を運んだが、踵《きびす》を返すと、そこからほど近いBさんのマンションへと向かった。郵便受けに置かれている鍵で、誰もいない部屋に入ると、当時いちばん親密な関係にあったCさんに「東京の友だちが死んだ」とメールを送った。さらに午後七時ごろに直接電話をかけて同じことを喋った。

午後八時過ぎ、Bさんが部屋に戻ると、早苗が一人で泣いていた。彼女は「友達が死んだ。悲しい」と告げ、すぐに部屋を出ていった。

タクシーでふたたび自宅マンションに戻った早苗は、今度こそ部屋に入り、三分程度でそこを出ると、エレベーターではなく非常階段を使って一階まで下り、マンションを後にした。後に開かれた早苗の裁判をすべて傍聴した司法担当記者は言う。

「一二年三月七日に大阪地裁の法廷で、早苗は子供の遺体を見たときの状況について『家に帰ると電気はまっくらで、リビングに入るとベランダ側の窓から外の光が入っていました。それで部屋のなかがわかりました。ただ、見たものはなにも憶えてないです。ただ、声を出したのは憶えています』と説明しています」

自宅マンションを出た早苗は、四日市市の飲食店主と高校時代に世話になった恩師に電話を入れ、「大事な人を亡くした」と話した。だが、そこでも自分が子供たちを殺してしまったことは告白していない。

午後十時ごろ、早苗は宮原さんに「子供を死なせた」とのメールを送った。続いて泣きながら電話をかけ、「どうしたらいいのかわからない。私は取り返しのつかないことをした……」と、子供たちが部屋で死んでいることを伝えた。

早苗の言葉を受けてマンションへと向かい、部屋から異臭が漂っていることを確認した宮原さんは、彼女に自首を勧めるメールを送ったが、返信はなかった。先の司法記者はその後の状況について説明する。

「早苗は親密なCさんと待ち合わせ、彼の車で神戸へと向かいました。そして一緒に夜景を見ています。三十日の未明に『R』の従業員（宮原さん）が一一〇番通報して、大阪府警が子供たちの遺体を確認。その一方で、彼女はCさんと三宮（神戸市）のホテルに宿泊していました」

神戸へ向かう車中か、神戸で夜景を見ているときかは判然としないのだが、三十日の未明に早苗は突飛な行動に出ていた。小中学校時代の男子同級生に対し、〝あること〟で電話をかけているのだ。電話を受けた同級生は私に語った。

「その日（三十日）は僕の誕生日だったんですけど、日付が変わってすぐに、『誕生日おめでとう』って電話がありました。とくにどこにいるって話はなかったんですけど、いつも通りの明るい感じで、なにも違和感はありませんでした。だからこそ、当日のニュースで事件を知って、度胆《どぎも》を抜かれたんです」

なぜ早苗がそうした行動に出たのか、彼女の口から語られることはなく、真相はわからないままだ。ただ、早苗はその夜、宮原さんに対して「やっぱり私は死んだほうがいい」と自殺をほのめかすメールを送り、ホテルではCさんと性行為に及んだという事実があるだけである。

三十日の朝、Cさんと大阪府豊中市で別れた早苗は、幾度か宮原さんに出頭するつもりであることを伝えるメールを送り、正午過ぎに警察からかかってきた電話に対し、待ち合わせ場所を指定した。

そして午後一時二十五分ごろ、同市のコンビニエンスストア前に姿を現した彼女は、素直に大阪府警の任意同行に従ったのだった。

父が語る、実母のネグレクト

　私はコンビニエンスストアの前に停めたレンタカーの車内で、隣に座る下村雄太さんに顔を向けた。いかにも体育教師然とした精悍な顔つきで、スポーツウエアを身に着けた彼は、娘の事件後、インターネット上で事実と異なることを数多く書き込まれ、あらぬ糾弾を受けてきた。だが、それでも正面を向き、生徒に指導を行う教職を続けてきた。

　そんな雄太さんに、これから私は「解離性障害」を引き起こす原因ともなる、早苗自身が子供のころに受けてきたネグレクト（育児放棄）について、話を聞こうとしていた――。


「子供たちが死ぬ一カ月ちょっと前に撮られた写真を検察で見せられましたが、目が虚《うつ》ろで視線がまったく定まってないんです。それは、早苗が小学校に入って間もなく母親から放置され、私に助けを求めてきたときの目と、まったく一緒でした」

　雄太さんはそう口にして、小さく息を吐いた。

　私が早苗の生い立ちに話を向けたときのことだ。彼は幼い頃の早苗が、死亡した桜子ちゃんや楓ちゃんと同じ環境にあったということを明かした。

　なぜ、早苗がそうした環境に置かれていたのか。そのことに触れる前に、雄太さんの職業について記しておく必要がある。

　雄太さんは大学を卒業した翌年の一九八四年に、三重県内の公立高校に体育教師として赴任し、ラグビー部の顧問となった。その後、監督として弱小校だった同校で熱血指導を続けた結果、九一年度の「花園」（全国高等学校ラグビーフットボール大会）に初出場を果たす。以来、一四年三月に退任するまで「花園」に計十六回出場するほどの強豪校に育て上げ、高校ラグビー界では名将として知られる人物である。

六〇年に生まれた雄太さんは、二十六歳のときに二十歳の由紀さん（仮名）と結婚した。由紀さんは雄太さんが教鞭《きょうべん》を執《と》る高校の卒業生。バドミントン部に所属していた彼女は在学中から雄太さんに憧れ、卒業後に交際を始め、結婚に至る。長女の早苗が誕生したのは結婚してすぐの八七年五月だ。彼は語る。

「彼女（由紀さん）は生徒だったとき、一年間毎日弁当を作ってきてくれて、卒業してから『先生、付き合ってください』と言ってきたんです。そのときはスイミングスクールで子供に水泳を教えていました。家庭環境がかわいそうな子で、お父さんは小指がなくて刺青が入っているような人。彼女はお父さんに家庭内暴力を受けてました。実のお母さんもそれで逃げ出していて、次々と入れ替わる義母に育てられていたから、あまり家にいたくない子やったんです。結婚に踏み切った理由に、かわいそうな境遇やから幸せにしたろうという同情があったのは事実です」

早苗の誕生後、二年おきに二人の娘が生まれ、末娘が生まれた年に雄太さんは「花園」出場の宿願を果たす。しかしその年、夫婦間に大きな亀裂の入る出来事が起きた。

「生徒を連れて合宿に出てたんですが、忘れ物があって家に取りに戻ったんですね。そうしたら玄関に男物の履き物があって、妻と知らん男が浮気の真っ最中やったんです。

生徒らのこともあり、夫婦の話は日を改めてからにしようと言って合宿に戻ったんですけど、それから家に帰ると、子供らを連れて出て行っとったんです」

雄太さんによれば、その後の関係修復はならず、離婚して三人の子供たちは由紀さんが引き取ることになったという。だが、そこで想像を超えたことが発覚してしまうのだ。

「あるとき、深夜に早苗から泣きながら電話がかかってきて、『お母さんがいない』って言うんです。ほんでアパートを見に行ったら、部屋の中は飼っていた室内犬の糞だらけで、そんななかに子供らだけで残されとったんです。元妻は朝方に戻って来ましたけど、男のとこに行っとったんですわ。それで、『こんなんあかんから、俺、週一回様子見に来るわ』て言うて、行くようにしました」

だが、由紀さんのネグレクトは改まらなかった。雄太さんは続ける。

「五百円玉一個を渡して一日放っておいたり、一番下の子だけ連れて男とディズニーランドに行き、残された二人は二日間放りっぱなしやったりとか……。あるとき見に行ったら、子供らが髪の毛ベタベタなうえに、服もずっと着替えてない。そんときに見た顔が無表情でおかしかったから、このままやったらえらいことになると思い、元嫁に、『ちゃんとやるんやったら戻っておいで』と言いました。そしたら『私はちゃんとやる自信もないし、子育て苦手やし、子供らあんたといたほうが幸せと思うし』と言われたんです。で、子供らに聞いても三人とも僕のほうがいいと言う。それで子供全員を引き取ったんです」

当時、雄太さんはラグビー部の監督だけでなく、県代表のコーチや県のレフリー委員長など、ラグビー関係だけでも複数の役職を兼務していたという。さらに授業や生徒指導などもあるなかで、三人の子育てをすることになってしまったのだ。

「朝、小さい子を保育園に連れて行ってすぐ学校に行き、授業が終わってクラブでは途中で生徒に『あとこんだけやっとけ』と言って抜け、保育園に迎えに行って、その帰りに買い物をみんなでして、家に着いてご飯作り、みたいなね。学校中心にギリギリで回していました」

「しっかりした姉」だったが

この時期、小学校低学年の早苗が、妹二人を近くの公園で遊ばせている姿を近隣の住民は目にしている。彼女は小学二年から六年までミニバスケットをやっていたが、その練習にも、よく一番下の妹を連れてきていた。周囲の目には面倒見のよい「しっかりしたお姉ちゃん」だった。

子供たちを引き取って間もなく、雄太さんは早苗が通う英語塾の先生と交際するようになる。早苗が彼女をラグビーの試合に誘ったのがきっかけだった。雄太さんは言う。

「相手もバツイチで娘が一人いるということで話が合い、一年くらい交際してから結婚しました。彼女も勤めに出てたんですが、最初の一年くらいは向こうもよくしてくれてたんです。だけど途中から、子供たちの扱いに違いがあることに気がついた。たとえば自分の子にはナイキの靴を買って、うちの子には見たことないメーカーの品とかね。それが露骨やったんで、やめてくれと言ったら、『そんなん、私が産んだ子やないから、しゃあない』みたいなことを言われて……。そうした食い違いが積み重なり、付き合い始めて三年で別れることになりました」

早苗は小学校高学年になっていて、変わらずに妹たちの面倒を見ていた。小学校の同級生はその姿が記憶に残っているという。

「早苗とはけっこういつも遊んでましたけど、とにかく妹の面倒見が良かったという印象があります。学校でも明るくて友達が多かった。学級委員をやってたこともあります」

長女の早苗がしっかりしていたことで、雄太さんは家のことを彼女に任せることが多くなり、ラグビーの指導に邁進《まいしん》するようになる。

はたしてそれできちんとした生活ができたのか。下村家を訪ねた誰もが、私の取材に対して「室内がいつも散らかっていた」と話していたことを指摘すると、雄太さんは頷いた。

「掃除どころではない、というか、食うことはなんとかしたろうと思うけど、いま思えば僕自身もあんまり整理整頓が得意ではないから、そうなってしまってました。その点でのしつけができてなかった。本当なら五時に家に帰って料理を教えたり、掃除のしかたを教えたりしとったら、こういう事件は起きなかったかもしれない。ただ、ラグビー

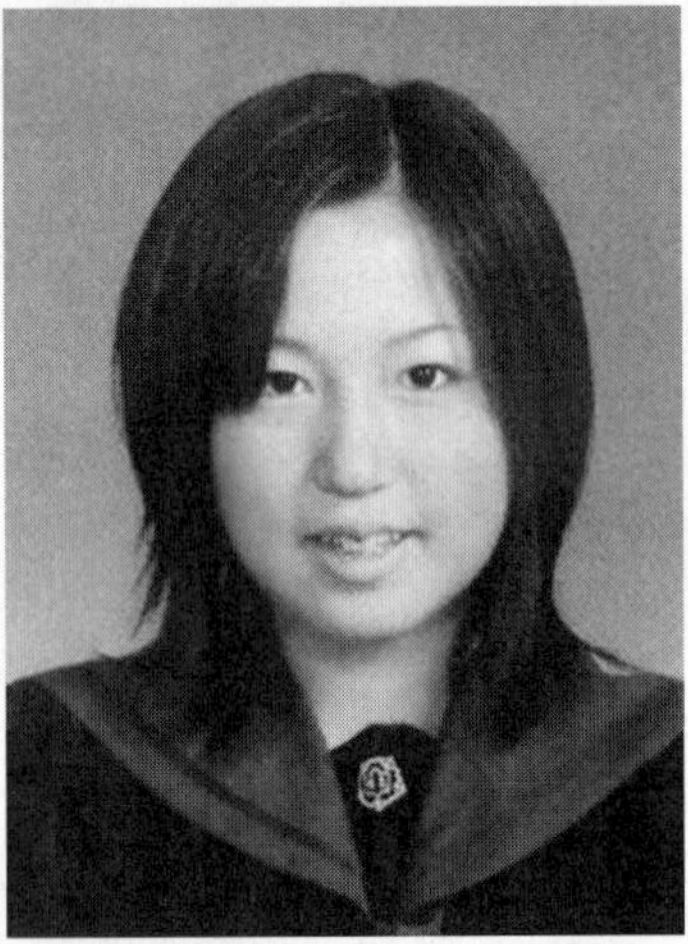
中学時代の早苗

の生徒たちを大事にする自分がいた。あとになって思えば、生徒も大事なんやけど、早苗にとって親は自分しかいなかったんやから、そっちを優先すればよかったんかな、と思います」

早苗は地元の中学に進学すると、一年の夏休み明けから髪を染めて不良仲間とつるむようになり、学校にもあまり行かなくなる。家出を繰り返すようになったのもこの頃だ。

「学校に来てないと聞いては、毎回探しに行ってました。当時、三重県内に住んでた実母のところに逃げ込んでることも多かった。彼女は訪ねてきた早苗をとにかく甘やかしてましたから……。ただ、性格にムラがあるから、早苗を自分の所有物のように一方的に可愛がる反面、不安定な心情を口にして子供に依存する部分もあったようです」

受験で地元の公立高校に落ちた早苗は、自宅を離れ、雄太さんの知人が教鞭を取る、東京都内の高等専修学校に通う道を選んだ。ラグビー部の監督でもある知人の、理髪店を営む両親のもとに下宿をし、彼女は同部のマネージャーとなった。

かつて取材した同校の関係者は、次のように語っていた。

「規律正しい生活が嫌だったのか、最初のころは家出を繰り返していました。ラグビー部の男子生徒を唆《そそのか》して一緒に家出したこともあります。ただ、周囲の大人がねばり強く面倒を見ているうちに変化が現れ、高校三年のときには見違えるほどちゃんとして、家出もしなくなりました」

早苗は中学時代に不良仲間と犯行に及んだ誘拐窃盗事件で、高校一年のときに少年院に入れられた。しかし雄太さんの知人教師と、下宿で面倒を見ていた彼の母親は頻繁に面会に行った。また、学校側も進級のための出席日数の確保に協力するなど、まわりが早苗をサポートした。その結果、彼女は〇六年三月、十八歳で高校を卒業することができた。


〈弱い自分なんて見せたくない〉

そんな早苗が卒業後の進路として選んだのは、四日市市内にある割烹《かっぽう》料理店。彼女自身が地元に帰ることを希望し、そこに正社員として就職した。

そして、料理店でホール係を担当した早苗は、後に結婚する山根芳樹さんと出会うのである。当時大学二年生だった芳樹さんは、アルバイトとして同店で働いていた。後の裁判に証人として出廷した彼は、「早苗はおっちょこちょいで、放っておけない感じだった」と語り、彼女の十九歳の誕生日である五月八日に二人で出かけたのが、交際の始まりだと説明している。

やがて早苗は妊娠し、彼女より一歳年上の芳樹さんは、大学を辞めて働くことを決意。その意思を四日市市に住む彼の両親に伝え、許しを得た。一方、雄太さんはまだ若い早苗の出産に反対したが、熱意に押されるかたちで、こちらも最後は了承した。そして十二月に入籍した二人は、芳樹さんの実家で同居を始め、二十歳になってすぐの〇七年五月十六日に、早苗は桜子ちゃんを出産したのである。また、入籍から約一年後の十二月には結婚式も挙げた。

それは互いに若さという不安材料こそあるものの、順風満帆《まんぱん》の船出だった。彼女が〇七年十二月に始めた〈さなのＨａｐｐｙ　Ｄｉａｒｙ〉というブログには次の記述がある。

〈私、この２００７年はいろんなことがありました。まず5月8日にハタチになったこと。なんか嬉しいような少し悲しいような。

そしてハタチになって１週間後、待望の娘を出産。10ヶ月の妊娠期間は本当に本当につらいものでした。でもそれと同時にだんだん大きくなるおなか、私はひとりじゃないでした。

んだと、思わせてくれた小さな命。わが子に対面したときは、言葉にならないほど嬉しかった。大好きな旦那との子供、私の子供、こんなに可愛いものだと思ってもいませんでした。

そして先週の結婚式。順番は違いますが先週だったんです。挙げさせてくれたお父さん、旦那の両親に感謝でいっぱい。そして祝福してくれた家族、親戚、友達、そのほかにもた～くさん。本当に本当にありがとうございました〉（一部抜粋、以下同）

これは〇七年十二月三十日の書き込みである。その後、親子三人で三重郡のアパートに転居してからも、新婚生活や育児の幸せについて綴り、〇八年三月十七日には第二子（楓ちゃん）を妊娠したことを記している。

ただ、それから八日後の三月二十五日には、彼女がなんらかの悩みを抱えていることを想起させる書き込みもあった。そこでは、後に犯行へと転じる一因となった、自分自身の性向についても記載していた。

〈わたしもなかなか人に泣きつくなんてできましぇん。

自分のなかで壁をつくってしまって、その壁が取れるにはかなりの時間がかかってしまいます。

人に弱い自分なんて見せたくありません。弱い部分を知られるのもいやです。

自分を強く見せることは誰だってできる。ただ、弱い部分も見せられる人がいるかってこと。

難しいことかもしれないけど、わたしが今悩んでいる悩みも実は簡単だったりするのかも〉

そして彼女のこのブログは、約一カ月後の四月二十三日の書き込みを最後に、更新されなくなった。それは次のように意味深なものだ。

〈もう！　今日はほんとにほんとに腹立つことがありました。もうどうにでもなれい、ばかやろう！的な感じです〉

これが彼女の夫、両親、友人その他、の誰について書いたものかは判然としない。やがて早苗はこの年の十月十六日に楓ちゃんを出産した。そして、表向きはこれまでと変わりなく子育てにいそしんでいた。しかし、平穏な生活を良しとしない〝なにか〟が、彼女の心の奥に潜んでいた。夫婦生活を瓦解《がかい》に導く行為に、みずから足を踏み出したのである。

浮気と出奔

芳樹さんが妻の異変に気付いたのは〇九年の二月頃。早苗が夜に一人で外出するようになったのだ。さらに携帯電話に実母の名前で中学時代の男子同級生を登録し、連絡を取っていたことがバレてしまう。

芳樹さんの追及に早苗は「浮気はしていない」と言い張るが、実際は男女の間柄だったことが後に判明する。彼女の行動は徐々に大胆になり、五月になると、早苗の二十二歳の誕生日に家族で食事をしようと約束したにもかかわらず、その晩に帰ってこないなど目に余るようになった。

そうした行動の理由について、早苗は明確な言葉で説明していない。ただ、我慢の限界を超えた芳樹さんが自分の母親にすべて報告したことを伝えられた早苗は、「頭のなかが真っ白になり」（公判での証言）、子供たちを置いて逃げ出した。それが五月十日のことだ。

ここに至って、彼女の「解離性障害」の疑いは現実味を帯びてくる。

早苗の浮気、そしてそれを問い詰められた末の家出について、雄太さんは芳樹さんからの電話によって知った。彼は当時の心境について語る。

「その話を聞いたときは、ほんまに自分も感情的になりました。自分自身も早苗の母親が浮気をして出て行ったというトラウマがあるから、昔のことが思い出されて……。というか、自分にとってもっとも嫌なことをしてくれたという、ね。母親と同じとんでもないことをした娘が許せない気持ちでいっぱいでした」

そして五月十六日、「桜子の誕生日だから家に帰る」と、友人宅から芳樹さんの元に戻ってきた彼女を待っていたのは、雄太さんに芳樹さんとその両親、さらに浮気相手の同級生をまじえた家族会議の場だった。

そこでのやり取りは公判でも取り上げられた。司法担当記者は解説する。

「当初は、芳樹さんは早苗とやり直したい気持ちを持っていました。しかし早苗が『やっていけない』と離婚の意思を伝え、話は一気に離婚の方向に向かったのです。早苗はそのときのことについて『皆に責められたので、逃げ出したかった』と語っています。実際、そこで離婚が決まり、早苗が子供たちを育てるとの話になりましたが、翌日、一旦戻った自宅で芳樹さんが子供たちを風呂に入れているとき、彼女は家を飛び出し、ふたたび一週間家出しました」

話を伺おうと芳樹さんの実家を訪ねたが、応対した祖母らしき女性は「すみません。なにも言うことはないです」と繰り返すのみだった。

父と娘の永遠の贖罪

雄太さんは悔やんでも悔やみきれない心情を吐露する。

「二十歳過ぎて、結婚して出て行って、相手の家に入ってからのことやったし、なんちゅうんかな、そこまでホイホイってもういっぺん気遣うことができなかった。突き放して、向こうが後悔して、反省して、そしてもう一回、ほんまに大変やからゴメンって泣きついてきたら、助けようと思ってたものの、泣きつく前にそんなことになってしまうとは、想像もしていなかった。僕は早苗のためによかれと思って厳しくしたけど、そうすると子供たちが犠牲になるっていうことに、気持ちがいってなかったんですよね……」

事件直後、孫二人の命を奪った早苗への怒りから、雄太さんは彼女との面会を拒んでいた。徐々に冷静になり、「娘の事件は自分にも責任がある」と考えた彼が、早苗の勾《こう》留《りゅう》されていた大阪拘置所を訪ねたのは、逮捕から半年後のこと。
「会うなり早苗は泣いて『ごめんなさい』て言うてました。それ以上はあまり喋れなかったと思います。僕もなんと声をかけていいかわからなかった。ただ、別れ際に『時間はもう戻らへんから、こっからもう、自分にできる精一杯のことをやって、償っていくしかないし、お父さんもそうしようと思てるから』て言うて……。向こうも頷いてましたね」

二人の幼子を残酷なかたちで死に追いやった早苗に対し、検察側は無期懲役を求刑。それに対し、大阪地裁は有期刑としてはもっとも重い、懲役三十年を言い渡した。その判決は控訴審、上告審でも支持され、一三年三月に彼女の刑は確定した。

現在、桜子ちゃんと楓ちゃんの遺骨は、元夫の実家である山根家が引き取り、同家の墓に入っているという。雄太さんは静かに語る。
「葬儀も向こうの家が出しました。墓参りに行きたいとお願いしましたが、『来ていらん』との返事でした。残念ながら行かしてもらえなかったので、諦めました。事情が事情だけに、仕方のないことです。いまは自宅の棚に桜子と楓の写真を飾り、お供《そな》えと線香を上げています」

早苗の二人の妹は実家を出て独立し、雄太さんは事件の前から交際していた学生時代の同級生と再々婚して二人で暮らしている。これから最低でも二十年以上は、早苗が塀の外に出てくることはない。出所するとき彼女は五十歳前後だ。

「もちろん本人の意思次第ですが、将来早苗が出てきて一緒に住みたいと言うのならば、受け入れます」

父と娘の贖罪《しょくざい》の日々は、いまもこれからも、終わることなく永遠に続くことになる。

CASE 6

山地悠紀夫

大阪姉妹殺人事件

2005年11月17日、住所不定・無職の山地悠紀夫(22)が大阪市のマンションに住む上原明日香さん(27)と千妃路さん(19)を相次いで殺害した事件。全く面識のない姉妹を強姦しながらナイフで幾度となく刺し、死に至らしめた犯罪史上に残る凶悪事件。山地は16歳だった00年に母親を殺害しており、05年の事件後の取り調べでも「母親を殺したときのことが楽しくて、忘れられなかった」「死刑でいいです」と話していた。07年に死刑が確定、2年後の09年に25歳の若さで死刑執行された。

快楽殺人

「被告人を死刑に処する」

二〇〇六年十二月十三日、大阪地裁二〇一号法廷で裁判長がそう告げると、チェックのシャツにベージュのズボン姿の男は、一瞬頬を強張らせた。しかしそれ以外はとくに目立った反応はなく、廷吏に挟まれて退廷する直前に口角を上げて微笑を浮かべた。

山地悠紀夫《ゆきお》、二十三歳。彼は〇五年十一月十七日未明、大阪府大阪市浪速《なにわ》区のマンション四階に住む上原明日香《あすか》さん（当時27）と千妃路《ちひろ》さん（当時19）の姉妹を惨殺した。山地が問われたのは、強盗殺人、強盗強姦、非現住建造物等放火など、六つの罪状に及ぶ。

犯行から十八日後の十二月五日に、現場からわずか一キロメートル先の路上で身柄を確保された山地は、自分の名前を呼びかけてきた刑事に「完全黙秘します」と反応した。逮捕後、建造物侵入は認めたが殺人について否認を続けた彼は、十八日に殺人を認め、「人を殺すのが楽しかった」と供述して快楽殺人を主張。送検される車内では居並ぶ報道陣のカメラに向かって不敵な笑みを見せるなど、特異な言動で世間を騒がせた。

彼の犯行は、その端整で物静かな雰囲気の顔立ちに相反して、酸鼻《さんび》を極める残酷なものだった。

福岡県のゴト師（パチンコやパチスロの不正操作で出玉を獲得する人物）集団のメンバーとして、犯行のわずか一週間前である十一月十一日から、被害者と同じマンションの六階で共同生活をしていた山地は、元締めに叱責されたことが原因で十四日に離脱。ひとり隣接する公園で野宿生活を送っていた。そこで目にしたのが、深夜に帰宅する明日香さんと千妃路さんだった。

大阪府東大阪市生まれの明日香さんは、小学校入学前に奈良県へと転居し、地元の高校を経て大阪市の服飾関係の専門学校へ通った。その後、両親が経営する会社を手伝う傍ら、〇一年四月頃から同市中央区のラウンジで働き、この店の女性経営者と、間もなくブライダル関連の事業を立ち上げる予定だった。

一方、奈良県平群《へぐり》町で生まれた妹の千妃路さんは、地元の高校を卒業後、介護ヘルパーを目指して就職活動をしていた。事件の数日前から中央区にある明日香さんとは別のラウンジに職を得て、八歳年上の姉との同居を始めたばかりだった。

事件発生時に大阪府警を担当していた記者は語る。

「山地は警察の取り調べで『（殺すのは）誰でもよかった』と否認していますが、最初から明日香さん姉妹を狙っていたようです。事件前日の午前三時ごろに姉妹の部屋の電気が点滅し、あとで調べてもらうと配電盤がいたずらされていた痕跡がありました。ま

た、事件の四時間前には、ベランダ側から姉妹の部屋に侵入しようとした山地が、隣接するビル伝いに配管をよじ登ろうとしている姿が、住人に目撃されています」

山地は姉妹の部屋がある四〇×号室からほど近い、エレベーター脇の階段踊り場に身を潜め、姉妹の帰りを待った。彼は事前にコンビニで購入していたペティナイフをジャンパーのポケットに隠し持ち、金づちをリュックに入れていた。

午前二時過ぎ、まず明日香さんが帰宅して玄関のドアを開けた。背後から忍び寄った山地は、彼女を室内に突き飛ばしドアを施錠。立ち上がろうとした明日香さんに躊躇なくナイフを突き出すと、刃先は左頬に刺さり、彼女は仰向けに倒れた。山地はその首に手をかけ、抗う彼女を部屋の奥まで引きずると……。

先の記者はそこでの凄惨《せいさん》な状況を説明する。

「山地は何度も明日香さんをナイフで刺し続けたと供述しています。その途中でほとんど意識を消失した彼女のズボンと下着を脱がし、強姦しながらも刺し続けたそうです。やがて彼は目的を遂げると、証拠隠滅のために自分が出した精液をトイレットペーパーで拭いてトイレに流し、瀕死の状態の明日香さんを奥の部屋のベッドの上に放り投げました」

そこに運悪く千妃路さんが帰ってきてしまったのだ。ドアを開錠する音で玄関脇に身を潜めた山地は、彼女が室内に入ると手で口を塞《ふさ》ぎ、いきなり胸にナイフを突き立てた。その場に倒れこんだ千妃路さんの足を持ち、胸にナイフが刺さったままの状態で奥の部

屋の入口まで引きずる。そしてナイフを引き抜くと、苦しむ彼女の姿に興奮を覚え、姉が横たわるベッドの脇まで移動して、執拗に切りつけながら強姦したのだった。記者は続ける。

「いったんベランダに出て煙草を吸った山地は室内に戻ると、まず明日香さんの後頭部を掴んで上半身を起こし、心臓めがけて深くナイフを突き刺しました。続いて仰向けに倒れている千妃路さんの心臓にもナイフを突き立て、止めを刺しています」

時間にして三十分ほど。山地のことをなにも知らぬ無辜《むこ》の姉妹は無残に殺されたのである。

続いて山地は、部屋のカーペットに火をつけて証拠隠滅を図る。明日香さんのジッポライターで点火し、そのまま自分のポケットに入れた。さらに室内を物色し、床の上にあった明日香さんの小銭入れと、封筒のなかに入っていた千妃路さんの給料から五千円を抜き取った。そして、見付けたカードキーで玄関を施錠すると階段で二階まで下り、隣接するビルの敷地を伝って逃走した。

「母親を殺したときのことが楽しくて、忘れられなかった」

部屋の火災報知器が午前三時過ぎに作動したことで、同マンションの住人が四〇×号室の火災に気付き、一一九番に通報。駆け付けた消防隊が室内で姉妹の遺体を発見したことから、事件はすぐに発覚する。

この時期、同マンションにいた山地のゴト師仲間を知る人物は語る。

「事件のあった日の朝には、彼らが共同生活をしていた六階の部屋にも、刑事が聞き込みにやってきました。そこで、『最近このあたりでよく見かける、身長百七十センチメートルくらいで天然パーマ、眼鏡をかけたリュック姿の男を知らないか』と聞かれています。それはまさに山地の姿そのもので、ゴト師の元締めは『大変なことをしてくれた』と頭を抱えたそうです」

事件前、多くの近隣住民が山地の姿を目撃し、不審者として記憶していた。さらに彼はその年の三月に、岡山県瀬戸町のパチンコ店で店員にゴト行為を発見され、岡山県警赤磐《あかいわ》署に窃盗未遂容疑で逮捕されていた（起訴猶予）。そこで採取された指紋と掌紋が、マンションの現場から発見されたものと合致したことで、すぐに重要参考人として名前が浮上したのである。前出の記者は言う。

「犯行後はコインランドリーで血まみれの服を洗い、その夜は現場から二百メートルほどしか離れていない公園で寝た山地は、『地元の新聞で一番詳しい捜査情報を知る』ために大阪から逃げ出すことはしませんでした。十二月四日の深夜、閉店間際の銭湯から黒いリュックを背負って出てきた段階で尾行されていて、百円ショップに入って店の外に出てきたところを刑事たちに囲まれています。そしてマンションに隣接するビルへの建造物侵入容疑で逮捕された」

警察での取り調べで、当初は山地が殺人を否認していたのは、すでに記した通りだ。

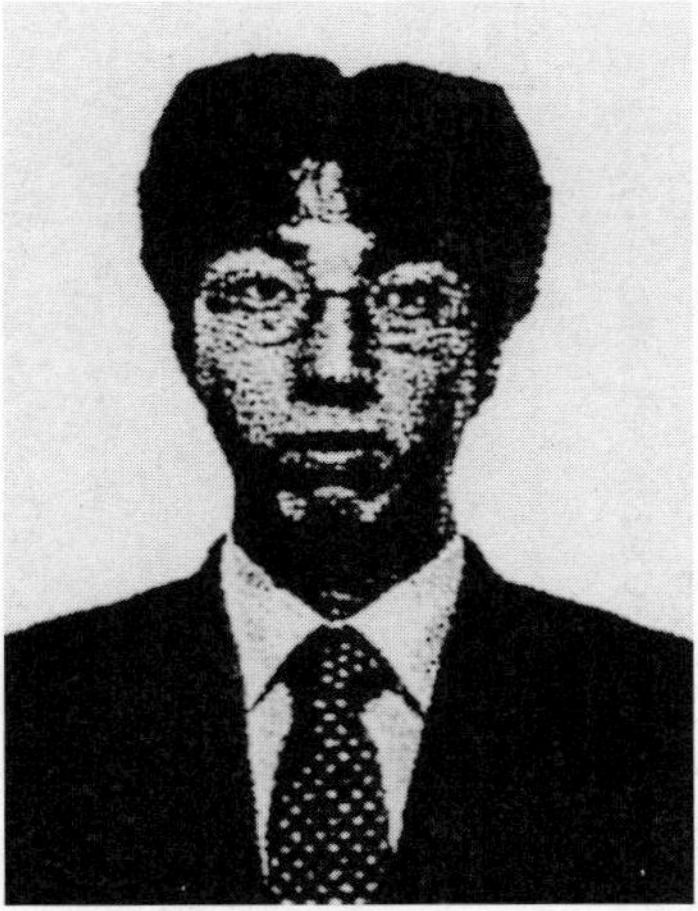

逮捕前の山地

だが、死亡した明日香さんのライターと小銭入れを所持していたことで、呆気なく逃げ道を失った。それらの入手ルートを追及された末に、言い逃れができないことから、殺人の自供に至っている。

とはいえ、殺人や強姦・強盗の事実は認めても、あらかじめ姉妹を狙った犯行だということは、取り調べ時はおろか、裁判の場でも一貫して認めることはなかった。また、事件前夜に姉妹の部屋の配電盤を操作したことについても、最後まで否認したままだった。

こうした無意味とも思える〝頑《かたく》な〟な思考は、どのようにして生まれたのだろうか。それらは極刑を回避しようという考えからではなく、あくまで「これだけは認めたくない」という意識で実行された。

事実、彼は逮捕後の取り調べや精神鑑定において、「死刑でいいです」と躊躇なく述べ、姉妹の殺害動機についても、自身の矯正が不可能であるかのような、自分に不利な供述をあえて口にしている。

「昔、母親を殺したときのことが楽しくて、忘れられなかったためです。それでもういちど人を殺してみようと思い、二人を殺しました。殺す相手は、この二人でなくても、だれでもよかったのです」

山地はこの事件から約五年四カ月前の二〇〇〇年七月、十六歳と十一カ月のときに、山口県山口市で実母・菊江さん（当時50）を殺していた。

それから〇三年十月に仮出院するまで、岡山の中等少年院に収容されており、大阪の姉妹殺害事件は、その約二年後に起きた。

山地悠紀夫という男の辿《たど》ってきた人生を、まずは振り返っておくことが、彼の犯行を紐解《ひもと》く鍵となる。

酒浸りの父の死、母への憎しみ

「ユキちゃん（山地）のお父さんも、ユキちゃんと同じで美男子やったけど、いつも酒びたりで、ふだんはぶち優しいんやけど、飲むと荒れる人なんよね。もともとは大工で、躰を壊してからはパチンコ屋に勤め、それも辞めとった。家の生活費はお母さんがスーパーで働いて稼ぎよったんよ。ただ、収入はそれだけやから生活はそうとう苦しかったみたいよ」

〇五年、大阪での事件発生直後に、山地の生まれ故郷である山口市で取材した私にそう語ったのは、彼が幼少のころに地域の民生委員をしていた川本礼子さん（仮名）だ。

山地の母・菊江さんは一九七〇年、二十歳のときに農家に嫁いだが、六年後に離婚。実家に戻り、山口市内の呉服店に勤めていた二十九歳のときに、一歳下でパチンコ店に勤めていた勇次さんと出会い、再婚した。山地が生まれたのはその四年後の八三年八月二十一日である。

親子三人は山口市の中心部にある六畳と四畳半のアパートに住み、その近くに父方の祖母が住んでいた。川本さんは続ける。

「お父さんは酔って暴れると手がつけられんかった。ガラスを割ったり、箪笥《たんす》をひっくり返したり……。お母さんにも手を上げよったし、おばあちゃんとユキちゃんがうちに避難してきたことが何度もあった。そういえばユキちゃんが小学校の遠足の日におらんくなって、私も探しに行ったことがある。お父さんが遠足に持って行くリュックを屋根の上に捨てたらしいんよ。それでふてて（ふて腐れて）家を飛び出したって」

生活費に事欠き、近隣に米や味噌、ときには現金を借りることも少なくなかった山地家では、気の強い菊江さんが仕事をせずに酒を飲む勇次さんにきつい言葉を投げつけ、喧嘩になることもしばしばだったという。

山地の小学校時代の同級生は振り返る。

「山地はどっかまわりを小ばかにしたところがあって、みんなで遊んでいても参加しないことが多かった。ドッジボールなんかも『なにが面白いの?』って……。それで気にくわんから、別のときに何人かでからかったりすると、今度はキレて、机とかを倒して学校を飛び出して、戻って来んかったりもようしよった」

彼が小学五年だった九五年一月、肝臓疾患を抱えていた父が自宅で血を吐き、搬送先の病院で死亡する。享年四十四だった。その際の母や親族の態度に対し、深い憎しみを抱いたことを、後の大阪での姉妹殺人事件の法廷でも本人が口にしている。公判を傍聴した司法担当記者は解説する。

「自宅で父親が吐血していたのを見て、小学生の山地が母親の職場に電話したところ、『放っておきなさい』と言われたことが忘れられないようです。その夜、母親が救急車を呼びましたが父親は死にました。さらに父親の通夜の席で母親が『死んでせいせいした』と話していることを耳にして、父親の死は母親のせいだと思い込むようになった。そのため山地は父親について『大切な人です』と表現して、いい思い出ばかり語る一方で、母親については『大切でない人ですね』と言い、『はっきり言って嫌いでした』と突き放しています」

父が死んでから、山地は学校でも〝問題児〟としての行動がよりいっそう目立つようになる。自分よりも弱い者に難癖《なんくせ》をつけて殴ったり、校舎の窓を割ったりするようになったのだ。

ときを同じくして、山地家の困窮も表面化した。電気やガスがたびたび止められ、借金取りが自宅にやってくるようになったのである。パートに出ている母親は、しきりと息子に自分が再婚したらどうするかと尋ねるようになり、山地は「勝手にしろ」と言いながらも、さらに態度を硬化させていった。

地元の中学に通った山地だが、二年の二学期からは登校しなくなった。小学校時代から、まわりと合わせられない山地へのイジメはあったが、中学に入ってからはよりそれが顕在化したのだ。同級生による教室からの締め出しなどのイジメに反発しての行動だった。

この時期、彼の母もまた現実から逃避しようとしていたのかもしれない。彼女の知人は証言する。

「勇次さんが死んでから、再婚相手を探していた菊江さんは、化粧が濃くなり、服装もだんだん派手になっていきました。ただ、おしゃれにおカネを遣う余裕はなかったはずで、聞いた話だと、ローンを組んだり借金をしてまかなっていたようです」

中学を卒業する九九年の一月、山地は住み込みで働ける、岡山県倉敷市の縫製工場の採用試験を受けるが失敗。卒業生でただひとり、進路の決まらない生徒として学生生活を終えた。

初めての恋を邪魔されて

その後、建設工事の仕事をしてみたが、中学を卒業したばかりで線の細い山地には体力的に無理があり、すぐに音を上げた。そんなとき、中学時代の友人から誘われ、新聞配達のアルバイトを始めることになった。大阪での事件が起きて新聞販売店を訪ねるも取材拒否で、話を聞くことはできなかったが、新聞配達の仕事は山地に合っていたようだ。彼はそこで熱心に働き、認められ、初めて自分自身で稼ぐ喜びを知った。

自由に遣えるカネを持つようになった山地が通っていたのは、物心ついたころから知っているオカダトーイ（仮名）というおもちゃ屋だった。そこでトレーディングカードを使ったゲームを、小中学生相手に楽しむのを日課としていた。

二〇〇〇年四月、その店で新たに女性店員が働くようになる。髪をブリーチした小柄でかわいらしい顔をした彼女・遠山久美さん（仮名）に、山地は密かに憧れを抱くようになっていた。彼女は十六歳の山地よりも七歳年上の二十三歳だった。

仕事は充実し、仕事のあとの楽しみもできた。だが、母と暮らす自宅は、いよいよ末期的な借金地獄の様相を呈した。母が組んだ無謀なローンによって、借金取りが次から次へと押し寄せ、電話や電気が止められたのだ。ある日、山地は母に借金の額を問い詰めたことがある。最初はとぼけようとした母だが、根負けして全部で二百万円くらいあると明かした。月に四、五万円の返済と聞いて山地は引き下がったが、実際の借金額は五百万円ほどに膨らんでいた。

一方、山地が憧れる久美さんには、付き合って五年になる彼氏がいた。山地もそのことは聞いていた。だが、彼女は彼氏との付き合いに迷いがあるような口ぶりで、年下の山地に期待を抱かせた。そして七月二十七日、久美さんは前夜に愛を告白した山地を一人暮らしの部屋に招き入れ、肉体関係に発展したのである。

翌日、珍しく新聞配達の仕事を無断で休んだことを心配した、販売店の関係者が山地家を訪ねた。菊江さんも山地が昨夜帰って来なかったことを心配していて、心当たりはないかと尋ねてきたため、その関係者は山地が最近よく口にしている久美さんのことを洩らしてしまった。息子の財布から時折カネを抜き取っていた菊江さんは、財布のなかにあった名刺でその名前に心当たりがあった。

かたや山地の心は不安で揺れていた。というのも、関係を持った後も久美さんが彼氏と自分を天秤にかけていたからだ。そしてその天秤は、彼氏のほうにやや傾いている。

そんなとき、久美さんから彼女の携帯電話に何度か無言電話がかかってくることを聞かされた。菊江さんは携帯電話に、かけた側の電話番号が表示されることを知らなかったようだ。山地は母が借金で自分を苦しめるだけでなく、恋路までも邪魔しようとしていると確信した。

七月二十九日、山地は自宅で菊江さんが帰宅するのを待った。

最近とみに化粧が濃くなり、帰宅の遅くなった母が、自分の財布からカネをくすねていることを山地は知っていた。それに加え、大事な彼女への無言電話も発覚したのである。母に言いたいことは、山ほどあった。

菊江さんは午後九時ごろに帰宅した。山地はまず借金について尋ねた。だが菊江さんは「あんたには関係ない」とにべもない。その言葉にキレた彼は「彼女に無言電話したろう」と声を荒げた。しかし母は「知らんわ」と切り捨てた。

それが暗転の合図となった。

顔を拳で殴り、首を持って隣の部屋に投げ、顔や背中を蹴り、近くにあった金属バットを手にすると足や胸や腹を殴った。また、執拗に顔や腹を踏みつけた。金属バットでは、頭ではなく、より苦しむ躰を殴った。

我に返ると、目の前には血まみれで横たわる母の姿があった。

翌朝、山地は普段通りに新聞配達の仕事に出かけた。家に戻っても菊江さんは微動だにしない。彼は床一面の血をバケツの水で流し、ほうきで水を掃いた。家を出てオカダトーイに行くと、カードゲームで遊び、休憩時間の久美さんを誘って喫茶店でランチを食べた。そして店を出ると雑貨屋に入り、前から彼女が気になっていると話していた二千円の小さなポーチを買い、プレゼントした。

三十日の夕方に自宅に戻った山地は、母の死体を毛布でくるみ、首のあたりと足首のあたりを紐で結ぶと玄関の土間へと運んだ。漆黒《しっこく》の時間が過ぎ、三十一日午前一時十分に彼は受話器を取り、一一〇とダイヤルした。そしてこう告げた。

「母親を殺した」

精神科医の無念

二〇〇〇年七月三十一日に自首して山口県警に逮捕された山地悠紀夫は、九月十四日に山口家庭裁判所で開かれた少年審判で、「少年院で三年程度の相当長期間の矯正教育が必要」との処分が決定。岡山中等少年院に収容された。

「彼については、院内生活にまったく問題がないにもかかわらず、事件についての反省が出てこない。それで一度、精神科医に診てほしいということで、僕に依頼がきたのです。五年近い少年院での診察で、それまでは不眠や薬物中毒による幻覚の悩み相談などが多かったから、けっこう珍しいタイプの依頼でした」

『岡山市こころの健康センター』所長で医師の太田順一郎さんは当時を振り返る。彼は山地が少年院に収容されて一年二カ月後の〇一年十一月から約二年間、二十二回にわたって面接を重ねてきた。

「最初の日、面接室で向き合い、僕が『反省してるか?』と聞くと、『してません』という言葉が返ってきて、『開き直って自分を正当化しています』と続けました。即答でした」

当時十八歳だった山地の口調は淡々としたもので、ほとんど感情的になることはなかったという。あらかじめある程度の情報を得ていた太田さんは、彼に両親についてどんな印象だったか尋ねた。

「母親については『いつもヒステリックで、顔が真ん中に寄ってるような、怒ってるような顔をしてた。近寄り難かった』と話しました。その一方で、父親については『アルコール依存症で、肝硬変で入退院してて、平成七年一月に死んで』との説明があり、『よく一緒にいた』『安心できた』『好き』という感情を口にしました。それを聞きながら、アンバランスだなと思いました」

太田さんは山地に「継続的にこれから自分のことをどう考えるかということを、一緒に考えていこう」と提案した。山地も抵抗を示さずに次回の面接を希望したことで、十二月に二回目の機会が訪れた。

「そこでまた昔の話を聞いて、友達がおったかおらんかったかということを聞いて、あんまりおらんかったということがわかりました。この二回目から、少しずつお母さんを殺した話について聞いていったんです」

そこで山地は母を殺害した理由について、三つ挙げたという。

「付き合い始めたばかりの彼女に無言電話をかけたこと、自分のおカネをくすねたこと、ひどい育てられかたをしたこと、の三つを口にしました。それで、『その三つとお母さんが殺されることについて、バランスはどう?』と尋ねると、『同じぐらいの価値』と無表情で答えました。なので私が、『殺すってことは、相手の可能性をゼロにすることなんよね。それは本当に同じ?』と再度聞くと、『ああ、そうか、それは……』と考え込む反応を見せました。ある意味予想通りのその姿を見て、彼に対しては理屈とか、そういうところで勝負しないと……。情緒に訴えても、それは無理やなって思いました」

太田さんは山地と面接するなかで、彼は広汎性《こうはんせい》発達障害の一種であるアスペルガー症候群である可能性が高いとの診断を下していた。これは先天的なもので、症状としては知的障害がなく、普通に話していると問題があるとは思えないが、共感性に乏しく、感情ではなく理論でしか状況を理解できないという傾向を持つ。そのため、相手がどう感じているかということを忖度できずに、一方的に自分の意思を伝えるなど、コミュニケーションに影響を及ぼしてしまうことが多い。太田さんは続ける。

「彼は反省しないのではなく、できないのではないか、ということを感じました。この十二月の面接では、最後にこれまでしてきた話を踏まえて『今ならどうする？』って尋ねたんですね。そうしたら『彼女を連れて逃げるか、それとも警察に相談するかな』という言葉が返ってきたんですよ。それで僕は、これから論理的に語りかけることを続けてみたら、なにか生まれるかもしれんなって思ったんです」

それ以降も、ほぼ月に一回のペースで山地との面接は続けられた。

「反省のことなんかを繰り返し、繰り返し、彼が理解できるように対話を続けていきました。で、それを繰り返していたのに、面接を始めてから八カ月後、平成十四（〇二）年七月です。彼は『いまでも母を殺したことは良かったって思える』って……。ま、そんな感じでした」

苦笑を浮かべる。精神科医という職業柄、そのようなことは多々あるのかもしれないが、第三者から見れば、それは一進一退ということではなく、無限のループを想像させる。

「九月になると、僕は『（少年院を）出てから、誰か捕まえにゃいかんで』と繰り返し言ってました。彼には社会に出てからの相談相手が必要だと思ったんです。でも、『いや、アドバイザーはいりません』と断られました。それで十月になると、『伯父が（出院後の）引取人に決まっちゃって』という話をしてきて、でも、断ろうと思ってると言うんです。彼は『そういう人を置こうとしても、その人を信用できるとは思えない。自分のことを詮索されたくないし、人って必ず裏切ると思うし、僕の中のことを話そうとはとても思えない』と。そこで僕は『でもいま、月に一回こうやって会ってるけど、これがそのモデルなんだよ』と言って……。それは否定されなかったけど、肯定もされなかった。最後までその繰り返しをして、終わりました……」

無念が感じられる口調に、私は「出院直前まで、その繰り返しですか？」と質問した。太田さんは「そうです」とだけ答えた。

とはいえ、太田さんは山地が出院するにあたり、医療機関への紹介状を書いていた。そこには宛て名が書かれていなかったが、どこかの医療機関にかかってくれれば、との願いの込められた紹介状だった。現在でこそ少年院から外部の医療機関に繋《つな》ぐ動きはあるが、当時はそうしたことが恒常化されていなかったのだ。

「その点で、具体的な宛て名を書かずに、誰かが面倒を見てくれるだろうと考えたことを悔やんでいます。山地君の症状の場合は、出院後の環境選びに尽きると思うんです。彼の特性を理解したうえで、職業上の援助、環境の調整が必要だった。取材を受けたのも、それにすごい後悔があったからです。なんか、黙ってちゃいけないな、があったからだと思うんですよ……」

太田さんはそう口にすると、柔らかな視線をこちらに向けた。

弁護士への空虚な手紙

山口市にやってきた私は、弁護士の内山新吾さんを訪ねた。彼は山地が実母を殺害した事件での、少年審判の付添人である。

内山さんが山地と出会ったのは、太田さんとの面接が始まる一年以上前のこと。母親殺害で自首した直後だった。そして付添人になって以降、少年院を出たあとも彼のことを気にかけていた。山地が〇五年に大阪で姉妹を殺害して逮捕されてからは、大阪拘置所に拘置されている山地に手紙を出し、面会に出向くなど、熱心に彼のことを支えようとした。

内山さんに会うのは今回が初めてではない。〇五年に山地が逮捕された際に、事務所で取材したのだ。そのとき彼は次のように話していた。

「山地君と会ったのは去年（〇四年）の四月下旬が最後です。場所はこの事務所。向こうから電話があり、(少年院から)出てきたので挨拶したい、それから改めて自分のやった事件についての記録が読みたいということでした。やってきた彼は、三十分以上かけて自分の調書だけを読んだのですが、とくに感想とかを口にすることはありませんでした。その後、夏の終わり頃に教えられていた彼の携帯電話に電話すると、『元気でやっている』と答え、生活にとくに変化はないとのことでした。ただ、それから気になってはいたのですが、電話をかけることはなく、今年(〇五年)の十月下旬か十一月上旬頃に彼の携帯電話に電話すると、もう使用されていませんでした」

その際、山地の再犯を知った内山さんは、傍《はた》から見ても明らかなほどに、失意と落胆のなかにいた。

私は九年半ぶりに訪ねた事務所で、内山さんと山地とのかかわりについて、改めて話を聞かせて貰えないかと依頼したのだった。

「最初は当番弁護士として二〇〇〇年八月二日に山口署で接見しました。そのときは反発の気持ちが強かったんだと思います。こちらの目を見て冷静な口調で『弁護士は必要ありません。僕はどうなってもいいです』と言われ、選任を拒絶されました。感情を見せず落ち着き払った様子だったので、この子は普通の子と違う、慎重にいかないと大変だと思いました。その日、面会が終わる直前に私が『君自身はどうなってもいいと思っているかもしれないが、僕はどうなってもいいとは思っていない』と言うと、彼はすごく嫌そうな顔をして、勝手に席を立って面会室の外に出て行きました。それが初めて感情を露《あら》わにしたときだったと思います」

次の日も内山さんは山地のもとを訪ねたが、「自分のプライバシーを根掘り葉掘り聞かれたくない」と彼は頑なに拒絶する。そこで内山さんは山地に手紙を出すことにした。

手紙には、自分を守るために弁護人（付添人、以下同）をつけるという方法があること。弁護人をつけるのにおカネはかからないこと。弁護人との面会には立会人（警察官）がつかないので、他の人に聞かれたくないことも話せること。そこでの秘密は守られること、などの利点を挙げたうえで、もし弁護人をつけたいと思ったら、まわりの人にそう伝えて欲しいと書いたのだった。

内山さんが手紙を出して四日後、山地から封書で返事があった。〈お手紙を下さりありがとうございます〉との言葉で始まる手紙には、弁護人をつけないという気持ちには変わりがないことが綴《つづ》られ、〈信頼もしていない人に他人に聞かれて困ることや秘密などを話すことは出来ません。昔、ある人に言われ、得になることしか言わない人は信じてはいけないと、つまり貴方《あなた》がたは得になることしか言わないので、私は信じることができません〉と書かれていた。

だが、この山地の〝思い込み〟による拒絶は、あることで簡単に方針転換された。内山さんは言う。

「家裁の調査官が『ルールとして、弁護人がつかないと審判が進まないんだよ』と説得したんです。そうしたら『規則ならしかたないですね』と、あっさり弁護人を受け入れたんです。それで選任されました」

ここにも「感情ではなく理論でしか状況を理解できない」アスペルガー症候群の傾向が垣間《かいま》見える。こうした経緯を経て、内山さんは付添人として、身柄を山口少年鑑別所に移された山地との面会を重ねた。

「最初のうちはまず付添人としての関係を作ろうと思い、ストレートに事件のことに入っていくのではなく、彼が興味を持っていたり関心のあることを探るため、本の差し入れをしたりしました。彼は『こんな字の大きい本は嫌だ』と言うなど、背伸びしている印象がありました」

内山さんによれば、鑑別所での接見を続けるうちに、山地との間で徐々に会話が成立するようになっていったという。

「事件の動機については、母親が勝手に彼女に無言電話をかけたのが大きいようです。そほかにも公共料金の滞納によってガスや水道が止められて大変だったということや、その足しにしようと新聞配達のバイトを始めたけど、母親にいくら借金のことを聞いても説明してくれない。自分を子供扱いするといった不満が積もっていたようです。彼はいつも母親に対する不平不満を強調していました。逆に父親に対しては肯定評価しかないんです。よく遊んでくれたという話や、父親が死んだときのまわりの態度が不満で、許せないだとか……」

山地は少年審判の場においても、謝罪の言葉を口にすることはなかった。内山さんは嘆息する。

「彼は『後悔をしてる』や『いまだったら、ああいうことはしないだろう』とは言いました。だけど、母親に対して申し訳なかったという謝罪の言葉は最後まで言えなかった。だから少年院に入ってからも、それが課題だったんです」

少年院に収容された山地から内山さんに手紙が届いたのは、入院から八カ月を経た〇一年五月のこと。生活について〈これといっての変化は見られません〉と記された手紙のなかで彼は、自分の事件の資料について、〈なるべく全て送ってほしい〉と依頼してきた。

それに対して内山さんは七月に、事件記録をいますべて見てもらっていいのか判断がつかないため、いちど直接会って話をしたいと返信した。その手紙には山地の母・菊江さんがつけていた手帳とノートの一部のコピーを添え、〈アパートの部屋の中から、この手帳とノートを見つけ、この部分を読んだとき、さびしい気持ちと、心があたたまるような思いとがごちゃまぜになった気持ちがしました。山地君がお母さんを殺してしまったことは、やはり君にとって、大きなまちがいだったと確信しました。お母さんは山地君に愛情を注ぐことができず、十分に大切にすることも、一人前に扱うことも、できなかったのかもしれないけれど、少なくとも、過去の一時期にはたしかに君のことを、一人の母親として思っていたのですから〉と書いて送った。内山さんは振り返る。

「お母さんは手帳の予定欄に、息子と自分の誕生日にだけ印をつけていて、彼が家出したときには『かえらない』と書かれていました。息子への愛情表現は上手ではなかったかもしれないんですけど、たしかに愛情はあったし、彼が口にするほどひどい母親ではなかったと思います」

しかし、その言葉は山地には届かない。翌月に出された彼からの返信には次の文章がしたためられていた。

〈この記録を読んで、思い出したことは、「あの人は、何かあるたびに、記録をする」といった癖があり、監視されている、見られているといった一種の被害妄想に近い状態になったことがあります。その頃は、よく家出をしていたものです〉

結局、事件の記録について山地に見せるかどうかの判断は少年院に委ねられ、認められないとの決定が下された。それを受けて山地は〈「事件資料を見たい」と私が思ったのは、事件を振り返るといったことだけでなく「私を知る」「家族を知る」といった思想から始まっています〉と理由を解説し、また時機を見て申請する心づもりであることを〇一年十二月十三日付の手紙で明かしている。

さらに、この手紙のなかには、彼が思い描く将来の家庭像も記されていた。

〈もし将来家庭を持つならば、娘が3人欲しいです。この理由なのですが、私は、殴り合いよりも議論が好きなのです。男の子に比べて、女の子というのは、おしゃべりという面では、優れていると思います。3人という人数は、何かあったとき、例えば、旅行先などで家族で話し合いをするとなると、2対1で対立するので、そういったことで面白さや楽しさがあるなと思うのです。もちろん妻と娘３人で私と対立が起きて４対１となることもあるでしょう。それはそれで楽しくなると思います〉

少年院に収容されて一年三カ月目にもかかわらず、山地の視線は出院後の未来に向けられていた。それは翌〇二年の年賀状の文面からも窺える。

〈昨年は、事件資料など、無理を申しましてすみませんでした。ただ、事件を本気で振り返り、考えていかなくては、なりません。今年は本件の事もそうですが、出院後の事も色々と考えて準備を進めていかなくてはなりません。そのベースとなるものは、やはり資格取得だと思っております。もちろん、××弁護士（＊本文実名）いわく、インターネットと英語の時代なのも確かです。これからも、色々とご迷惑をおかけすると思いますが、ご指導の方よろしくお願いします。

Ｔａｋｅ ｃａｒｅ．〉

この文面だけを読むと、一見、山地が更生に向けて新たな一歩を踏み出そうとしているかのような印象を持つかもしれない。

だが、これが書かれたのは、山地が精神科医の太田さんに向かって、母親殺害の理由と母親の死を「同じぐらいの価値」と言い放ったのと同時期なのだ。つまり、太田さんが山地について「反省しないのではなく、できない」と感じていた頃である。過去を総括できずに未来だけを語るその姿に、「虚飾」なる言葉が思い浮かぶ。

いずれにせよ、彼のなかで母親殺害という重大事が、ぽっかりと抜け落ちていることは明らかだ。じつは、母親を殺害してしまったことに、一番の戦慄《せんりつ》を抱いたのは山地自身だったのではないか。その事実と直面することを避けるために、殊更《ことさら》に母親を悪く言い、殺されても仕方のない人だと思い込もうとしているのではないか……。そうした疑問が湧きあがってくる。

内山さんが差し入れた『愛って、なに?』という本について、山地は次のような感想文を書いていた。

〈本文の中に「愛というものに形や臭いもない」と言っている場面がありますが、私はこの言葉に同意できます。私にとっての愛というものは「やすらぎ」であるからです。（中略）3つのストーリーに共通してでてくる死というものの後に救いというものが現れます。救われる救われないは別として、何かを失うことによってその空腹を何か別のもので満たそうとする。それぞれの物語には家庭の中のやすらぎが無い中で救いを神に求める。どんな形であれ、無いものを満たそうとする人の心というものは、悲しいものがあります〉

空虚な言葉の羅列の先に、どこか彼の心情が垣間見える気がして、仕方がないのだ。

二十歳、少年院を出されて

〈さて、今年は1級上への進級と10月頃には出院が予定されております。やっておきたい事があると、時間はあっという間に過ぎてしまいます。

やりたい事の1つが、自分流の学校勉強です。学校の教科書での勉強は苦手意識があり、身に付けづらいので、自己流でやってみようと思います。

もう1つが、ｗｏｒｋｉｎｇ　ｈｏｌｉｄａｙ制度を利用して、海外での語学と観光と遊びをいっきにやってみようと思うものです。その前に日本で仕事をして、お金を貯めないといけないのですが……。でも、留学や就労ビザと違って、沢山のお金がいるわけではありませんので、その点で他のビザではない特典ではないかと思います。6ヶ月から1年ですから充実できそうです〉

〇三年一月十七日、少年院にいる山地から内山さんへ届いた手紙には、出院後に勉強がしたいということと、ワーキングホリデーを利用して海外へ行きたいとの希望が書かれていた。内山さんは振り返る。

「やはり自分が殺人犯であるという自覚があり、人の目が気になっていたようです。そのため、出院後は自分を知る人のいる山口市以外の場所に住むことを考えていました」

山地が七月上旬に書いた手紙には次のような記述がある。

〈帰住地については伯父さんから手紙があり「帰住地を私の所にするのは承知できない」とのことでしたので、保護会に行くことになりました。（中略）山口県内が地元ということで、第一に考えていくことになります。しかし、私としては、山口に帰るのはリスクが高いように感じられます。特に地方新聞が動きに乗り出すと、生活にかなりの支障をきたします。まあ、これから色々と決まってくることでしょう〉

八月、山地は二十歳になった。少年院への収容は原則として二十歳までとなっている。誕生日前の八月十五日に家裁による審判が開かれ、収容が二カ月継続されることになり、仮退院後も五カ月間の保護観察が決まった。審判の場で「母を殺して少年院のドアが開き、成長の登竜門が与えられた」と口にするなど、反省の態度を見せなかったことに対する決定だった。

そんな山地が少年院を出たのは十月十四日。伯父が引き取りを拒んだため、山口県下関市の更生保護施設に入り、自立を目指すことになった。出院の直前、彼は手紙で内山さんに今後の住所と予定を報告している。

〈帰郷後の予定ですが、スロースタートを切ることにしています。日払いの仕事で臨時のものであれば、一週間くらいのをやりますが、社会に自分の体を適応させてから、本格的にスタートです。それまでは、色々と身のまわりのものをそろえることにしています〉

施設での生活を始め、毎日ハローワークに通って仕事を探すようになった山地だが、彼には三年間胸に秘め、気にかけていたことがあった。母親殺害の動機ともなった、憧れの女性・遠山久美さんである。山地は保護司に内山さんを通じて、久美さんの現住所が聞けないかと話したが、行方《ゆくえ》は探さないほうがいいと注意された。内山さんが明かす。

「山地君にとって彼女はかけがえのない存在で、その後についてもずっと気にしていました。彼曰く、彼女だけが自分をきちんと受け入れてくれたということで、悪口なども一切ありません。少年院の中からも、彼女がオカダトーイを辞めてからどうしているのか教えてほしいとの手紙が来ていました」

当然ながら、内山さんから彼女の情報がもたらされることはなく、山地も諦めざるを得ない状況だった。後に山地が大阪で姉妹殺人事件を起こしたとき、彼女は山口市内に住んでいたことが確認されている。しかし、現在はすでに転居しており、行き先を辿ることはできなかった。

一方、なかなか仕事が見つからない山地は、父親の知り合いだという西田定男さん（仮名）と施設で出会う。祭りなどで露店を出し、たこ焼きを売る〝テキ屋〟をやっている西田さんは、施設に出入りして入所者に仕事を斡旋していた。

西田さんは父親がやっていたパチンコ店の仕事がしたいと話す山地に、住み込みで働けるパチンコ店を紹介した。そして山地は事件のことを隠して面接を受け、働けることになったのである。当時、彼は内山さんに次のような手紙を書いている。

〈待遇はかなり良い職場です。店長も他の役職も先輩たちも、気さくな人たちで、仕事の後、一緒に食べたり飲んだりしています。これは大切な事ですが、私の件は皆さん知りません。まあ、あたり前の事ですが〉

山地はこの店で〇三年十月下旬から〇四年四月まで働き、四月下旬に自分の調書を読みたいと内山さんの事務所を訪れた。その際には「これから同じ（パチンコ店）系列の別の店で働く」と説明していた。

しかし、私が姉妹殺人事件を受けて下関市のパチンコ店を取材したところ、彼の手紙や発言にはいくつかの〝脚色〟があったことが明らかになった。同店の店員は話す。

「山地にそういう（殺人の）過去があるとはまったく知りませんでした。どちらかといえばおとなしいタイプで、面接のときに、現在は下関市内で伯父と住んでいるため、できればそこを出て寮に入りたいということで、社員寮に入りました。彼の仕事ぶりに関しては、とくに印象に残っていません。可も無く不可も無くという感じでしょうか。口数が少なく、自分から自主的に動くタイプではありませんでした。友人もほとんどいないようで、店の同僚と仕事の後に食事に行ったり、飲みに行ったりとかはなかった」

この店員によれば、系列店への異動ということはなく、山地は自分から店を辞め、別のパチンコ店に職を求めたという。

じつは山地が最初のパチンコ店を辞める少し前、彼の〝もっとも恐れていたこと〟が起きていた。同じ少年院にいた男と偶然、下関市内で会ってしまったのである。暴力団員と連れ立つその男は、山地のことを前から気に食わないと感じており、殴る蹴るの暴行を加えたうえ、以後、職場にも顔を出しては脅すようになった。店員は続ける。

「彼の同僚が話してたんですが、知り合いらしい二人組の若い男がちょくちょく店に来ていたようです。二人は山地に対して、何についてかはわかりませんが、『バラすぞ』と脅す口調で詰め寄り、その言葉を聞いた彼の顔面は蒼白になっていたそうです。男たちは山地が辞める直前は、とくに頻繁に顔を見せるようになっていました」

山地がこの二人に、過去の殺人を職場でバラすと脅されていた可能性は高い。そのことが影響してか、退店から〇五年一月までの九カ月間に、下関市内で二軒のパチンコ店に勤めては辞めるを繰り返した。そこで山地は、テキ屋の西田さんの仕事を手伝いながら、彼が家族と暮らすアパートで世話になることになった。

最後のプライドが崩れた

それから二カ月後、山地は福岡県福岡市にいた。そこは福岡のゴト師集団が借りていたアパートで、室内には研究用のパチスロ機が並んでいた。山地はこの集団の元締めを知る西田さんの紹介で、体感器と呼ばれる大当たりの周期を知らせる器械を使ってパチスロを打ちに出かける、ゴト師の「打ち子」になっていた。

紹介に至る一連の流れを改めて取材するため、私は山口県内で西田さんを探した。彼は姉妹殺人の法廷でも証言し、数社だがマスコミの取材も受けている。だが、残念なことに西田さんは数年前に不慮の交通事故で亡くなっていたことがわかった。

山地のゴト師仲間を知る人物は、当時の状況を教えてくれた。

「彼がいた集団の元締めは、みずから体感器を作っていて、その販売もしていました。地方のビジネスホテルなどで実演販売をすることもあり、山地はそこで見本として、体感器を実際に使って見せていた」

この時期、ゴト師とホール（パチンコ店）側は、体感器をめぐっての攻防を繰り広げており、ホールが器械を感知するセンサーを設置し始めるようになると、ゴト師たちはセンサーのない地方を探して遠征するなどしていた。しかし、警察当局もゴト行為に対して窃盗罪を適用するようになるなど、ゴト師を取り巻く状況は厳しくなりつつあった。

そんな折、事件が起きる。ゴト対策の厳しくない地方を狙い、中国地方へ山地ら「打ち子」たちが遠征したときのことだ。〇五年三月十三日、岡山県瀬戸町のホールで、体感器を使っていた新人の山地が店員に取り押さえられ、地元の警察に逮捕されてしまったのである。

逮捕されたのは山地だけで、仲間は全員福岡に引き揚げた。とはいえ、山地が余計なことを口にすれば、今後の活動に影響を与えることは必至だった。しかし彼はしらを切り通し、無事に起訴猶予で釈放されたことで、ふたたび集団に迎えられた。

夏にはホールによる体感器への対策はより強固なものになった。体感器を使用しただけで警告ランプの点灯する店ばかりになったのだ。そうした苦境を打開するため、元締めは大阪にマンションの一室を借り、近畿周辺の遠征での足場にした。それこそが、後に山地が姉妹殺害に及ぶマンションだった。

この時期、稼げなくなる「打ち子」が出る一方で、山地は大負けすることもなく、コンスタントに勝ち続けているように周囲の目には映ったという。

そして十一月になると、山地は数人の仲間と大阪での生活を始めた。じつは彼は発見されるリスクの高い体感器を使わず、消費者金融で借金したカネをゴト行為での戦利品と偽《いつわ》り、自分の取り分を差し引いて元締めに上納していた。しかし、その借金の総額も百万円近くになり、これ以上は借りられないところにまできていた。前出のゴト師仲間を知る人物は断言する。

「帰る場所のない山地にとっての拠り所は、自分が元締めの右腕だというプライドだけでした。しかし元締めは〝稼ぐ〟ことのできなくなった山地を怒鳴り散らしていた。それでたまらなくなり、逃げ出したんです」

十一日未明に大阪に着いた山地は、十三日夜に元締めのもとを飛び出し、十四日夕方に戻って「辞めさせてください」と告げると、荷物をまとめて部屋を出た。そして十五日にナイフやハンマーを買い、十七日未明に姉妹二人を殺《あや》めたのである。

「私は生まれてくるべきではなかった」

〈今回、私が姉妹二人を殺害した事は間違いありません。それについて、弁解をする気持ちは、ありませんし、出来ません。（中略）

私は少年院の時に、過去の自分について、反省、つまり「省」をしていました。そして、その時に気が付いたのは、小学校二年生の時に私はすでに「警告音」を発していたのだと分かったのです。もし可能ならば、小学の卒業アルバムを見て下さい。そこに「時間」というタイトルの詩があります。（中略）

私が弁護士さんたちだけに唯一言える事、そして他には云えない事があります。それは「真実を話せば、それは真実では無くなる」という事です。私は本当に頑固で、ゆうずうの利かない人間です。しかし、私が選んだ道は、私が選んだモノであり、矯正教育が成功した、しなかったというものではありません。（中略）

内山新吾様　平成17年12月29日

山地悠紀夫〉

十二月五日の逮捕の二十四日後に、山地は内山さんへ手紙を出した。そこで彼が語る「警告音」がなんであったかについては、その後も語られることはなかった。ただ、卒業アルバムのなかにある山地が書いた「時間」という詩は読むことができた。

〈1人り1日なにもしなくても
時間はやすまずうごいている
1日いろいろなことをしていると
時間はやくすすんでいる
時間がとまったら
どうなるのだろう〉

〇六年五月一日に山地の初公判が大阪地裁で開かれ、それから十二月十三日の判決公判までに十三回の審理が行われた。山地は審理の途中から「わかりません」「憶えていません」「黙秘します」と口にすることが増え、傍目にも心を閉ざしていることは明らかだった。内山さんは判決公判を前にした十一月二十七日、大阪拘置所へ出向いて山地

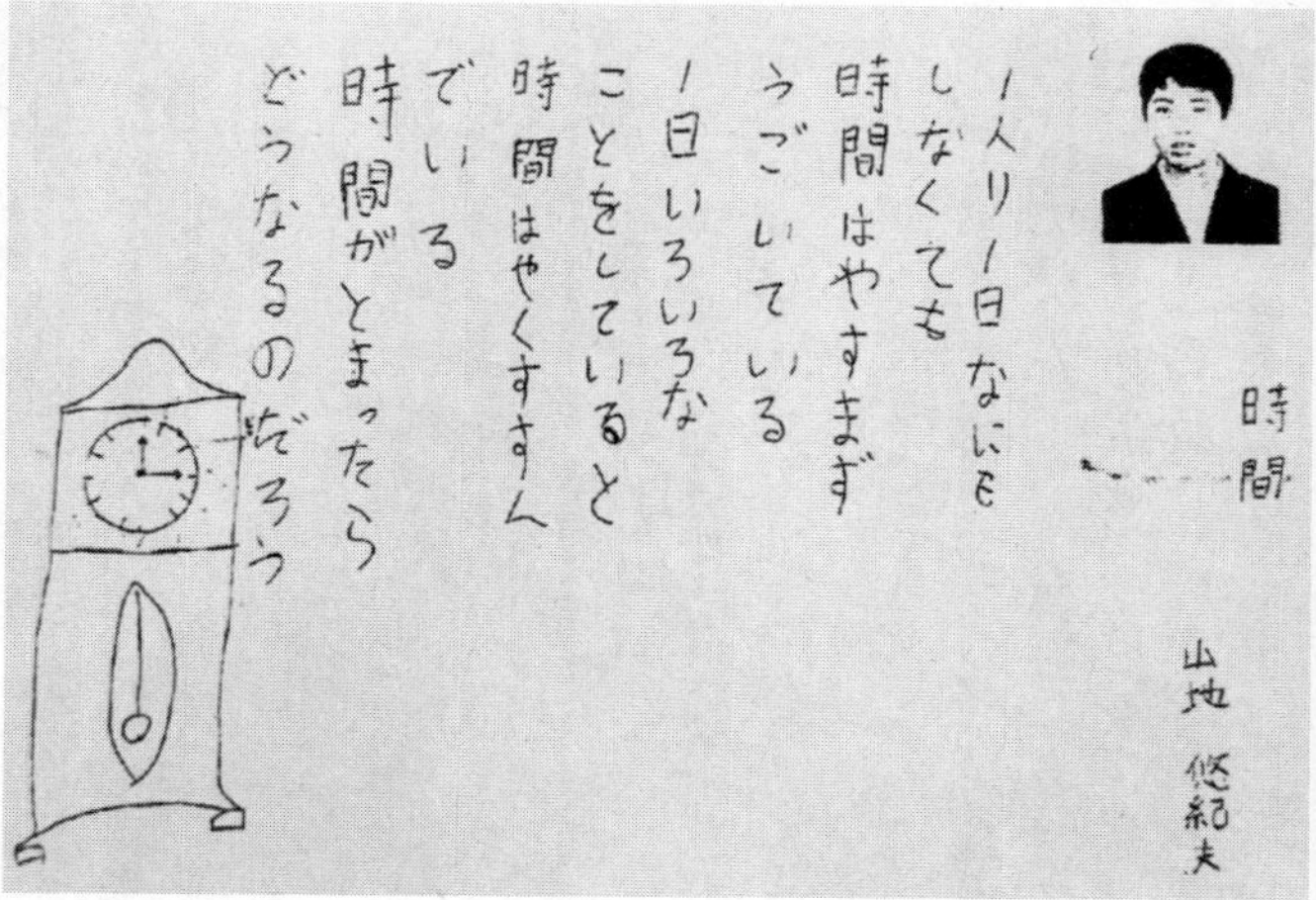
時間
山地　悠紀夫
1人り1日なにも
しなくても
時間はやすまず
うごいている
1日いろいろな
ことをしていると
時間はやくすすん
でいる
時間がとまったら
どうなるのだろう

小学校の卒業アルバムに書かれた詩

と接見しようとした。しかし、本人から「面会拒否」との対応を受ける。

〈ああ、山地君は、死のうとしているんだな、と思いました。（中略）

私は、山地君に、死んでほしくありません。（中略）

山地君は、いま、「自分はどうなってもいい」と思っていませんか。

でも私には、山地君がどうなってもいい、とはどうしても思えません。

どうか生きることを考えて下さい。亡くなった人へのつぐないも、生きて苦しんでこそ、できるのではありませんか。君は、まだ、お母さんへのつぐないも、すんでいないのではありませんか。（中略）

君は、大切な人間です〉

内山さんは十二月九日にまずこの手紙

を出し、続いて山地に死刑判決が下ったあとの十二月十七日にも〈今度、面会に行ったら、会ってもらえませんか〉と記した手紙を書いた。しかしその直後、山地から手紙が届いた。全文を記す。

〈内山新吾弁護士

先日は接見拒否の為、会う事をいたしませんでした。私は私なりに色々と考えた上での行動です。

手紙に書いてありました「死刑になって欲しくない」、「上訴を取り下げないで欲しい」、これらについての私の考えは、変わりがありません。

「上告・上訴は取り下げます。」

この意志は変える事がありません。

判決が決定されて、あと何ヶ月、何年生きるのか私は知りませんが、私が今思う事はただ一つ、

「私は生まれてくるべきではなかった」

という事です。今回、前回の事件を起こす起こさないではなく、「生」そのものが、あるべきではなかった、と思っております。

この考えは、ある意味「悟り」なのかもしれませんが、私としては、この考えが私自身の気持ちを一番表わしていると思います。

色々とご迷惑をお掛けして申し訳ございません。さようなら。

平成18年12月中旬、山地悠紀夫
追伸　面会及びに着信等におき、拒否願いを提出しました。今後、面会、通信が出来なくなると思います〉
その後、内山さんが山地へ出した手紙は「受取拒否」の印が押されて戻ってくるようになった。
山地は〇七年五月に控訴を取り下げて死刑が確定。〇九年七月二十八日に大阪拘置所で刑が執行された。
内山さんは無念を口にする。
「彼のことを放っておく状態にしてしまった。なんでもっと連絡を取って、連絡が取れないときには捜したり、つきとめたりしなかったのか。さらに言えば、彼にいろんな思いのあった人が、連携してサポートできなかったのか。そうしていれば、第二の事件は起きなかったと思う。その点で悔やまれてならない……」

納骨できない——遺族の十年間

汗ばむ陽気のなか、私は奈良県内にある住宅地を訪ねた。山を切り開いた高台にあるその一軒家のドアベルを押すと、まさに外出しようとしていた年配の女性と出くわした。

上原百合子さん。山地に大阪で殺害された明日香さんと千妃路さんの母である。

この記事を書くにあたり、仏前に線香をあげさせて欲しいと願う私を、彼女は家に上げてくれた。愛娘二人の大きな写真が飾られ、供物の置かれた仏壇に手を合わせる。

「今日はお父さんは……」

振り返った私は百合子さんに尋ねた。事前に、父の和男さんはあの事件を受けて糖尿病を悪化させ、最近は目がほとんど見えなくなっているようだとの話を聞いていた。

「今日は介護の施設に行ってます。事件の精神的なショックから失明し、五年前には脳梗塞で倒れ、その一年後には直腸がんが見つかりました。そのがんが去年九月に転移していることがわかって、いまはずっと家で寝たきりの状態なんです」

聞けば、百合子さんも事件から三年間は鬱病を患い、家から出ることができなかったという。しかし、夫が体調を崩したことで、なんとか自分で動けるようにまでなっていた。

「主人が施設に行く週二回だけ、友人に勧められて畑で土いじりをしているんです。いまもそこに行くところでした。そのときだけは無我夢中になって、なにも考えないで済みますから……。それまでは夫婦二人で死ぬことしか考えていませんでした。生きるのなんて考えていない。明日香と千妃路のお骨も、いまだに納骨してないんです。親より先に納骨なんて、むごいことできません。いまは主人があの世に連れて行くと話しています」

今年（一五年）十一月で事件から十年が経つ。しかし上原家の時間は止まったままだ。目の前の百合子さんの憔悴した姿がそのことを物語っている。

「山地の死刑執行は、慰めにはならなかったのでしょうね……」

なんとか言葉を継いだ。百合子さんはかぶりを振る。

「死刑執行も頭にありません。聞いたところでどうしようもないです。余計に思い出してしまうから、十年前から新聞もとらなくなりました。この気持ちは、いくら言葉に出しても表せないと思います……」

頭を下げ、家を後にした。歩いて坂を下っていると、ちょうど中学生の下校時間にぶつかった。無邪気にはしゃぐ子供たちを見ても、目を細める気分にはなれなかった。

CASE
7

魏巍

福岡一家4人殺人事件

2003年6月20日、福岡県博多港の箱崎埠頭付近から一家の遺体が次々と発見された。被害者は福岡市東区の松本真二郎さん(41)、千加さん(40)、海くん(11)、ひなちゃん(8)の4人。まもなく元中国人留学生の王亮(21)と楊寧(23)が中国で、魏巍(23)が日本国内で実行犯として逮捕された。後にわずかな金銭のために一家4人が無惨に殺害されたことが判明。中国では王亮が無期懲役、楊寧は05年に死刑が執行された。魏巍は日本で死刑が確定。福岡拘置所に拘置されている。

「日本にいるあなたの息子さんが逮捕されていて、一家四人が殺された事件に関わったと供述していることをご存じですか？」

通訳を介した国際電話だったが、相手の息を呑む気配が伝わった。

「まさか……。おとなしい子だったので信じられない……。息子から最後に電話を受けたのはもう何カ月も前です。ただ、日本にいる息子の友達の母親から、うちの子が八月中旬に中国に帰ってくるかもしれないと連絡を受けていました。それなのに帰ってくる様子がないし、本人からの連絡もないので心配していたのです。その話は真実なのですか？」

狼狽《ろうばい》する父親の言葉を訳してもらった私は、通訳に次の言葉を告げてもらう。

「お気の毒ですが、本人も認めており、ほぼ間違いありません」

スピーカーフォン越しに長い沈黙が続く。その先にいる中国・河南省に暮らす父親の震えが伝わる——。

二〇〇三年九月十六日のことだ。彼の息子・魏巍《ウエイウエイ》（23＝犯行時、以下同）は、知人女性を殴った傷害容疑で、日本を出国する直前の八月六日に福岡県福岡市で逮捕された。

だが、その身柄拘束の真の目的は、六月二十日に同市内で中国人二人とともに、一家四人を殺して金品を奪うという、強盗殺人事件への関与を追及することにあった。
そして、魏が「（中国に帰国した）二人に誘われ、三人でやった」と犯行への関与を自供したとの情報を受け、父親に電話を入れたのだった。

中国人留学生の残忍すぎる犯行

被害に遭ったのは、福岡市東区に住む衣料品販売業の松本真二郎さん（当時41）と妻の千加さん（当時40）、長男の海くん（当時11）、長女のひなちゃん（当時8）の四人。対する実行犯は、元日本語学校生の王亮《ワンリャン》（21）と元私立大留学生の楊寧《ヤンニン》（23）、それに元専門学校留学生の魏巍の三人で、全員が中国国籍だ。

松本家の四人と中国人三人は面識がなく、楊がアルバイトに向かう際に松本家の前を通っており、「ベンツが停まり、裕福そうだったので狙った」というのが、後の公判で同家を選んだ理由とされた。その犯行内容は極めて残忍で、わずかな金品のために、なぜここまでするのかという疑問を禁じ得ないものだった。

六月十九日午後十一時半頃、あらかじめ目星をつけていた松本家の様子を、王が偵察に行った。約二十分後に戻ってきた彼は「チャンスだ。車がない。いまから行こう」と部屋で待機する楊と魏に声をかけた。

二十日午前零時過ぎ、魏が松本家の外側にある花壇に立って敷地内を覗き込むと、一階仏間のサッシ窓が開き、網戸になっていることに気付いた。そこで三人は塀を乗り越えて敷地内に侵入し、魏、王、楊の順番で家屋に立ち入ったのである。

当時、松本家では二階の子供部屋にある二段ベッドで海くんとひなちゃんが寝ており、千加さんは一階で入浴中だった。そのことを確認した三人は、楊の「直接（浴室に）入って、中にいる人を殺《や》ってしまおう」との言葉に従い、王が二階で子供たちを見張り、楊と魏の二人が浴室に押し入ることを決めた。

一気に浴室のドアを開けると、千加さんが悲鳴を上げながら洗面器を投げつけてきた。魏がそれを蹴散らし、浴槽内に彼女を押し倒した。そして仰向けに倒れた千加さんの右手首を押さえつけ、もう片方の手で首を強く圧迫しながら顔を水中に沈める。同時に楊は彼女の左手と足を押さえつけ、約十分かけて溺死させた。その後、蘇生を恐れた楊が千加さんの遺体に後ろ手錠をかけ、うつ伏せにして浴槽内に放置している。

浴室を出た二人は台所と居間を物色。千加さんの鞄のなかにあった財布から、現金約一万五千円とキャッシュカード数枚を抜き取ると二階に上がり、王に子供たちの母親を殺害したことを伝えた。そこでまた三人での話し合いが行われ、まず二段ベッドの下段で眠る息子を殺害し、上段の娘を人質にして、ベンツで帰ってくる人物を待つ算段となった。

午前零時半ごろ、まず魏が寝息を立てる海くんの顔に枕を押しつけると、王が彼の躰の上に馬乗りになり、手足を押さえつけた。息苦しさにもがく海くんの首を王が右手で絞めつけたが、なおも抵抗が続くため、魏は楊に枕を押しつける役を代わってもらい、部屋を出た。その一、二分後に王と楊が部屋から出てきたため、彼は殺害が完了したことを知った。

続いて娘を人質にする計画だったが、女児に手をかけることに抵抗があった魏は「僕はもう疲れた。今度は二人でやってくれ」と部屋の外で待つことにした。そこで王と楊は寝ていたひなちゃんの口をふさぎ、「声を出すな。声を出したら殺すぞ」と脅して口に粘着テープを貼ると、手錠をはめて一階の居間に運んだ。

居間では王がひなちゃんを抱いてソファに座り、楊が家族構成や金品のありかを彼女から聞き出した。そこで初めてこれから帰ってくるのが父親だとわかり、魏は「見張りで外に出てくる」と、いったん松本家の敷地の外に出た。

午前一時三十九分、仕事から帰ってきた真二郎さんは、友人に電話をしながら車を車庫に入れ、玄関を開けて屋内に入ると、台所へ向かった。そこで彼は、見知らぬ男二人と、そのうちの一人から首にナイフを突きつけられている娘の姿を目にすることになる。

「こっちに来い、座れ」

楊が語気鋭く命じ、震えるひなちゃんに王がナイフを突き立てている方向に目をやり、抵抗すると娘の命がないと脅した。

「娘を殺さないでくれ」

必死で娘の命乞いをする真二郎さんに、楊は両足を前に伸ばして床に座ることを要求すると、足首に手錠をかけ、さらに手首は後ろ手錠にして抵抗できないようにした。

屋外で真二郎さんの帰宅を確認した魏が、仏間の窓から台所へ戻ると、すでに彼は拘束されていた。楊は真二郎さんのポーチから現金約二万二千円とキャッシュカードを抜き取ると、暗証番号を尋ねた。しかし素直に答えようとしなかったため、楊は魏に真二郎さんを蹴るように命じ、その衝撃によってバランスを失った真二郎さんはガラス引き戸に倒れ込み、ガラスが割れた。

やっと真二郎さんが口にした暗証番号を書き留めると、今度は楊が「紐かなにかで縛ろう」と提案。掃除機のコードを包丁で切り、上半身と上腕部、両手首に巻きつけて縛り上げた。またその途中で、楊が真二郎さんからネクタイとベルトの置き場所を聞き出し、命じられた魏がネクタイ二本とベルト一本を持ってきた。そして楊の指示で、魏が真二郎さんの口をふさぐかたちで粘着テープでぐるぐる巻きにすると、玄関上がり口まで引きずった。そこでネクタイで両膝を、ベルトで両足首を縛ると、うつ伏せの姿勢にして、残った一本のネクタイを彼の首に巻きつけ、楊と魏の二人で両端を引っ張った。しかし、うまく首にかからず、やり直しても真二郎さんが絶命しないため、その方法での殺害は中断することになった。

一方、居間では口に粘着テープを貼りつけられたひなちゃんを抱きかかえた王が、真二郎さん殺害が終わるのを待っていた。玄関上がり口では魏が真二郎さんを見張ることになり、楊は王が待つ居間へと向かった。そしてひなちゃんの首にネクタイを巻きつけると、王とともに両端を引っ張り、その幼い命をいとも簡単に奪ったのだった。

殺された三人の遺体は、王と魏によって、まだ生きたまま転がされている真二郎さんのまわりに集められた。その間に楊は、浴槽内の湯を抜いて洗浄するなど、証拠隠滅に動いていた。さらに室内にあったショルダーバッグに割れたガラス片と、奪い取った銀行通帳十七冊、キャッシュカード数枚、真二郎さんのポーチなどを入れ、逃走に備えている。

やがて準備が整い、魏が真二郎さんのベンツを運転して遺体を運び出すことになったが、トランクの開け方がわからず、後部座席に詰め込むことになった。とはいえ、遺体遺棄に使う重しなども、王の部屋から持ち出す必要があったため、まずは海くんの遺体だけを運び出すことにした。その際、意識のある真二郎さんや、千加さんやひなちゃんの遺体は、玄関先に置き去りにされた。

魏が運転席、王が助手席、そして海くんの遺体と楊が後部座席に乗り、松本家を出たのは、彼らが家に押し入ってから約三時間後の午前二時五十分頃のことだ。

王の部屋に立ち寄り、あらかじめ目的地にしていた、松本家から約三・五キロメートル離れた箱崎埠頭に王の案内で着くと、魏は車内に待機し、王と楊の二人が海くんの左手首に手錠をかけ、もう一方を重さ約九・五キログラムのダンベルに繋げてから、海中に投げ込んだ。

そうして松本家に戻って来たのが、午前三時五十分頃。彼らは、真二郎さんと二人の遺体、さらに血痕の付着した玄関マットや、コードを切断した掃除機などを後部座席に積み込むと、玄関を施錠した。そして運転を魏が引き続き担当し、王と楊は助手席に並んで座り、ふたたび箱崎埠頭を目指したのだった。

埠頭ではまず、千加さんの右手首に魏が事前に知人マンションから盗んできた、重さ三〇・四五キログラムの箱型鉄製重しを手錠で繋ぎ、海中に落とした。続いて楊の提案で、まだ息のある真二郎さんの左手首とダンベルを手錠で繋ぎ、さらにそこにひなちゃんの左足首に装着した手錠をつけて海中に落とすことにし、真二郎さんは溺死した。

四人の死体検案書には次のように書かれている（死亡推定時刻順）。

●千加さん　死亡推定時刻＝午前〇時から午前一時頃。直接死因＝溺死。手段及び状況＝扼頸《やくけい》後、淡水によって溺死させられたもの。

●海くん　死亡推定時刻＝午前一時頃。直接死因＝扼頸による窒息。手段及び状況＝手指で頸部を圧迫されたもの。

●ひなちゃん　死亡推定時刻＝午前二時から午前四時頃。直接死因＝絞頸《こうけい》による窒息。手段及び状況＝紐や布の類《たぐい》で絞められたもの。

●真二郎さん　死亡推定時刻＝午前四時頃。直接死因＝溺死。手段及び状況＝絞頸後、海中に投ぜられた。

ちなみに、扼頸とは手や指で首を絞められたときに用いられ、絞頸はそれ以外の物（紐や布、電気コードなど）で首を絞められたことを表す。

犯行後、三人は箱崎埠頭からやや離れた場所に放置されていた廃車のなかに、掃除機や玄関マット、裸だった千加さんを包んでいた毛布を捨てた。それからは王が道を指示して、約四十キロメートル先にある久留米市の工場敷地内の駐車場にベンツを停車させ、車を放置した。

移動の車中で楊は「奪ったカネは三、四万円しかなく、（真二郎さんが）銀行にもカネは少ししか入っていないと話していたので、下ろしには行かない」と話している。そのためJR久留米駅で魏が先に帰る際には、楊から分け前として現金一万円が支払われた。さらに王からはナイフ一丁とモデルガン一丁、粘着テープ二個などの入った紙袋を渡されており、魏はナイフとモデルガン以外は自宅へ帰る途中のゴミ置き場に捨てている。一方で王と楊は松本家から持ち帰ったショルダーバッグや預金通帳、キャッシュカードなどを、コンビニで購入したゴミ袋に入れてゴミ置き場に捨て、ガラス片は川に投棄した。

かくして、現金約三万七千円と引き換えに、松本家の親子四人は無残にも命を絶ち切られたのである。

日本から逃亡できなかった理由

「遺体は遺棄された当日である二十日の午後二時二十五分頃に、貯木場の作業員から『人の足のようなものが浮いている』と通報があり、発見されました。岸壁から約五メートルのところで、千加さんの足が頭を下にした状態で水面から出ていたのです。真二郎さんと海くん、ひなちゃんの遺体は、その近くの水深約二メートルのところに沈んでいました。また、子供二人を学校に送るため千加さんの父親が毎朝、松本家に足を運んでいたのですが、当日午前六時頃に行くと、家に誰もいない。それを不審に思い、午前八時半頃に所轄の福岡県警東署に家出人捜索願を出していたことから、遺体の身元もその日のうちに判明しました」

そう語るのは当時、福岡県警を担当していた旧知の記者である。遺体の首に絞められた痕があるうえ、手錠や重しがつけられていることから、警察はすぐに殺人事件と断定。東署に捜査本部が置かれることになった。記者は続ける。

「幼い子供二人が巻き込まれた残酷な犯行に、捜査員はみな色めき立っていました。真二郎さんや千加さんの交友関係を中心に捜査を進めていましたが、通常、物盗りの犯行だったらここまでしないだろうとの見方で、怨恨の線を視野に入れていました。また暴力団担当の刑事は『これは絶対にマルB（暴力団）が実行犯じゃない。あいつらは幼い子供に手をかけない』と話していました」

真二郎さんは一九八八年に福岡市中央区で韓国料理店を開き、九〇年五月に千加さんと結婚してからは、九九年に東区にも焼肉店を出店するなど、順調な生活を送っていた。しかし、〇一年九月のＢＳＥ（牛海綿状脳症）騒動のあおりを受けて、二店とも廃業に追い込まれてしまう。その後、千加さんの親族がやっていた婦人服販売会社を手伝うなどしていたが、〇三年三月に独立。千加さんを社長に据えた衣料品販売業を始めた矢先の出来事だった。別の福岡県警担当記者は語る。

「真二郎さんが〇九〇金融（ヤミ金融）に出資していたことや、事件後の家宅捜索で、真二郎さんが借りていたマンションで販売用の大麻草を栽培していたことが発覚するなど、裏社会との接点が出てきました。そうしたことから、捜査は多方面に目を向ける必要があった」

その矢先、遺体の遺棄に使われたのと同じダンベルや手錠を、六月十八日に量販店で購入していた男が判明する。県警は防犯ビデオに撮られた男の似顔絵を公開。寄せられた情報から、福岡市東区に住む王と特定し、七月に自宅アパートを家宅捜索したところ、室内に残された微物のＤＮＡが、ベンツ車内から検出されたものと合致したのである。とはいえ同居していた王と楊の二人は、事件から四日後の六月二十四日にはすでに、福岡空港から中国・上海に向けて出国していた。

しかし、楊の携帯電話の通話記録から魏の存在が浮上。彼が日本から出国する直前の八月六日に、別の傷害容疑で逮捕されたことはすでに記した通りだ。さらに十五日には捜査当局が在中国日本大使館を通じて、中国の公安当局に事件の概要を説明すると、十九日に遼寧《りようねい》省で王が、二十七日に北京《ペキン》市で楊が、それぞれ身柄を拘束された。

なぜ、王と楊は早期に出国したのに、魏はそうしなかったのか。理由の一つは、王と楊から口封じのために殺されることを恐れたためだ。これについて彼は、取り調べのなかで「二人の態度がおかしく、一緒にいたら殺されるかもしれないと思った」と供述している。そしてもう一つは、金銭的な事情だった。

留学二年目の魏は、日本での生活が続くなかで、次第に遊興費の比重が増え、〇三年度の学費の支払いに窮するほどカネに困っていた。そのためカネを貸してくれた知人の誘いを断り切れず、この事件を起こす前にも、窃盗を繰り返す日々を送る。しかし思ったほど稼げなかった彼は、事件のわずか四日前の六月十六日に、王と楊から「少なくとも百万円、それ以上の何百万円かの分け前を貰える」との甘言を囁《ささや》かれ犯行に加わった。だが実際に手にした取り分は、わずか一万円にすぎない。

じつは魏には王蘭（仮名）という彼女がいた。魏と同じ留学生で、ホステスのアルバイトをしていた彼女に、彼は自分の犯行を打ち明けていた。元司法担当記者が説明する。

「王蘭は〇三年四月から魏と同棲していましたが、六月二十日の午前八時か九時頃に帰宅した彼から、『俺は人を殺した。カネのためだ。ベンツがある家なのでカネがあると思ったけど、なにもなかった。一家四人』と聞かされていました。また二十三日にはさらに詳しい犯行状況を打ち明けられ、翌二十四日の午後三時五十分の便で、共犯の王と楊が上海に向け出国することも知っていました。しかし、彼氏である魏を庇《かば》って誰にも話しませんでした」

報道で捜査の網が身近に迫っていることを感じた魏は、彼女に金策を頼んでいたという。記者は続ける。

「七月になると魏は王蘭に『中国に帰るため、親に頼んで百万円くらい用意してもらえ

王亮（左）と楊寧（右）

ないか』とも話しています。やがて八月初旬、王と楊が住むアパートの家宅捜索が行われたことを知った魏は、彼女にカネの工面を懇願しました。王蘭は自分のホステスとしての日給一万二千円をまず彼に手渡し、さらに友人二人から五万円ずつ借り、それに自分の貯金一万円を加えた十一万円を差し出し、上海行きの航空券を一緒に買いに行っています」

彼女は、魏が出国する八月六日の未明にも、前夜の日給一万二千円をすべて手渡していた。しかし捜査の足は速く、魏は搭乗予定の飛行機が出発する二時間前に逮捕された。

一方、王蘭は十一月三十日まで『ビビアン』の源氏名でホステスとして働き、魏に渡すために作った知人らへの借金を返済した。しかしその後、十二月に出入国管理及び難民認定法違反容疑で逮捕され、翌年一月には犯人隠避容疑で再逮捕された。日本で裁判を受け、強制退去になったであろう彼女がいま現在、どこでどうしているかは判然としない。

中国の父たちを訪ねて

「なにも話すことはない」

そう口にする父親の顔は怒りで歪んでいた。私は隣の通訳に、突然訪ねてしまい申し訳ないこと、事件について自分の知っている限りは疑問に答えられる、ということを伝えてもらった。すると彼は「できれば話したくない」と呟きながらも、徐々に表情がやわらぐのを感じた。それからやり取りに数分をかけた。

「わかった。家に上がりなさい」

〇三年九月中旬。私は中国の吉林《きつりん》省長春《ちょうしゅん》市にある古びた団地にいた。そこは六月二十四日に福岡から中国・上海に逃走した元私立大留学生・楊寧の実家だった。

質素な生活がわかる家具の少ない部屋で、父・楊剣英さん（仮名）と向き合う。角ばった輪郭に太い眉の、これまで実直に生きてきたことが伝わってくる顔立ちだ。

「まずは中国人として、日本の被害者のご家族に対して、非常に申し訳なく思っています。息子が起こした事件については、記者からの連絡で知りました。それはもう、大変驚きました。ただ、いま息子が行方不明なため、真実がどうであるかがわからず、ちゃんとお話しできないことが残念でなりません」

剣英さんは絞り出すように言った。その表情には悔しさが滲《にじ》んでいる。じつはこの時期、楊はすでに中国公安当局に身柄を拘束されていた。しかしそのことは実家に連絡されておらず、発表もされていなかった。また、取材している私も知らなかった。

「息子は中国の短期大学に行って、それから日本の大学に行きました。日本の進んだ技術を勉強するためです。私にしてみても、息子にとって鍛錬になると思っていました。日本語をよく勉強させて、中国に帰ってからいい仕事をしてほしいと期待していました。私は月収千元（約一万六千円＝当時、以下同）しかもらっていない建設会社の社員です。しかし留学には十数万元（百六十万円以上）かかります。私は自分の一生を賭けるつもりで親戚から借金をし、息子を日本に送り出しました」

そう口にすると、ため息をついた。剣英さんは続ける。

「私は息子がこの事件に加わったとは、どうしても信じられないのです。学生時代に一度も悪いことをしたことがなかったですし、我が家でも厳しくしつけをしていました。たとえば、学校が終わると時間通りに家に帰るように決めていましたし、悪い子と付き合わないようにインターネットカフェへも行かせず、自宅にパソコンを買い、接続を制限しました。そうした親の言いつけを守る、親孝行な子だったんです。おいしい食べ物があれば残してお母さんに食べさせますし、無駄遣いもしません……」

剣英さんは立ち上がると、野菜の皮を剝くピーラーと油差し、猫の絵が浮き出たベルを持ってきた。

「日本に行って三年ですが、これまで年に一回は里帰りをしていました。そのときに安いものですが、必ず親戚や家族にお土産を買ってきてくれました。これがそうです。そんな優しい心持ちの息子を、私たち夫婦は全力で支えようと考えていました。日本でアルバイトを掛け持ちして、三、四時間しか眠れないことがあると聞いたので、こちらも節約して、美味しい物を食べなくても、子供に仕送りしようと考えていました。これは世界中の親はみんな同じ気持ちのはずです。こんなに一生懸命な思いでおカネを出して、勉強をさせて、そんな子供が悪いことをするはずがないと信じたいです……」

話しながら、剣英さんの目に涙が浮かぶ。私は唇を結んだ。

「この事件のことを聞き、妻は心臓の病気で二回通院しました。でも、日本の被害者の家族はもっと悲しいだろうと思っています。もし息子が事件に関わっていたとしたら、私はこちらの家族を代表して、大変申し訳ないことをしたと謝りたいです」

通訳の言葉を聞きながら、ただ頷く。剣英さんは重い口調で切り出す。

「うちの息子はいい子だと思っていますが、日本に行ってからどういう人と接触しているかはわかりません。我々も遠くにいるので目が届かない状態なのです。私は息子が日本に行く前に三つのことを言いました。一つ目は、日本で真面目に勉強して、真面目に働いて、いくら辛いことがあっても辛抱すること。二つ目は、よく勉強しなければいけないということ。そして三つ目は、日本の法律はきちんと守らないといけないということです。繰り返しになりますが、息子がどうしてこのようになってしまったのか、親として原因が理解できません。しかし、もし真実がわかり、息子が本当に事件に関わっていたとしたら、厳しい処分も納得します。死刑になっても仕方がないと思っています。ただ、親として、最後まで自分の子供のことは信じていたいのです……」

取材を終え、通訳と二人で無言のまま、待たせている車に歩いた。

次に同じ長春市にある、共犯者の元日本語学校生・王亮の実家へ向かうことになっていた。楊が日本に留学してすぐの頃、楊の母と王の母は朝の水泳で知り合っていた。その約一年後に王も日本へ留学することになり、互いの親が顔見知りという縁で、福岡で連絡を取り合うようになったというのが二人の出会いだ。

到着したのはレンガ造りの低層住宅が並ぶ一角だった。目当ての古い家を訪ねたが、いくら呼びかけても、中からは人の気配がしない。そこで通訳に、近隣住人の話を聞いてもらうことにした。何人かに声をかけた通訳は、邪魔をしないように離れた場所で様子を見ていた私のところに戻ってくると、両手を広げた。

「ダメですね。だれも話をしたがらない。相手をしてくれた人の口ぶりだと、近所の人はみんな事件のことを知っているようです。だから関わりたくないのでしょう」

念のため、王が福岡の日本語学校に提出した書類に書かれている、中国で通っていたという学校に立ち寄った。事務室では、すぐに在籍確認はできないということで、後日通訳へ連絡してもらうことにした。

九月下旬、日本にいる私のもとに通訳からＦＡＸが届いた。それは「証明」と書かれ、学校の印が押された回答書だった。中国語で印字された文面の余白部分に、通訳の言葉が日本語で書き添えられていた。

〈小野様：上記の証明は、王亮は《ママ》この学校の履歴はにせ物で、実際この学校の卒業生ではありません〉

慌てて通訳に国際電話をかけたが、彼は「学校からの説明はそれだけです。私も理由はわかりません」と繰り返すのみだった。

嘱託殺人説

日本で魏が逮捕され、中国で王と楊が身柄を拘束されたことが明らかになると、本当に中国人三人だけの犯行なのか、ということに目が向いた。

三人は松本家に侵入すると、まず入浴中の千加さんと、就寝中の海くんを躊躇なく殺害。さらに寝ていたひなちゃんを人質に、帰ってきた真二郎さんを拘束し、キャッシュカードの暗証番号を聞き出してからは、すぐにひなちゃんを殺し、続いて海中に遺棄することによって真二郎さんの命も奪っている。遺体を遺棄するための重しや手錠もすべて事前に準備していた。

つまり、あらかじめ殺害と遺棄が織り込み済みの犯行であった。はたして金銭目的でそこまでするのか、との疑問が残り、怨恨や見せしめのための嘱託《しょくたく》殺人ではないか、との疑惑が持ち上がったのである。

　真二郎さんと仲が良かったいとこの松本幸一さんは、金銭目的ということが納得いかないと憤る。

「犯人たちはカネ目当てと主張してるようですが、家には千加ちゃんが持ってたエルメスのバーキンや二カラットのダイヤのネックレス、それに指輪類が手つかずのまま残っていました。あと、真二郎のブルガリの腕時計もそのままです。たしかに、彼らは現金を持ち出しましたが、家探しはなにもしていないのです」

　また、当時の福岡県警担当記者は別の点で疑問を呈する。

「遺体を遺棄してから、犯人たちは車をわざわざ遠く離れた久留米市に乗り捨てていますが、彼らは高速道を使わずに一般道で移動しています。その際、どういうわけか幹線道路のNシステム（自動車ナンバー自動読み取りシステム）に引っかかっていない。土地勘のない彼らがなぜそういう経路を辿れたのか疑問です」

　実際、福岡県警は嘱託殺人の線も視野に入れて捜査を進めていた。記者は続ける。

「現場の捜査員はみんな『この三人だけのはずはない』と思っていました。だけど誰も口を割らなかった。魏は当初『王に犯行に加わるよう依頼されたが、王も誰かに頼まれてるようだった』と供述していました。しかし、その話も立ち消えとなり、いつしか三容疑者の供述が『カネ目当てで実行した』ということと『誰にも頼まれていない』という点で共通しており、矛盾はないとの流れになっていました」

十月上旬の時点で、警察庁幹部はオフレコを条件に次のように語っている。

「おおまかなところで三人の供述は一致している。カネ目当てで松本さんを狙ったこと。最初から一家全員を殺す予定であったこと。殺したあとで遺体を捨てること。それらの点で食い違いはない。もちろん、そういう犯行のやり方はこれまでの捜査常識では考えられない。とはいえ、誰かに頼まれたという話は中国側からまったく出てこない」

その結果、捜査本部は十一月二十六日にこの事件は「中国人三人による強盗目的の犯行」と断定した。別の元県警担当記者は言う。

「来日した中国の公安当局関係者五人と、県警捜査一課幹部が協議を行い、そのような結論に達しました。夜まわりで捜査幹部に第三者の関与の可能性を尋ねても、『警察としては、この三人という結論になった』との回答でした」

○四年一月八日、魏は松本さん一家四人に対する強盗殺人、死体遺棄、住居侵入容疑で再逮捕された。

「悔」ただ一字の手紙

「こんな小さな子まで……」

私が取り出した松本家の家族写真を見るなり、父親は小さな肩を震わせ泣き崩れた。

○四年六月十二日、中国・河南省新密市にある魏の実家でのことだ。

魏の初公判はすでに三月二十三日から始まっており、裁判を傍聴した私は、事件の凶

魏巍と母・麗華さん（仮名）

悪さとはあまりに不釣合いな、線が細く少年のように幼い彼の姿に驚きを禁じ得なかった。そこで魏について話を聞くため、中国に両親を訪ねたのだった。

嗚咽《おえつ》する父・振平さん（仮名）の横で涙を流していた母・麗華さん（仮名）が切り出す。

「もうすぐ事件から一年になろうかというのに、うちの主人は毎日泣いてます。一日五回は泣いてます。仕事がまったく手につかないのです」

工芸家である振平さんは、工芸品を作る工場を経営しており、比較的裕福な生活を送っている。その家の長男が、カネ目当てに留学先で凶悪な事件を起こしたことに、強い衝撃を受けていた。

「息子の巍という名前は、大きくなって出世できるようにとの思いを込めてつけました。願いは叶い、あの子は中学、高校と、とても優秀な成績をあげていました」

そう口にすると振平さんは立ち上がり、奥の部屋からいくつもの賞状を持ってきて目の前に広げた。

「これは高校一年で『三好学生』に選ばれたときの表彰状です。道徳、学業、健康に優れた生徒にだけ贈られるもので、クラスで三人しか選ばれません。あとこれは高校三年で『優秀学生』に選ばれたときのもの……。本当に優秀だったんです。そうでなければ、私もあんなにおカネをかけてまで、息子を日本にやったりしません。あの子は、私たち夫婦の期待に応えていたのです……」

魏が〇一年四月に日本へ留学する際、一年間の学費と生活費として、十五万元（約二百四十万円）を工面したという。

「日本は隣の国で科学技術も進んでいます。私自身、日本が大好きでしたし息子も興味を持っていたので、夫婦で日本語を学ぶように勧めたんです。息子は高校を卒業してまずは大連にある外国語学院で日本語を学び、それから留学しました。日本に行って半年目に、生活費にするようにと、日本円で七十万円を送りました。すると『授業のあとに週六日はパン工場でアルバイトをしているから、もうおカネは送らなくていい』と言われました。それ以降は送金していません。最近考えるのは、私たちに金銭面で迷惑をかけたくないとの思いがあって、このような結末になってしまったのではないかということです。しかし、もしそうならばとてつもなく愚かなことです」

魏巍が父母に送った〈悔〉の文字

振平さんがそう振り返ると、麗華さんも涙声で言葉を続けた。

「よく、夜中の一時頃に電話がかかってきました。『お母さん、起きていますか。僕はいまアルバイトを終えて帰るところです』と話しては、私の健康のことを案じてくれていました。素直ないい子だったのに……」

目を赤く腫らした振平さんに、魏から最後に連絡があったのはいつだったか尋ねた。

「息子と最後に電話で話したのは去年の五月一日です。生活状況を尋ねると、『ちゃんとやってる』と答えていました。そのときのことをいくら振り返っても、異常は感じられませんでした。いま後悔しているのは、息子の異常を察知できなかったことです。もし気づいていれば、帰国させることもできたのに……」

逮捕後、魏は〇四年四月十六日の消印で、福岡拘置所から一通の手紙を両親に向けて送っていた。そこには大きく一文字〈悔〉とだけ書かれていた。振平さんは怒りに声を震わせる。

「私はもう五十一歳ですが、これから人生の終わりまで、生きていく希望を失ってしまいました。また、日本の方々に申し訳なく、息子の愚かな行為が恥ずかしくてしかたありません。この手紙を見るたびに腹が立ってしまうので、できれば手許に置いておきたくないのです」

この魏からの手紙と、息子が起こした事件について、振平さんが日本の関係者に宛てたお詫びの手紙を受け取り、私は帰国の途についた。

〈愚息、魏巍が貴国に於いて、驚天動地の大事件を引き起こしたことを知り、私ども二人は驚き悲しみに沈むとともに、事件で被害を受けられた貴国の方に、心から哀悼と弔意を表し、お詫び申し上げます〉との書き出しで始まるその手紙には、深い慚愧《ざんき》の念と、息子が犯した大罪に戸惑い、嘆き悲しむ両親の心情が綴られていた。

〈どのようにしてお詫びしたら、この深刻な罪過を償えるものでしょうか。今日に至り、ことの重大さに身震いするとともに、なぜ彼がこのような馬鹿なことをしでかしたのか、このような誰にも受け入れられないような愚かな行為をしたのか、不思議に思い、理解に苦しんでいます。（中略）友人を害し、自己を毀《こわ》し、父母に逆らい、祖先を辱《はずかし》め、兄弟に苦難を与え、親族に累を及ぼした彼の所業に、私どもは何のかんばせあって世間様に顔を合わせることができましょうか。（中略）ここに心からお詫び申し上げますと共に、亡くなった日本の方々に、衷心《ちゅうしん》からのお悔やみを申し上げる次第です。

愚息の父母　再拝〉

中国の公判で

〇四年十月十九日、私は中国・遼寧省遼陽市に、真二郎さんのいとこである松本幸一さんとやってきた。中級人民法院（地裁に相当）で開かれる王と楊の初公判を、幸一さんが傍聴することになっていたからだ。

「なんとしても二人には、事件について知っていることを、包み隠さず話して欲しいんですけどね」

いまだに、金銭目的での三人の中国人留学生だけの犯行、との結論に納得がいかない幸一さんは、そう口にすると裁判所に入っていった。

それから数時間、途中で退席した幸一さんはやや緊張の面持ちで語る。

「二人とも子供のように小柄ですよ。痩せてるし小さい。僕が所持品検査を受けていると、その真横を通り過ぎていきました。オレンジ色のベストを着させられ、後ろ手錠で両足は鎖で繋がれてました。眼鏡をかけた王はうつむき、楊は顔を上げて歩いていました。裁判長は女性で、進行は日本の裁判とさほど変わらないのですが、歩く姿と同じで王はうつむいて弱々しい小声、楊は顔を上げてしっかりした口調で答えてました」

そこでは楊が「計画を持ちかけたのは自分で、カネのためにやろうと三人で相談した」と証言。第三者の関与について触れられることはなかったという。幸一さんは呟く。

「華奢《きやしや》な後ろ姿を見ながら、よくこいつらがあんな凶悪な犯罪をやれたなって考えてました。日本の裁判で見た魏も華奢ですしね。（ひなちゃんが）人質に取られてなかったら、真二郎ひとりでこの三人くらい片づけられたんじゃないかって思うんですよ。それが残念でならなかった……」

途中に昼の休憩を挟み、午後五時過ぎまで続いた公判の終わりに、検察側は「死刑」との文言は使わず、「厳正なる処罰を求める」との表現で求刑を行った。

結果からいえば、翌〇五年一月二十四日、同法院は楊に死刑を、王に無期懲役の判決を言い渡した。王の捜査協力が楊の摘発に繋がり、「自首にあたる」と認定されたことによる判決だった。控訴しなかった王は収監され、楊は二月に控訴するも高級人民法院（高裁に相当）で棄却され、七月十二日に死刑が執行された。

この、楊の死刑執行の半年前にあたる〇五年一月、すべてが予定調和の如く、つつがなく進められていくことに疑問を捨てきれなかった私は、日本で裁判が続いている魏に面会してみようと考えていた。

面会室にあらわれた小柄な青年

面会室のアクリル板越しの扉が開き、部屋に入ってきた小柄で色白の青年は、愛敬のある笑顔を浮かべて「こんにちは」と日本語で言うと、向かいの席に着いた。

〇五年一月十四日、私は福岡拘置所で魏巍と初めて会った。彼は十八日後の二月一日に、論告求刑公判を控えていた。そこでは死刑を求刑されることが確実と見られている。青いトレーニングウエアを着た彼は、挨拶こそ明るい口調だったが、私が「中国であなたのご両親に会ってきました」と口にすると、悲しみに堪えない様子を見せ、うつむいた。

「これはあなたが出したものですね?」

私は魏の父・振平さんから預かってきた、逮捕後に彼が両親に向けて出した〈悔〉とだけ大書された手紙を取り出した。魏はそれに目をやり、黙って頷く。

「私はあなたのお父さんが書いたお詫びの手紙を持ってきました」

それは前年六月、中国・河南省にある魏の実家を訪ねた際に、父親から手渡された、この事件にかかわるすべての人に向けて書かれた詫び状だった。

私は便箋三枚に中国語で書かれたその手紙をアクリル板に当て、彼が読めるようにした。顔を近づけて文面を目にした魏の瞳に、みるみる涙が浮かんでくる。

「すみません。それはちょっと困ります」

背後にいた刑務官が慌てて制止した。手紙類は検閲が必要なため、直に見せてはいけないというのだ。私はすぐに手紙を引っ込め、魏に「じゃあこれはコピーを郵送しますね」と話すと、彼は頷いた。そこで改めて向き直り、問いかけた。

「なにかお父さん、お母さんに伝えたいことはありますか？」

「……ありません」

「あなたが手紙に書いた〈悔〉ということだけですか？」

「そうです」

蚊の鳴くような、小さな声だ。

「話は変わりますが、あなたは去年十一月の公判で、王と楊が、（松本さん一家殺人）事件が成功したら大金を手にする、と言いましたね」

「はい。でもあれは私の想像です。そういう感じを受けただけです」

「どういうふうに？」

「……よくわかりません」

あまり追及されたくない様子が見えたので、話を変えることにした。

「差し入れをしますので、なにか必要なものはありますか？」

「いま、とても寒いです。なにか暖かい着る物が欲しいです」

それは直近に家族や友人など、近しい者が面会に来ていないことを意味する。そこで、すぐに防寒用の服を差し入れることを約束した。

他に欲しい物はないかと尋ねると、とくにないとのことだった。それなら便箋と封筒、切手を差し入れると言うと、嬉しそうな笑顔を見せた。

やがて刑務官が面会時間の終わりを告げ、私が面会室を出るとき、魏は深々と頭を下げた。

きっかけは中国人ネットカフェ

〇一年に来日した魏は、四月から福岡市内の日本語学校に通いながら、大学受験を目指していた。学校側の説明によれば、出席率は九七パーセントで、授業態度は真面目そのもの。海産物加工のアルバイトをしていたという。

その後、〇二年二月に福岡市内の私立大学を受験したが不合格だったため、同市内のコンピュータ専門学校へと通う。同校の職員は事件発生時の取材で次のように語っていた。

「非常に真面目な学生で、一年目の出席率は一〇〇パーセントでした。そのため学校としては、文科省の奨学金を受けるための推薦を検討中でした。ただ、二年目である今年（〇三年）五月の連休明けから休みが増え始め、六月十六日から学校に来なくなったので心配していました」

こうした証言からもわかる通り、魏は事件を起こす数カ月前までは、どちらかといえば真面目な部類に属する普通の留学生だったのである。しかし陥穽《かんせい》は身近なところにあった。魏は〇三年二月ごろから、『A計画』というインターネットカフェに出入りするようになった。中国人が経営する中国人を対象とした店である。その店の経営者である解飛（強盗罪などで実刑判決）という男と知り合うことで、彼の転落が始まったのだ。

当時『A計画』に出入りしていた元留学生は説明する。

「国際電話は高いので、店のパソコンからメールやチャットで母国の友人らと連絡を取るために利用する人が多かった。あとはゲームをしたりとか……。日本の社会にとけ込めず、疎外感を感じている中国人も、店にいけば同胞ばかりなので、中国にいるような気分が味わえるのです。王や楊はあの店では常連で、解の子分みたいな存在でした」

一方、魏は二月二十日頃に『A計画』で王と知り合い、楊については四月になって王から紹介されるかたちで知り合った。とはいえ、楊と知り合うのが遅れたのは、王が三月五日から四月十日まで中国に一時帰国していたからであり、互いの顔を店で見かける関係ではあった。

魏は『A計画』に出入りするようになった時点で、ある悩みを抱えていた。三月末に在留資格の更新申請に必要な在学証明書を専門学校から発行してもらうため、学費を払い込む必要があるにも拘《かかわ》らず、手元に十分な資金がなかったのだ。

すでに記したが、魏は中国の両親に対して、アルバイトをしているので、これ以上の送金は不要だと口にしていた。親に過分の負担をかけたくないという、彼の本心からの言葉だった。だが、親の目が届かないうえ、誘惑の多い日本での生活を続けるなか、次第に浪費を重ねるようになったことが、かかる事態を招いてしまったのである。

解はそんな魏に学費を貸した。魏への援助をした解であったが、すでに一月頃から

『A計画』の経営は立ち行かず、店舗の家賃の支払いにも窮するような状態だった。そして、解に恩義を感じた魏は、彼からの悪事への誘いを断れなかったのだ。元福岡県警担当記者は言う。

「四月になると、解は魏ともう一人の中国人を巻き込んで、来日したばかりの中国人留学生に対して強盗を働きます。さらに王や楊も一緒になり、日本語学校や中国人留学生宅に忍び込んで窃盗を繰り返すなど、犯罪に手を染めるようになった」

そのような状況に陥ったことについて、魏は自身の公判のなかで「自分の身は自分でコントロールできない」としたうえで、「他の三人が犯行に同意しているのに、自分だけ異論を持つのは難しいです」と証言した。

そして六月十六日、王と楊から松本家に狙いを定めた犯行を持ちかけられた。その際の心境について、魏は次のように供述している。

「この事件をやったあとに警察に逮捕されたらどういう結果になるか、はっきりわかっていました。その一方で、おカネのために自分の家族に頼るのはしたくなかったんです。これらの二つの気持ちがずっと葛藤《かっとう》して、とても複雑な気持ちでした」

さらに犯行計画を知ってしまったことで、断ると王と楊から口封じの対象となってしまうのではないかとの恐怖もあったという。

「私が知っている王亮とは、決めたことは必ずやる性格で、もし私がその件を断って、彼がまた別の人を探して一緒にやるとしたら、ゆいいつ事件を知っている人間は私になるから、彼らにとって〝不便〟です。そうすると、いずれ自分が殺されると思いました。それで躊躇したあとに、彼らと一緒にこの事件をやることを決めました」

この発言だけでは、魏が自己保身のためにそのような供述をしているとの印象を抱くかもしれない。だが、中国での取り調べにおいて、王と楊は犯行後に魏を農薬で殺害するつもりだったと供述している。さらに、事件後に王と楊が同居するアパートへの家宅捜索が行われ、そこでは実際に農薬が押収されていた。犯行で得た金額が予想に反して少なかったことが幸いして、〝口封じ〟は実行されずに済んだのである。

いずれにしろ、魏はすでに坂道を転がり始めていた。実行に移す前であれば、まだ逃げ道はいくらでもあったはずだが、彼の視野にそれが入ることはなかった。

「死刑判決を早くもらいたい」

「もし私の死刑が少しでも彼らの慰めになるのならば、できればそういう判決を早くもらいたいです」

公判のなかで魏は、被害者と残された遺族に対して彼ができる償いを問われ、そのように答えた。また、別の公判では、遺族が毎回法廷に足を運んでいることをどう思うか問われ、次のように心境を語った。

「自分はとても後悔しています。しかしこれらはすべて事実だし、自分はいくら言っても何をしても、遺族の心の中の傷を癒せないと思います。もしも一回選べるとしたら、

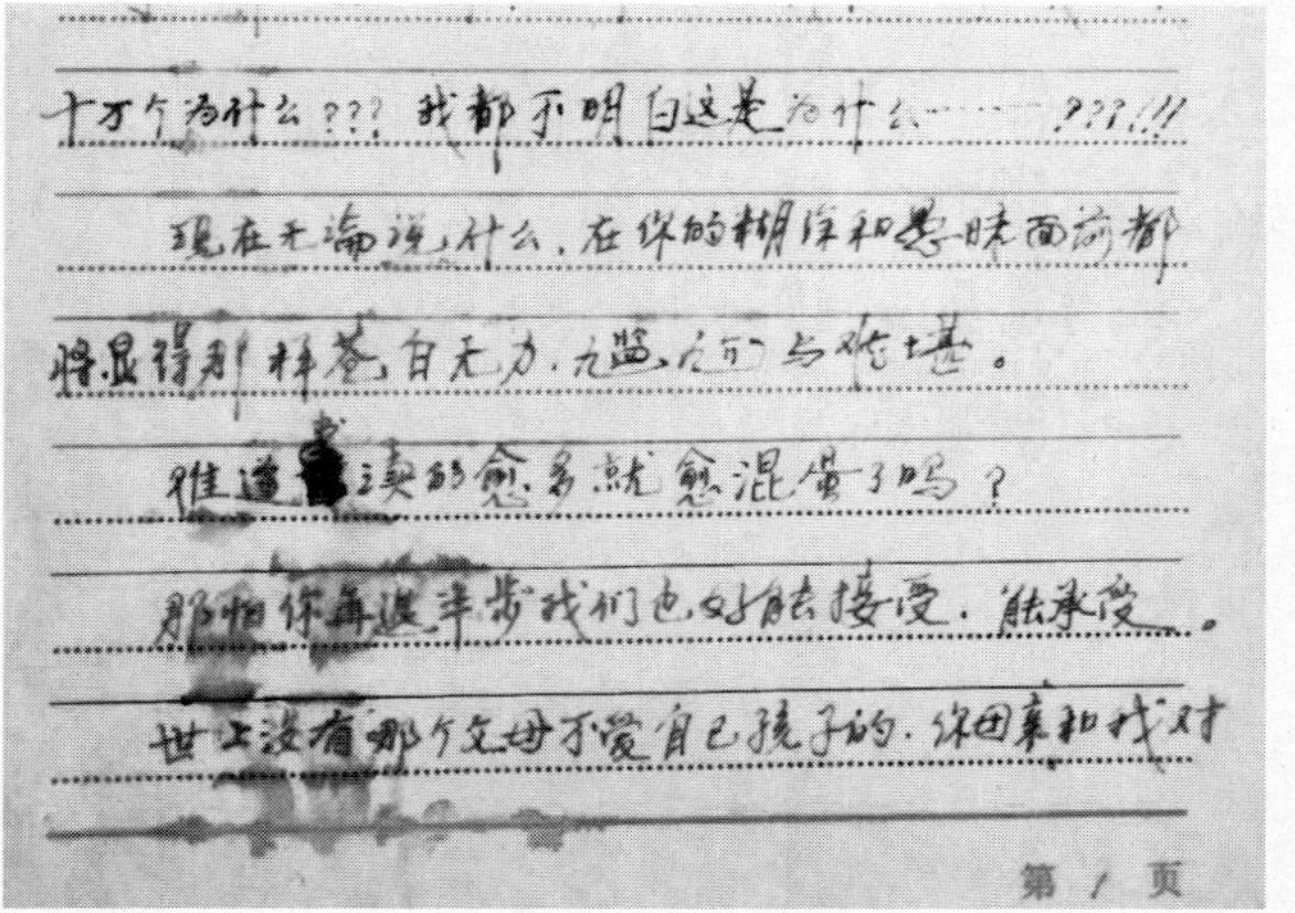
十万个为什么??? 我都不明白这是为什么……???!!!
现在无论说什么，在你的糊涂和愚昧面前都
将显得那样苍白无力，尴尬，空洞与难堪。
难道[illegible]读的愈多就愈混蛋了吗？
那怕你再退半步我们也只能接受，能承受。
世上没有哪个父母不爱自己孩子的，你母亲和我对
第 1 页

父母が魏巍に宛てた、涙で滲んだ手紙

絶対こういうことをさせないよう、こういうことがないようにしたいです」

私は最初の面会から五月十九日の判決公判までの間も、幾度か彼に面会した。

「こんにちは」

と、面会室に入るとすぐに、いつもはっきりした口調で挨拶する魏だが、話題が事件のことになると、決まってうつむいた。日増しに痩せていくのがわかり、顔色は白から蒼白へと変わっていった。

事前にどのような刑であっても受け入れることを公言していることから、魏はたとえ死刑判決であっても控訴しない可能性が高かった。もちろん、死刑確定が被害者遺族にとって望ましい結果であることはわかっている。しかし、それでいいのかとの思いが私にはあった。魏は中国にいる両親と〝断絶〟したままなのだ。

中国で両親と、そして日本で本人と〝会ってしまった〟私は、そのことを看過《かんか》できなかった。

取材者としては逸脱した行為なのかもしれないが、私は中国の父親に電話を入れ、魏が死刑を受け入れる心境にあることを伝え、判決が下される前に、せめて息子に手紙を書いてもらえないかと頼んだのだった。

五月九日に出された手紙が私の手許に届いたのは十一日のことだ。

〈魏巍：お前は本当に愚か者だ〉との言葉で始まる手紙には、息子を厳しく叱り、嘆きながらも、両親の愛情が随所に詰まっていた。

〈お前の犯した罪が少しでも軽かったのなら、私たちは受け入れることもできる。この世に自分の子供がかわいくない親なんていない。お前の母さんと私はことさらお前を愛している。どうして事件を起こすとき私たちのことを思い出さなかったのか。八十歳を過ぎた哀れな祖母や、期待を込めて見送った親戚友人のことを。

たとえお前がどんなに苦しく疲れて、落ちぶれて一銭のカネもなく戻ってきたとしても、いまの状態よりは何十万倍もいい。（中略）

裁判官にありのままを話すように。失意のどん底に落ちてはいけない。お前のよく言う『いっそ玉砕《ぎよくさい》しようとも、無駄に生き延びることはしない』という強情な性格で、この重大なことに向き合ってはいけない。さもないと過ちに過ちを重ねることになり、そうすれば私たちは本当にこの上ない悲しみに陥ってしまうだろう。（後略）父・母より〉

万年筆で書かれた文字の数箇所が、滴り落ちた涙で滲んでいた。すぐにこの手紙を判決前の魏に送った。

「主文、被告人を死刑に処する」

との言葉を、私は法廷で聞いた。黒のウインドブレーカー姿の魏は、うつむいたまま、身動き一つせず聞き入っていた。

その日、中国にいる父・振平さんに通訳を介して電話を入れ、死刑判決が下されたことを伝えると、彼は言葉を失った。それからはなにを問いかけても、呆然と「はい」と答えるのみだった。

「考える時間」のために控訴を

控訴できる期間は、判決の言い渡しを受けてから十四日間。六月二日がその期限に当たる。父親からの手紙を受けてもなお、魏は判決後も控訴はしないとの意思を示し続けていた。

五月も終わりに近づいたとき、私は福岡拘置所を訪ねた。正門受付で面会申込書に「魏巍」との名前を書き入れる。待合室にいる間、面会拒否とされてしまうことを危惧したが、杞憂《きゆう》に終わった。

「こんにちは」

予想していたよりもすっきりとした表情で魏は面会室に現れた。それはどこか清々しい印象すらあった。

「控訴はしないつもりですか?」

私はいきなり切り出した。面会を重ねているので前置きは取り払った。魏は「はい」と言う。

「私があなたのお父さんとお母さんに会ったことは知ってますよね」

その言葉を聞き、彼は表情を硬くして無言で頷いた。

「もちろん、あなたが事件の責任を取ろうとしていることはわかります。被害者のご遺族もそれを望んでいることでしょう。でも、あなたが控訴しないことは、あなたのお父さんとお母さんを悲しませることになることも考えないといけません」

無言でうつむく彼に私は続けた。

「死刑が確定すると、あなたと外の世界との扉が閉ざされます。制限つきで家族や弁護士に会うことはできますが、たとえば私と会ったり、手紙を交わしたりすることはできなくなります。他の人ともそうです。ああ、あのときあのことを話しておけばよかったと、あとになって後悔しても、やり直すことはできません。私が言いたいのは、あなたには、いますぐに結論を出すのではなく、もう少し考える時間が必要だということです。考えに考えた末、控訴を取り下げることはできます。でも、控訴しなかったら、その機会すら失くしてしまうのです。控訴することは、反省していないことではありません。まわりの人のためにも、あなたのためにも、考える時間が必要なのです」

私は与えられた時間のすべてを使い、思いの丈を伝えた。魏は「わかりました」と答え、面会を終えた。後日、〈六月一日晩　魏巍〉と文末に書かれた彼からの封書が届いた。

〈前略！　わざわざ面会に来て、ありがとうございます。この手紙を届《ママ》いた時、もう控訴中だと思いますが、この間、私のことを心配させて、とてもすいませんでした。よく冷静に考えて、今度の決定は自分にとって、一生一回しかない大事なことです。あなたが言ったとうり、「考える時間が必要です」。急いで書いたので、後で何かがあれば、また書きます。今日、ここまでです。これから、よろしくおねがいいたします。今度、いつ会えるかな？　おやすみ！〉

六年九カ月の面会

以来、控訴審、上告審と審理が続く間、魏からは夏に暑中見舞い、正月に年賀状が届いた。それを見ているだけでも、彼の日本語が徐々に上達しているのがわかる。

〈新年快哉　ご家族ともどもよき年を迎えられたこととお喜び申し上げます〉（〇六年年賀状）

〈いつまでも暑い日が続きますが、いかがおすごしでいらっしゃいますか？　まずは残暑見舞い申し上げます。昨年4月頃、せっかくお忙しいなかをえん路わざわざ面会に来られていただきまして、一身上の都合によりお会いできなくて本当に申しわけございま

せんでした。おかげ様で今日も無事に元気にすごしておりますが、ご放念の程〉（二〇一〇年暑中見舞い）

福岡に行く機会があれば、できる限り魏と面会した。二人の間では、事件についての話題よりも、いつしか雑談の割合が増えていった。

それは「この前、初めて日本語で夢を見ました」ということだったり、「最近すごく暑いから、髪の毛を短くしました」といった、他愛のないやり取りだ。そういうことを嬉しそうに話す。

福岡拘置所は弁当の差し入れができる。母国の食事が食べられないことの辛さを慮《おもんぱか》り、せめて好みのおかずを選んでもらおうと訊くと「私が生まれ育ったのは海のない場所だったので、魚が好きです」との答えが返ってきた。だから、いつも白身魚のフライ弁当を差し入れた。

魏と最後に面会したのは、最高裁の判決が出る一一年十月二十日のこと。事件から八年四カ月、初めて会ってから約六年九カ月が経過していた。ぼさぼさの髪が坊主頭に変わり、銀ぶち眼鏡をかけるようになった彼は、すでに三十一歳だ。

「この前、中国の友だちがやって来ました。彼と話すと中国語も新しくなっていて、わからない言葉がありました。（死刑が確定すると）これから人に会えなくなります。そうすると、私の前にはいつも壁しかありません。それを考えると辛くなります」

面会室で脇の白壁を指差しながら苦笑した。そして続ける。

「でも、私がいまここで元気でいられるのはみなさんのおかげです。今日の判決が出て心が落ち着いたら中国の両親に手紙を出すつもりです。小野さん、これまでどうもありがとうございました」

彼はそう口にすると立ち上がり、頭を深々と下げると、面会室を後にした。

最高裁で判決が覆《くつがえ》るはずもないことはわかっている。私は、魏に控訴するよう翻意させたことについて、あれは自分の自己満足でしかなく、彼に対して却《かえ》って残酷なことをしたのではないか、と胸が痛んだ。

一五年六月十三日、福岡市東区にある松本家の菩提寺《ぼだいじ》で、十三回忌法要が執り行われた。〇四年六月の一周忌ではあれほど列をなして取材していた報道関係者は、誰もいない。

真二郎さんの父親も千加さんの母親もすでに鬼籍に入った。一方、魏の父親も仕事を引退して隠居の身にあると聞く。ただ一人、魏だけはいまも変わらず福岡拘置所にいて、壁を見つめている。遠く読経《どきょう》の声を聞きながら、そのことに思いを馳せた。

CASE

8

高橋裕子

中洲スナックママ連続保険金殺人事件

2004年7月、中洲の元スナックママ・高橋裕子(48)が恐喝容疑で逮捕された。年齢を感じさせない美貌の持ち主だった裕子は、男と交際をしては「関係をバラされたくなければ誠意を見せて」と相手を脅し、多額のカネを取るという手口の犯行を繰り返していた。だが、事件は単なる恐喝だけでは終わらなかった。3度の結婚のうち、2人の夫が死亡。その夫には、裕子を受取人とする高額の死亡保険金がかけられていたのだ。11年4月、上告が棄却され、裕子は無期懲役が確定している。

「白雪姫」は「魔女」だった

二〇〇四年十二月十三日。私は福岡地裁三〇一号法廷の傍聴席にいた。ざわめきが止み、やがて検察官席の背後のドアが開くと、左右を廷吏に挟まれ、うなだれた女が現れた。その姿を目にして、思わず息を呑んだ。

人は短期間にこれほど変化するものなのか――。

高橋裕子は明らかに萎《しお》れていた。茶を基調とした光沢のあるジャケットにジーンズというでたちではあるが、栗毛色に染められていた髪は色あせ、その根元は白くなっている。とくに前髪はほとんど白髪に近く、くすんだ化粧っ気のない顔からは生気が消え、それは紛れもなく老境に足を踏み入れた女の顔だった。

裕子が逮捕されたのは〇四年七月二十二日のこと。彼女は四十八歳だった。九州有数の歓楽街・中洲《なかす》でかつて経営していたスナックの男性客を誘惑して肉体関係を持ち、「奥さんに関係をバラされたくなければカネを出せ」と恐喝した容疑だ。以降は、元夫二人を保険金目的で殺害した容疑での再逮捕が繰り返され、「中洲スナックママ殺人事件」として大いに世間を賑わせた。私は最初の逮捕から彼女の周辺を取材し、当初より殺人の疑惑を報じてきた。

　わずか五カ月前の逮捕直前に、街頭で密かに撮影されたノースリーブから白い肌を露わにした裕子の写真には、実年齢よりも若く見える溌剌《はつらつ》さと、成熟した色香が共存していた。その写真のなかの〝美貌〟の持ち主と、目の前の被告人席に現れた彼女の変わりように、驚きを隠せなかった。

　裕子がこの法廷で裁かれるのは二件の恐喝と二件の殺人、そして殺人によって死亡保険金を騙し取った三件の詐欺と一件の詐欺未遂だった（最初の殺人での詐欺は公訴時効が完成のため立件されず）。

　少女時代の裕子は、裕福な両親から宝のように育てられ、その愛くるしい顔立ちから周囲に「白雪姫」ともてはやされた。だがじつは「魔女」であったということが、これから詳《つまび》らかにされようとしている。はたしてそれは時の流れによる変貌なのか、それとも彼女の本性なのか。私はうつむいて座る裕子に視線を据えた。

二人の夫を殺して

　まずは彼女が関わった二件の殺人事件について説明しておきたい。

　最初の殺人は一九九四年十月二十二日の未明に起きた。被害者は裕子にとって二番目の夫・野本雄司さん（当時34）である。

　福岡県糟屋《かすや》郡の自宅兼事務所の居間で、自身が渡したウイスキーと睡眠導入剤を飲んだ雄司さんが熟睡したことを確認した裕子は、男女の関係にあった国立大大学院生の坂田優（仮名・23）を電話で呼び出した。小学生の息子の元家庭教師である坂田は裕子に恋慕し、彼女はその気持ちを利用して、夫殺害への協力を持ちかけたのだ。

そして寝息を立てる雄司さんの腹部と腰部を包丁で深く刺すと、苦しみもがく彼をその場に残して部屋を去り、本人による割腹《かつぷく》自殺に見せかけたのだった。後の裁判で裕子は「坂田が刺した」と主張し、一方の坂田はそれを全面的に否認。審理の結果、裕子による殺害と認定されている。

二つ目の殺人が起きたのは、二〇〇〇年十一月十二日午前四時頃のこと。被害者は裕子の三番目の夫・高橋隆之さん（当時54）である。

隆之さんは福岡市南区にあった自宅浴室の浴槽内で、みずからビールやウイスキーとともに二種類の睡眠導入剤を飲み、意識が朦朧《もうろう》となっていた。そこに裕子が現れ、彼の両肩を両手で押さえつけ、上半身を水中に沈めたのだ。

苦しさのあまり、隆之さんは上半身を浮かび上がらせようと抵抗したが、裕子は体重をかけて押さえつけ、やがて彼は口からゴボゴボと息を吐き出すとまったく動かなくなった。

裕子は念のため、しばらく隆之さんの上半身を水中に沈めたままにした。そして、蘇生することがないことを確信したところで、浴室にあるビール缶を片づけ、遺体を放置したまま寝室に入ると眠りについた。

〝自殺〟と〝病死〟で完全犯罪へ

「裕子が最初に逮捕されたのは〇四年七月ですが、じつは〇三年秋から内偵が行われていました。捜査一課の捜査員が過去の変死事案を洗って（再調査して）いたところ、二人の夫が連続して死亡し、保険金を受け取っていた裕子が浮上したのです。〇四年の前半には中洲の歓楽街で『保険金目当てでダンナば殺したスナックママの噂を聞かんね？』と捜査員が聞いてまわっていました」

そう口にするのは当時の福岡県警担当記者である。この話からわかるように、裕子による九四年と二〇〇〇年の殺人について、当初は〝自殺〟と〝病死〟として処理されていた。

まず雄司さんの〝自殺〟で、裕子には約一億六千万円の死亡保険金が支払われ、自宅の売却代金約五千万円を合わせると約二億一千万円になった。手にしたカネのなかから、倒産した雄司さんの会社の債務整理が行われたが、それでもなお彼女は一億円以上を手にしたとされる。

続く隆之さんの〝病死〟では、約二千七百万円の死亡保険金が支払われた。ここでの裕子は、隆之さんが持病の糖尿病を事前告知していなかったとして、約五千三百万円の死亡保険金ならびに、生活保障特約年金として毎年三百万円を十年間支払うという保険契約を解除した生命保険会社に対して、支払い請求訴訟を起こしている（結果は敗訴）。

ちなみに後者の保険契約は、隆之さんが死亡する約一カ月前に締結したばかりだった。

こうして手にしたカネは、スナックの開店費用やマンションの購入、さらにはブランド品などを買い揃えるために充てられていた。記者は続ける。

「どちらの夫とも、仕事が上手くいっているときの夫婦仲はよかった。しかし、裕子との結婚後に建築設計事務所を開いた雄司さんはバブル崩壊のあおりを受けて経営が立ち行かなくなりました。デベロッパー会社で高級旅館の総支配人などをしていた隆之さんも、転勤で部署が変わり、慣れない仕事でのストレスでみずから職を辞し、生活に窮しました。裕子はそのたびに相手を責め立て、最後は生命保険に入って死ぬしかない、と詰め寄っている。雄司さんは殺害される前に自殺未遂を繰り返し、警察もそのことを認知していました。さらに死亡時には過去に書いた遺書も残されていた。一方の隆之さんも、死亡時に服用していた睡眠導入剤を、彼自身が病院で処方してもらうなど、事件性を否定する材料がありました。警察が当初、自殺や病死と判断したのも、そうした事情が絡んでいたからです」

つまり、あとになって捜査員が疑問を持たなければ、彼女の完全犯罪は成立するところだったのである。

法廷での過剰な涙

話はふたたび初公判の法廷に戻る。人定質問と起訴状の朗読を終え、罪状認否に及んだときのことだ。

この日、裕子の弁護人が、恐喝についての認否は行うが、殺人についての認否は留保する旨を申し出た。すると裕子は「すいません」と右手を挙げ、こう話しはじめた。

「私は（殺人についても）すべて認めているので、それをちゃんと裁判してほしいと思ってます……」

裕子の瞳には涙が溢れていた。

「私は弁護人を解任してほしいと何度もお願いしています。野本（雄司さん）と高橋（隆之さん）の件も認めているので、よろしくお願いします。……私は、もう全部認めていきたいと思っておりますので、どうかよろしくお願いします」

そして、もう一度繰り返した。

「私はもう野本の件も高橋の件も認めていきたいです……」

言うまでもないが、審理はなにも始まっていない。裕子はいかに自分が反省しているかを、まず訴える行為に出た。それを裁判長は制し、恐喝に対する罪状認否が再開された。

しかし、関係をもった客を恐喝した二件の罪について裁判長が尋ねると、裕子はふたたび涙声で訴えた。

「（異論は）何もありません。申し訳ないと思ってます。私には（起訴された二件以外にも）脅迫の余罪があります。それも全部警察の取調べでは認めて話していますので……

この場で明らかにして欲しいです」

裁判長は「裁判は起訴された事案のみを審理する」と聞き入れることはなかったが、その後、弁護人から「あなたは、今日の段階ですべてを伝えたい気持ちですか?」と訊かれると、裕子はまたも「はい」と頷くのだった。法廷内に裕子と弁護人との間で、不協和音が生じているとの空気が広がる。

「接見のときに話したように、弁護人はあなたの立場で、あなたの思うように話を進めていくのが仕事です」

弁護人はそう前置きをしたうえで、現時点では弁護方針を含め態勢が整っていないため、二件の殺人について、この場で認否を明らかにするのは時期尚早ではないかと諭《さと》した。裁判官と検事、傍聴人を前にした異例のやりとりだ。それでも裕子は哀訴をやめない。

「今まで警察にはすべて正直に話してきましたし……二人の主人に供養もしていませんが……死刑になっても構わないと思いますので、本当に罪を償っていきたいと思いますので、よろしくお願いします」

弁護人は堪《たま》りかねて言った。

「(事前の打ち合わせで)その他の恐喝については不同意にしようとなったでしょ。その他の罪も全部裁判所に読んでもらっていいのですか?」

裕子は頑なに「はい」と返す。

そこで裁判長が起訴された殺人の認否について彼女に尋ねたところ、裕子は「間違いありません」と答えた。その言葉を受けて、弁護人は改めて発言を求め、認否については留保すると裁判長に伝えている。もはや〝共闘〟の関係ではなかった。

続いて、検察側の冒頭陳述が読み上げられた。廷内で犯行時の様子が詳細に語られていく最中、裕子は斜め下を見つめ、微動だにしない。

その姿を見ながら、私は彼女の涙に〝ニセモノ〟を感じていた。過度の反省を見せる劇的な振る舞いに、違和感を覚えたのだ。

初公判が終わり、廷外で弁護人への囲み取材が行われた。そこで主任弁護人は今日の裕子の発言についてどう思うか問われ、「とくに戸惑いはないですね。裁判はあくまでも（被告）本人のためのものなんで……」と答えた。だが、彼女がなぜ弁護人の解任を口にしたのかと訊かれ、憮然とした表情で次の言葉を口にした。

「よくわかりませんが、（私が）思い通りの訴訟活動をしてくれないと思ってるのではないでしょうか」

一転して殺人を否認

「すみませんが、面会はしないそうです」

福岡拘置所の待合室で、刑務官にそう告げられ面会を断られた。面会室で相手を小窓から見て、「やっぱり会わない」という拒絶ではなく、裕子は最初から知らない人とは会わないという姿勢のようだ。裁判に不利になることはしたくないとの警戒があるのか、もしくは、自分に利益のない人間と関係を築く意味はない、との考えがあるのかもしれない。

その後も彼女が面会に応じることはなかった。私は直接会って話を聞くことについては、すんなりと諦めた——。

第二回公判は初公判から約二カ月後に行われた。この法廷で、裕子は変貌を見せる。初公判で二人の元夫の殺害をあっさり認め、深く反省した態度で「死刑でも構わない」と口にしていた彼女の発言が、ガラリと変わったのだ。それは次のような言葉だった。

「二番目の夫については、坂田から(殺害を)任せてくださいと言われました。私から殺してくれとは依頼していません。また、三番目の夫は殺害していません。私が湯の中に沈めたという事実はなく、一部の保険金は受け取りましたが、殺したのではないのです」

元司法担当記者が振り返る。

「否認に転じた理由について、裕子は『面会にやってきた子供に言われて、本当のことを言うことにしました』と、臆面もなく証言しました。そもそも犯行を〝認めた〟のは『警察で(供述を)誘導されたから』だというのです。そのため、取調官の尋問が行われるなどして、公判の回数は増えていきました」

だが、これらの発言は、裕子の兄弟や共犯者とされた坂田の証言によって崩されることになった。

たとえば〇六年一月に開かれた公判で、裕子は坂田の弁護人から尋問を受けている。そのなかで、彼女の弟の調書を持ち出され、答えに窮する場面があった。

弁護人　あなたの弟さんの調書によると「平成六年（九四年）八月十六日に姉（裕子）と電話で話をしたあと、野本さんが替わって電話口に出た。私（弟）が野本さんに『自己破産すればよいのではないか』と言ったら、野本さんは『そうですね。それで、やり直します』と答えた。そのとき、電話のそばにいた姉が『死になさい。あなたに死んでもらわないと困る』と言ったのを聞いた」とある。

裕子　その電話のことは憶えていません。

弁護人　あなたが「自己破産なんてみっともないことは困る。死んでもらわないと困る」と言ったんでしょ。

裕子　憶えていません。その日はたしか、私たちが実家に行った写真があります。

弁護人　いや、その頃を中心にした何日間にわたって、そうした話を何回かしたということなんですよ？

裕子　十八日からは海の中道《なかみち》にあるホテルに行ったので、弟とは話をしていません。

弁護人　ということは、弟さんが嘘をついていると主張するのですか？

裕子　そうではなくて、なにか記憶の間違いがあるのではないか、ということです。

また、同日の審理中、坂田本人が裕子に質問する場面でも同様のことがあった。法廷内での二人の距離は約一メートル。坂田は取り出した紙に書かれた質問を淡々と読み上げ、一問ごとに裕子の横顔に目をやる。一方、裕子はいまやなんの関わりもないといった表情で、真正面から坂田を見ることもなく、刺々《とげとげ》しい口調で言葉を返していた。

坂田　平成十六年（〇四年）九月二十四日付の（裕子の）調書に「犯行後、（雄司さんの死亡の）確認を坂田に頼んだ」と書かれていますが、これは警察に強制されたのですか？

裕子「（警察から）お前が頼んだことにしろ」と言われました。

坂田　犯行後の二回目の電話で「坂田が『死んでいない』と言った」というのは、強制されたものですか？

裕子　電話は三回あって、そのうち二回目と三回目の電話の内容については、よく憶えていません。

坂田　自分から言ったのですか？

裕子　調書は警察が作ったものですから。強制ではないけれど、「そうではないのか」と警察に言われて、そうなったんです。

坂田　あなたの記憶に基づいたものではない、ということですか？　二回目の電話で坂田が「死んでいない」と言ったというのは、真実ではないのですね？

裕子　はっきり憶えていません。

審理を重ねるたび、初公判で見せた、あの悄然《しょうぜん》とした様子は消え失せ、事件との関わりを強硬に否定する姿が目立つようになっていた。

〇七年五月の論告求刑公判で、裕子の身勝手な自己保身ばかりが露呈した様を揶揄《やゆ》して、福岡地検の検事は修辞的な表現で責めた。

「女王バチが働きバチに命がけの奉仕を求めるがごとく、夫が死ぬのは当然として、二人を保険金目的で連続して殺害した。妻として人としての道を大きく逸脱しており、極刑相当とも考えられるが、事件の経過を考えると無期懲役が相当である」

判決公判が開かれた〇七年七月十九日の午後、裁判長は判決の言い渡しに際して、裕子をこう断じた。

「高橋（裕子）被告の供述の変遷は、自身の責任を軽減し、恋愛感情を抱く青年に責任を押しつける姿勢が見えるため、信用するには疑問が残る」

極めて自分本位な発言に終始し、嘘をつくことも躊躇《ためら》わなかった裕子に対し、求刑通り無期懲役の判決が下された。裁判長は雄司さん殺害について、「（被害者を）『死ね、死んでもらわないと困る』と追いつめ、自殺未遂を繰り返してもできないとわかると、最後には自ら殺害に及んだもので、犯行動機はあまりにも身勝手かつ自己中心的」として、「酌量《しやくりよう》の余地はまったくない」と言い切った。

続いて隆之さん殺害については、生活が逼迫《ひっぱく》したことから、彼自身が自殺して生命保険金を裕子に与えることを決意。アルコールと睡眠導入剤を同時に服用して入浴し、自殺することを事前に告げていたことから、「嘱託殺人罪を適用する」という判断が下された。

とはいえ、裁判長はそのいずれの犯行についても「あるべき反省が真摯になされているとは認められず、極めて犯情は悪い」と切り捨てている。そうした判決理由を、裕子はうつむいたまま聞き入っていた。

一方、裕子と関わったことによって大きく人生を狂わされた坂田は、雄司さん殺害について、一審では殺人幇助《ほうじょ》罪の実刑判決が下されたが、控訴審で無罪となり、検察側が上告を見送ったため、同無罪が確定した。

かたや裕子は、控訴審においても雄司さん殺害の実行犯は坂田であり、隆之さん殺害については、自白を強要されたとの主張を続けた。だが、そのような詭弁《きべん》が受け入れられることはなく、〇八年十二月に控訴は棄却。続く上告審でも棄却され、恐喝での逮捕から六年九カ月を経た一一年四月、五十五歳となった彼女の無期懲役が確定した——。

彼女はこれまで、持ち前の美貌を武器に、次から次へと男たちを虜にしては、その見返りを求めてきた。私はそんな裕子の〝魔性〟をそばで見続けた、ある人物を訪ねることにした。

〝魔性〟を知る人物

「あるとき彼女が『家庭教師の子が私にホの字なのよ。困ってるのよね。私にダンナがいるってわかってるのに、そうなんだから』とこぼしていました。とはいえ、満更《まんざら》でもない顔で、嫌そうではありませんでした」

　これは九三年十一月から約四カ月間、裕子が二番目の夫の雄司さんと住んでいた、福岡県糟屋郡の自宅兼事務所で家政婦をしていた倉持真弓さん（仮名）の証言だ。ここで裕子の口から出てきた家庭教師とは、雄司さん殺害の共犯者として逮捕され、後に無罪となった坂田である。

　私は〇四年七月の裕子逮捕後、この〝元〟家政婦を何度も取材した。新聞広告をきっかけに、彼女が野本家で働いたのは短期間だったが、その後も裕子との繋がりは続き、他人には見せない彼女の秘密を、本人の口から何度となく聞いてきた。真弓さんは当時を振り返る。

「あの家には十三歳の長女と十歳の長男、それに一歳の次女がいました。坂田さんは小学生の長男の家庭教師をしていましたが、リビングを通らずに子供部屋に上がれる構造のため、顔は見ていません。何度かお茶とお菓子を持っていきましたが、裕子さんが受け取って部屋に入るので、様子はわからないんです。ただ、坂田さんが家に来ているときに、リビングに戻った裕子さんから唐突に、惚れられてるという話をされました」

　幼子がいるのに臆面もなく語る彼女の姿が、強く印象に残ったという。以降、裕子は幾つもの裏面を真弓さんに見せることになるのだが、そのことに触れる前に、まずは裕子の人生を振り返っておく必要がある。

「お嬢様」音大生だった

「目が大きゅうて、可愛いか子やったとよ。いつもキレイな服ば着させてもらっとってね、お人形さんのごとあった。両親は靴屋さんばやって裕福な暮らしをしとってね、裕子ちゃんのことば、目ん中に入れても痛くないくらい可愛いがりよったと」

裕子は五五年九月に福岡県糟屋《かすや》郡で靴店を営む資産家の長女として生まれた。彼女の少女時代を知る近隣住民が羨《うらや》みの言葉を口にするように、なに不自由ない生活を送っていた裕子は、福岡市内にあるお嬢様学校として知られる私立の中高一貫校へ進学した。

当時の同級生は記憶を辿る。

「学業の成績ではそんなに目立つことはなかったけど、なにしろ美人で華やかだったから、学内でも有名人でした。他校の男の子からラブレターをもらったり、告白されたりすることもよくあった」

幼少の頃からピアノを習っていた裕子は、七四年に東京の私立武蔵野音楽大学に入学した。当初は器楽学科のピアノ専攻で学んでいた彼女だが、自身の才能に限界を感じ、途中から声楽学科へと転科している。

「そのときに出会ったのが、一歳年上の慶応大学生だった山村弘明さん（仮名）です。山村さんは福島県郡山《こおりやま》市の資産家の長男で、彼が裕子にベタ惚れした結果、互いの両親の反対を押し切って、七九年に結婚することになったのです」

そう語るのは前出の元福岡県警担当記者である。この記者によれば、裕子の両親は福岡を離れて郡山市で新婚生活を送ることになったことに驚き、周囲に不平を漏らしていたという。一方で山村さんの親族は、事件発覚後の取材で次のように憤っている。

「郡山商工会議所の会頭が媒酌人《ばいしゃくにん》を務め、三百人以上が出席する盛大な結婚式でした。結婚後は実家の裏のマンションに住み、近所の子供を集めてピアノ教室を開いていました。ただ、子供が生まれても『ズーズー弁が嫌だ』と、なかなか祖父母に会わせなかったりして、周囲とは打ち解けなかった。その後、夫の実家の近くには住みたくないと、何度も引っ越しを繰り返しました」

裕子は八〇年二月に長女を出産。続いて八一年十一月に男児を産むも、生後十日で死亡してしまう。そのショックを理由に、葬儀を終えてから家族で福岡県糟屋郡に転居し、山村さんは福岡市内の住宅会社に職を得ることになった。彼の親族は続ける。

「弘明は父親が経営する会社の専務でした。それなのに無理やり福岡に行かされたんです。あの嫁さん（裕子）はブランド物の服とか、高級な調度品ばかり欲しがり、カネがかかる人だったそうです。結婚直後から弘明の両親がカネを用立てていました。五十万円単位で何回も。おそらく一千万円は優に超えるでしょう」

やがて八三年九月に長男が誕生し、傍目には順調な生活に思えたが、水面下では亀裂が生じていた。八四年から八五年にかけて、自宅に借金返済を迫る電話がかかってくるようになったのである。前出の記者が説明を加える。

「裕子が『福島には戻らない』と言い張るため、実家に戻りたくても戻れない山村さんが、ストレスから酒とギャンブルに走ったのです。まず八四年三月に約三百六十万円の借金が裕子にバレ、裕子の父親に返済してもらいました。しかし生活は改まらず、その年の八月には会社のカネを着服したことが発覚。これは山村さんの父親が返済しています。夫婦は八五年に糟屋郡に家を新築しましたが、ふたたび着服が明らかになり、彼は会社を解雇されました。そこで同年十月に離婚して、裕子は子供二人と福岡に残ったのです」

裕子と二番目の夫になる雄司さんが出会ったのは離婚前の八五年六月のこと。山村さんが家を新築するときの、施主の妻と住宅会社の担当という関係だった。二人が親しくなったきっかけについて、裕子は後の公判で次のように証言している。

「家を建てたあとの昭和六十一年（八六年）六月頃、雄司さんが家の点検に来た。二、三回来ているうちに、階段付近の電器の取り替えで、高くて届かないので、『こんなことも頼んでいいんですか』と聞いたら、逆に『ご主人いないんですか』と聞かれ、『離婚していないんです』と答えた。そんな会話をきっかけに親しくなり、電話や食事、ドライブに出かけるようになった」

じつはこのとき雄司さんは結婚しており、二人の子供がいた。しかし、裕子に夢中の彼は、三人目の子供を妊娠中の妻に別れを切り出している。当然、裕子も途中で雄司さんから妻子がいることは聞かされたが、それでも別れず再婚に向かって突き進む。その理由について彼女は「雄司さんを本当に好きになってしまったことと、（裕子の）二人の子供の父親になれる人だと思ったから」と公判で証言した。そこには身重である雄司さんの元妻への罪悪感はまったくない。事件発覚後に雄司さんの元妻周辺を取材したところ、裕子が彼女に嫌がらせの電話を頻繁にかけていたことも明らかになった。

　裕子が逮捕されたとき、雄司さんの元妻は女手一つで子供たちを育てており、夜に弁当屋で働く生活を送っていた。今回、取材できればと、彼女と子供たちが住んでいたアパートを訪ねたが、既に転居しており、行方をつかむことはできなかった。

　八七年八月、裕子と雄司さんは入籍した。そして九〇年一月、在職中に一級建築士の資格を取った雄司さんは、彼女の反対を押し切り、勤めていた住宅会社を辞めて福岡市内に建築設計会社を興す。裕子はそのことへの不満を証言している。

「再婚したときは、あくまでサラリーマンの雄司さんがいいと思っていた。（前夫の）山村のことで借金は懲《こ》り懲《ご》りという思いだった。サラリーマンが一番安定していると思ったので独立は不安だった」

　九二年三月に雄司さんとの間に次女が生まれた。当時、裕子は雄司さんの仕事を手伝っていたが、経営方針を巡っての対立も多く、夫婦喧嘩が絶えなかったという。

　その年の十月、雄司さんは糟屋郡に、自宅兼事務所を新築した。三階建ての、周囲でも目を引く豪華な建物である。しかし会社の内情は、バブル崩壊のあおりを受けて資金繰《ぐ》りが悪化。自転車操業に陥っていた。

とはいえ、生活レベルを落とすことのできない裕子が、九三年五月には家庭教師として坂田を雇い、さらに家政婦として真弓さんを雇ったことはすでに触れた通りだ。

スナック経営と枕営業

当時の裕子の暮らしぶりと野本家での仕事について、真弓さんは語る。

「あの家は一階が事務所と座敷になっていて、二階がリビングとダイニング、それに夫婦の寝室。そして三階が子供部屋でした。十人は座れるテーブルやグランドピアノも置かれ、豪華な造りです。私の仕事内容はおもに洗濯、掃除、買い出し、夕飯の準備など。夕飯の買い出しは、決まった場所に一、二万円の入った財布が置かれていて、買い物をすると、その内容と金額をノートに書き、領収書を貼り付けていました。それでおカネが補充される仕組みです」

だが、真弓さんが働き始めて三カ月目に、金銭的な問題が表面化した。

「九四年の二月になると、ノートでわかっているはずなのに、おカネの補充がなくなったんです。それで私が立て替えていました。金額は全部で二万円くらい。三月末には『これ以上お給料を払えないから、辞めてほしい』と言われ、立て替え分や三月分の給料は結局、曖昧《あいまい》にされたまま払ってもらえませんでした」

じつはこの時期、雄司さんの建築設計事務所は負債がかさみ、倒産が不可避な状況にあった。そのため九四年三月になると、裕子は家の中の金目になりそうな品を現金に換えて実家に預け、破産手続きを取ろうとしていた。

糟屋郡の自宅に借金取りが来るのを恐れた裕子は、五月には子供たちを連れて福岡市中央区の高級マンションに移り住む。時を同じくして、裕子は給料未払いのまま解雇した真弓さんに対して突飛な行動に出た。それについて真弓さんが明かす。

「じつは私、夜はスナックを経営してたんですね。そうしたら裕子さんが、『私を雇ってもらえないか』と言ってきたんです。経験はないけど見栄えはいいですからね。時給千円で働いてもらうことにしました」

かつて家政婦として雇っていた真弓さんに直談判し、今度は雇われる立場になったのである。しかもそこで選んだのは、過去に一度も経験したことのない水商売の世界だった。

「いつも膝上丈のミニスカートでスタイルがよく、客あたりも柔らかなので、水商売には向いてると思いました。よくカラオケでテレサ・テンの『つぐない』や森高千里の『私がオバさんになっても』といった曲を歌っていました。音大卒だけに歌が上手なだけでなく、お客さんに『その曲はキーを下げたほうがいい』といったアドバイスもしていました」

すぐに彼女目当てのファンがついたという。裕子は一カ月ほど真面目に出勤したが、徐々に働く日数が減り、やがてホステスではなく、客として男性を連れて来るようになった。

当時、裕子は高級マンションに住みながらも、方々でカネの無心をして暮らしていた。その相手には元家庭教師の坂田も含まれており、肉体関係を結んで裕子に夢中になった彼から、数十万円を借りていた。彼女が、自分が躰を張れば、カネはなんとかなると自覚するようになったのは、この時期にあたる。他方では、すでに負担でしかなくなった雄司さんに対し、「どうして死なんと？　借金はどうして返すのよ」と執拗に詰め寄り、自殺するよう迫っていた。

そして十月、裕子は坂田を巻き込んで雄司さんを殺害し、〝自殺〟に見せかけることに成功した。その直後、彼女は真弓さんに電話をかけている。

「いきなり『主人が亡くなりました』と電話があったんです。実際は自宅で殺されたのに、そのときは『主人の友人のところで自殺した。遺言状を私と子供らに一つ一つ書き残してくれてました』と話してました」

雄司さんの死で、会社の債務を差し引いても一億円以上のカネを手にした裕子は、〝カネづる〟を見つける方法として、九州最大の歓楽街・中洲《なかす》でのスナック経営を意識していた。

「彼女はうちで働き始めたときから、『店をやるなら中洲でしょ』と口にしていて、すごい自信だな、と思っていました。あとで本人から聞かされたんですが、じつは彼女、うちに出なくなった時期に、娘の友だちの母親がやっている中洲のクラブで働いていたそうなんです」

この真弓さんの記憶を頼りに、周辺の取材を進めたところ、これまでに表面化していない事実が浮かび上がってきた。それは裕子の〝野心〟に繋がる出来事だった。当時の事情に詳しい人物が匿名を条件に語る。

「裕子は中洲にあるクラブのママのパトロンに気に入られ、彼に中洲で店を出してもらう話が進んでいました。ただ、その話が件のママにバレてしまい、自宅マンションに帰宅したところで、何者かに襲われたのです。頬に軽い切り傷を負ったのですが、警察に届けることはなく、出店の話も立ち消えとなりました」

これは雄司さん殺害後の、九五年初め頃の出来事だという。しかし、裕子はその年の九月、中洲にスナック『フリージア』を開店させた。彼女はその段階で何人もの〝いい客〟を持ち、なかには銀行の幹部などもいた。「なぜか彼女から頼られていた」という真弓さんは、裕子の〝枕営業〟について本人から聞いている。

「うちのお客さんでAさんという方がいるんですけど、彼が『フリージア』に来ていると裕子さんから聞きました。で、彼女はあっけらかんと肉体関係があったことを話すんです。後日、それとなしにAさんに話をふると、裕子さんに四十万円を貸したまま戻ってこないと告白されました」

子供たちは見ていた

裕子の三番目の夫となる九歳年上の高橋隆之さんとの出会いも『フリージア』だった。

当時、デベロッパー会社の社員として青森県の高級旅館の総支配人をしていた彼が、九七年一月に出張で福岡を訪れた際に、仕事仲間から同店を紹介されたのだ。前出の記者が状況を解説する。

「裕子と隆之さんは、出会ってから三カ月後の四月には肉体関係を持つようになり、七月には隆之さんが裕子にプロポーズしています。ただ、隆之さんは妻帯者でした。そのため、彼が実家にカネを借りて妻に慰謝料を支払い、協議離婚を成立させてから、九九年六月に入籍しました。しかし、隆之さんには他にも以前から不倫関係にある女性がいて、その女性と裕子が揉めたことから話が会社に飛び火。彼は広島県福山市にあるホテルの営業支配人に降格されたのです。そのため給料だけでなく、自己裁量で使える経費も大幅に減りました」

当初は『フリージア』を閉めて福山市で同居するなど、献身的な姿を見せた裕子だったが、降格された新しい夫の待遇を知り、「これでおカネの苦労をしなくて済む」との目論見《もくろみ》が吹き飛んだ。そこで一度は封印した、過去の悪行にふたたび手を染めることになったのである。記者は続ける。

「裕子が隆之さんと出会う一年前の九六年一月、工藤行雄（仮名）という住宅会社に勤務する男が、上司に連れられて『フリージア』にやってきました。くしくも彼が大学生のときに憧れ、高嶺《たかね》の花だった女性こそ、音大生時代の裕子だったのです。偶然の再会に舞い上がった工藤は店に通い詰め、同年夏には彼女と男女の関係になりました。以来、裕子は工藤にカネを貢がせ、九七年一月頃からは、彼を伴って過去に肉体関係のあった客に対し『今までの関係を家族にバラす』と脅し、百万円単位で現金を巻き上げたことが何度かあった」

隆之さんとの生活が安泰ではないことを悟った裕子は、東京に転勤していた工藤にふたたび協力を仰いだ。後に恐喝の共犯者として逮捕される工藤は、自身も同じ手口で裕子に脅された過去を持つ。さらに複数回に及ぶ共犯関係の負い目もあり、断るという選択肢はなかった。そのため九九年十月から十一月にかけて、裕子と二人で「あなたの子供を堕《お》ろしたことで、心と躰に傷を負った」と、東京都内の元男性客を恐喝。計二百八十六万円を得た。

裕子は「こんなことをしなければいけないのは、隆之に経済力がないから。すべて隆之のせいだ」と、責任を転嫁。二〇〇〇年一月に離婚を考えて福岡の実家に戻っている。残された隆之さんは裕子に、「会社を辞める。一緒に生活させてくれ」と懇願した。

そこまで言うのなら、隆之さんの親族を保証人に中洲でスナックの物件を契約させ、彼の仕事関係者を顧客にする手があると考えた裕子は、その条件付きで新たに福岡市南区のマンションでの同居を決めた。そして三月に二人で『フリージア』を再開したのだった。しかし、夫がマスターを務め、妻の色気を売りにするスナックが流行るはずもなく、店には閑古鳥《かんこどり》が鳴く。

彼女は焦っていた。六年前に雄司さんを殺して手にした一億円以上の現金は、すでに尽きていたからだ。

しかし、いくら借金があっても、裕子は頑なに自身の生活を切り詰めることはしなかった。豪華なマンションに住み、ブランド品で身を飾る生活を維持するために彼女が出した結論は、隆之さんに前夫のように死んでもらい、保険金を手に入れるということ。その〝暗い欲望〟を実現するためには、なんとしても隆之さんを自殺に追い込む必要があった。

裕子の子供たちは目撃していた。二十歳の長女は隆之さんに母親が「職なしは用なし。おカネを作ってきなさい。出て行きなさい」と喚《わめ》く姿を、十七歳の長男は「暇があったら仕事でも探しなさいよ」と頭を拳で殴り、頰を平手打ちする姿を……。

自殺を決意した隆之さんが殺されるときの呻き声を、同居する長女は聞いていた。「うー」という大きな声が浴室方向から聞こえてきたのだ。しかし数日前から同じ声を聞いていたため、耳を塞《ふさ》いで眠っていた。

隆之さんを殺した翌年の六月、裕子はある男性客に詰め寄っていた。それこそが、三年後に彼女が最初に逮捕されることになる恐喝事件だ。

「百万円払って。いいんですか？　奥さんに会って話をしてもいいですし、私たちの関係を裁判にしてもいいんですよ……」

鬼気迫るその姿に、「白雪姫」の面影は微塵《みじん》も残っていなかった。

CASE
9

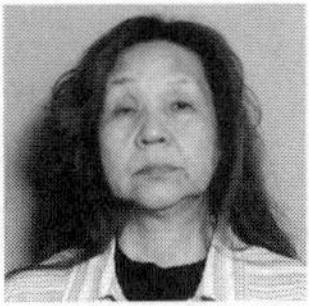

角田美代子

尼崎連続変死事件

2011年11月、大阪市内の交番に40代の女性が駆け込んだ。目蓋には煙草を押し付けられてできた火傷の痕。殺される——、そう警官に縋りつく女性の訴えが、のちに「尼崎連続変死事件」と呼ばれる事件のとば口となる。その扉の向こうで蠢いていたもの——角田美代子(64)を、マスコミは「鬼女」、「モンスター」と表現した。死者は事件化されただけでも8名。犯罪史上類を見ないこの事件は、美代子らがある家庭に入り込み、財を吸いとるなかで犠牲者を生み出すことを繰り返したものだ。

「いずれも有期刑の最高刑、懲役三十年が相当と判断する」

二〇一五年七月三十一日。神戸地裁一〇一号法廷で、検察官が求刑を読み上げると、各自の弁護人の隣に座る三人の被告は、それぞれが異なる反応を見せた。

裁判官席の近くに座る角田《すみだ》三枝子（62）はまばたきを何度かしたものの、無表情のままでいた。その手前に座る角田健太郎（33）は慌てて席を立つ記者たちに目をやると、やや顔を紅潮させて首を左右に動かした。傍聴席に最も近い鄭頼太郎《ていよりたろう》（65）は記者を目で追うと、あごに手を当てて憮然とした表情を浮かべた。

三人はともに三件の殺人とさらに死体遺棄、監禁などの罪に問われている。これらの事件の首謀者で、一二年十二月十二日に兵庫県警本部の留置場内で自殺した角田美代子（当時64）との続柄は、三枝子が彼女の妹、健太郎が長男、頼太郎が内縁の夫である。ただし、三枝子は美代子の母と養子縁組をした結果の妹であり、健太郎もまた美代子と養子縁組をしたことによる長男だ。つまり、誰一人として美代子と血の繋がりはない。

これだけでも充分に複雑な関係だが、さらにややこしいことに、彼らの審理で争われる殺人は三件だが、それを含めた罪状は九件ある。被害者は五人で、全員が命を奪われていた（美代子はこの五人全員について三件の殺人、二件の傷害致死で書類送検されるも、被疑者死亡で不起訴処分)。

ちなみに、美代子はほかの事件でも書類送検されている。それらを合わせると、三件の殺人と五件の傷害致死などに関わっており、死者の数は八人に上る。彼女の周囲には、それ以外にも行方不明者や不審死を遂げた人物がいることから、いかに尋常ならざる大量殺人事件であるかは、説明するまでもない。

〝尼崎連続変死事件〟と称されるこの連続殺人事件は、美代子という首謀者を頂点に、彼女が築いた〝角田ファミリー(以下、ファミリー)〟という戸籍上の家族たちが、それぞれの親族の家庭に踏み込み、ときには第三者の家庭をも巻き込んだ、搾取と破壊行動だった。

また、それと同時に美代子はファミリー内でも序列を作り、みずからの意に沿わぬ者を集中的に虐待。その他の者をけしかけて暴力を振るわせ、死に至らしめた。こうした恐怖支配が内外で行われていたのだ。

美代子の自殺で「死人に口なし」

一連の事件が発覚したのは、一一年十一月のこと。美代子らに監禁されていた四十三歳の女性A子が、大阪市内の交番に駆け込んだことに端を発する。同月中には尼崎市内の倉庫で、A子の母親(当時66)の遺体をコンクリート詰めにしたドラム缶が発見された。さらに翌一二年十月には同市内の民家の床下から、ファミリーと関係のある三人の遺体が発見されたことから、連続殺人事件だということで世間の注目を集めた。その後も遺体の発見や殺人の発覚が続く最中に、首謀者として身柄を勾留されていた美代子が自殺してしまったことはすでに触れた通りだ。

そのような首謀者なき裁判において、三人の被告は「一連の事件は、美代子がいなければ起きなかった」と、みずからは従属的であるとして共謀も殺意も否認。起訴された内容については無罪、または幇助などの従犯にとどまると主張している。そのため、冒頭の論告求刑公判においても、三人の弁護人はいずれも「懲役十年は超えない」と弁論した。

司法担当記者は説明する。

「この裁判の前に美代子の血の繋がっていない次男である角田優太郎(28)が二件の殺人などを、さらに被害者となった仲島茉莉子《まりこ》さん(当時26)の夫である仲島康司(45)が、同じく二件の殺人などを問われた裁判が開かれました。そこでは優太郎、仲島ともに、美代子の強い影響下にあり、逆らえなかったことを主張しています。判決内容は二件の殺人への共謀が認定されるものでしたが、優太郎は懲役十七年(求刑懲役二十五年)、仲島は懲役十五年(求刑懲役二十年)の判決にとどまりました(ともに刑が確定)」

美代子の死によって、まさに〝死人に口なし〟という状況になっているのではないか。その真意を尋ねるため、私は七月末、同様の主張を繰り返す冒頭の三人が勾留されている拘置所を訪ね、それぞれ面会を求めた。しかし全員から返ってきたのは、「面会しない」との答えだった。

角田ファミリー、搾取と暴力の構造

まずは三枝子、健太郎、頼太郎が法廷で争っている、三件の殺人について、時系列で説明しておきたい。なお、ファミリーについて補足しておくと、後の公判における仲島の証言では、集団内での序列は、美代子を頂点にして、次の段階に三枝子、優太郎、健太郎、頼太郎がいた。その下の段階が、優太郎の妻である角田瑠衣《るい》（30）と、美代子の叔父と養子縁組をした義理のいとこで、〝マサ〟こと李《り》正則《まさのり》（41）。さらにそれよりも下の段階なのが仲島と、幼少の頃から美代子の家に出入りしていた橋本次郎さん（当時53）だという。

いずれにせよ、すべての犯行は美代子の一存で実行された。

●二〇〇五年七月に角田久芳さんが死亡した事件

次郎さんの兄である久芳さん（当時51）は、十代の頃から家族ぐるみで美代子の世話になっていた橋本家の長男。ファミリーのなかでただひとり会社に勤めていた彼は、二〇〇〇年九月に二千九百万円のローンを組み、美代子らが一一年の逮捕時に住んでいたマンションを購入。美代子による「このままやと久芳が死んだときに年金が勿体《もったい》ないやろ」との発案で、〇一年には三枝子と偽装結婚させられ、角田姓となる。

○四年末、美代子の浪費によって、ファミリーが抱える借金は五千万円近くに膨れ上がっていた。金庫番を命じられていた三枝子は、その返済に悩んだ末、「自分が自殺するので保険金を支払いに充ててほしい」と美代子に提案した。しかし彼女はそれを却下。もともと、美代子の異父兄がやっていた設計事務所の事務員で、約三十五年前から美代子の下でお手伝いさんのような仕事をしながら同居していた安藤みつゑさん（当時67）に対して、「自転車で車に飛び込んで死に、保険金でうちらを助けてくれんか」と持ちかけた。みつゑさんはそれに対して、二つ返事で「わかった」と了承している。しかしいざ実行となると、尻込みを繰り返した。美代子は「みつゑは根性が足らん」と、今度は矛先を久芳さんに向けたのである。

じつは、三枝子から自殺を持ちかけられたときに、こうした流れは、すでに美代子のなかで想定済みだったと思われる。というのも、この段階で久芳さん名義のマンションのローンは残っていたが、彼が死ぬことで、団体信用生命保険によって完済されるからだ。そのうえ別途、死亡保険金が入るという条件を備えているのは、ファミリーのなかで久芳さん以外にいない。そのため○四年末の段階で、美代子は久芳さんに生活が苦しいことを伝え、「おカネ残して逝《い》ってくれるか？　けど、いまやない。回せるだけ回すから」と、近い将来に向けての予防線を張っている。そのうえでみつゑさんを間に挟み、彼女が死ねないとして○五年二月、久芳さんに次のように告げたのだ。

「もう限界や。けど、いま自分が死ぬ訳にはいかん。やり残したことがあるんや。あと三人に復讐せなあかんねん。久芳、悪いけど、先に逝ってくれるか」

美代子の申し出に対して、久芳さんは「わかった」と答えている。

みつゑさんにしろ、久芳さんにしろ、なぜ自分の命にかかわることをすぐに承諾したのか。その理由について、公判のなかで証人の三枝子は次のように説明した。

「美代子からなにか言われて、NOとは言えない。そういう雰囲気があった。なぜかとは説明できない。一緒にいると逆らうことができないようになっていく。そして断れない」

走行中の車に飛び込むという方法での自殺を受け入れた久芳さんだったが、なかなか実行できない。そのため一度は逃走するも、連れ戻されている。その際、美代子はファミリーを久芳さんの職場に行かせ、遠方への逃走を防ぐため、月末に支払われる予定の給与を渡さず、やって来たら連絡するようにと脅していた。

その後、四月下旬になると、美代子はマサや頼太郎を見届け役につけ、久芳さんに自殺を迫るようになった。それでも、なかなか死ぬことができないことから、飲食を禁じたり、美代子やマサによる暴行、さらには延々と正座を続けさせるなどの虐待も加わった。証人として出廷した公判で、瑠衣がその様子について証言している。

「正座を二十分間させて、足を崩さなかったらさらに二十分間続けさせる。崩した場合は殴って、もう一回正座させた。それが一日に何時間も続いた」

正座を繰り返すうちに、炎症を起こした久芳さんのくるぶしから白い膿《うみ》が出ていたのも目撃されている。そのため床を汚さないようにと、レジャーシートが敷かれていたという。

　こうした虐待が五月中旬から下旬にかけて集中的に繰り返され、「車に飛び込めんのやったら、崖から飛び下りるいうんはどや？」との美代子の提案に、久芳さんは頷いた。

　三枝子が崖のある場所を調べ、美代子によって、久芳さんが自殺するのは沖縄県の景勝地・万座《まんざ》毛《もう》と決められた。出発前夜に尼崎市内の飲食店で食事会を開くと、六月十九日に久芳さんを含むファミリー全員で沖縄へと向かった。

　沖縄ではロッジに泊まって観光地を巡るなどし、ファミリーが旅を楽しんでいる様子が写真に残されている。また、飛び下りる前夜には、美代子の発案で、久芳さんとファミリー全員が、個別に別れの時間を持った。法廷で三枝子は証言する。

「まず久芳さんから『こんなきれいな所に連れてきてくれてありがとう』と手を差し出してきた。私は、『先逝かせてごめんな、私も必ず逝くから』と握手しました」

　決行日となった七月一日の朝、「久芳、うちはここでお別れやから」と、美代子はロッジに残った。そして三枝子と頼太郎、健太郎、優太郎、瑠衣、マサなどは久芳さんとともに万座毛へと向かったのである。すでに前日に下見を済ませていた彼らは、高さ約二十七メートルの崖の前で、三枝子がカメラを構えて記念写真を撮る様子を見せ、グループのいちばん後ろに久芳さんを立たせた。しかし彼は、すぐに飛び下りることができない。その際の状況について公判で瑠衣は次のように証言する。

「三枝子が『もう一枚撮るわな』と何回か言った。マサの『はよせな、はよせな』と焦る声が聞こえた。そのあとで『落ちた』という誰かの声で振り返ったら、もう飛び下りた後でした」

●二〇〇八年十二月に仲島茉莉子さんが死亡した事件

〇三年に角田ファミリーが香川県高松市内にある谷本家に乗り込み、恫喝と脅迫を繰り返した。そのときに谷本家の長女だったのが茉莉子さんで、次女が瑠衣である。美代子は自分に懐く瑠衣を可愛がり、茉莉子さんへは辛く当たりながら、二人を尼崎市に連れ帰った。

しかし、〇四年三月に茉莉子さんは虐待に耐えかねて逃亡。大阪府下で潜伏生活を送る。当時、同じ勤め先にいた田口薫さん（仮名）は語る。

「勤め先は日払いで給料をくれる飲食店やったんですけど、彼女が訳ありやということはすぐにわかりました。荷物がなにもなく、髪の毛がザンギリですごく短くなってて、細くてガリガリに痩せてたんです。それに肩や背中に根性焼きのような痕《あと》があり、痣《あざ》もできていました。まだ寒い時期やのに、部屋で新聞紙一枚をまとって寝てたから気の毒で、翌日に毛布を買って渡しました」

茉莉子さんは家族の話をほとんどしなかったというが、薫さんは一度だけ彼女が号泣する姿を見ていた。

「朝に泣いているんで、理由を尋ねると『夢を見て、昔のことを思い出した』て言うんですね。私が『なんなん？』って訊くと、『家を取られたんや』って。せやから『借金が原因か？』と尋ねると、『そんなんやない。昔の嫌なこと思い出したんや』て、めっちゃ泣いてました」

徐々に日常を取り戻していった茉莉子さんだが、逃亡から二年九カ月後の〇六年十二月、運転免許証の更新のため兵庫県明石市にある「明石更新センター」に行くことになった。追っ手が来るかもしれないと怯《おび》えながらも、今後の生活や仕事探しに必要だからと、薫さんら周囲の反対を押し切って、彼女は更新を決意する。茉莉子さんの身を案じた薫さんは、友人と同行することにした。

そこで茉莉子さんの不安は的中した。捜索願が出されていたことで、連絡を受けた妹の瑠衣を通じて、美代子に所在が知られてしまったのである。講習を受けていた茉莉子さんからのメールで、追っ手が実際に現れたことを知った薫さんと友人は明石署へ駆け込み、事情を説明したという。薫さんは憤りを隠せない。

「事情を話し、いくら彼女に危険が迫っていることを説明しても、相手の警察官が『捜索願を出せるのは家族だけやから』と取り合ってくれませんでした。私は人目も憚《はばか》らずに泣きながら『頼むから、一人でいいから警察官が来てくれたらいいんやから。なにもないならそれに越したことないんやから』と頼みました。だけど、『民事不介入やからよう行かん』と断られてしまったんです」

結果として茉莉子さんは、尼崎市の美代子宅に連れて帰られた。翌〇七年二月、美代子は次郎さんが東京に逃亡していた際の友人で、〇六年春からファミリーとして尼崎市で同居させていた仲島に、茉莉子さんとの結婚を強く勧め、入籍させる。司法担当記者が事情を説明する。

「美代子は自身のファミリーを拡大するために、仲島と茉莉子さんを一緒にしました。しかし、美代子が茉莉子さんの過去の逃亡について責め、暴力を振るうと、彼女に同情的な姿を仲島が見せたことから嫉妬し、二人を殴り合わせたり、双方に暴力を振るうようになりました。そのような状況下で〇八年六月上旬、美代子から『外で今後のことを話し合ってこい』と言われた仲島と茉莉子さんが、着のみ着のままで逃亡したのです」

二人は数日かけて姫路市まで歩くと、東京にいる仲島の友人宅へと逃げ込んだ。続いて、仲島の生まれ故郷である沖縄へと向かったが、彼の親族を脅した美代子によって、たやすく行方を突き止められてしまう。そのときの様子について、仲島は公判で証言した。

「(美代子は)えらい怒ってました。当時、(足の手術を受けた)私は杖を借りていたんですが、それを奪い取られました。コンビニの前で人もたくさんいたのに、茉莉子のTシャツを脱がせてブラジャーを引きちぎり、『来い』と……」

七月上旬、尼崎市に戻ってすぐに、美代子による凄絶な虐待が始まった。この時期、健太郎は美代子が「死んだほうがマシな目に遭わせたる」と息巻いていたのを耳にして、かなり怒っていると感じたと証言している。

美代子はマンションのベランダにある物置のなかに二人を入れ、正座をさせた。そこにはカメラが設置されていて、リビングのモニターで監視できるようになっており、足を崩すと、馬乗りになって殴るなどの暴力を振るった。前出の記者は言う。

「当初は仲島と茉莉子さんを互いに殴らせるなどしていました。それに食事や排泄《はいせつ》も制限し、ファミリーの前で二人に性行為をさせて辱《はずかし》めていたことも、法廷で明らかになりました。美代子に気に入られていた仲島は九月上旬には解放されましたが、茉莉子さんは許されなかった。気温が下がる秋になってもTシャツに短パンや裸という姿で、排泄はバケツにするよう命じられ、さらに、入浴と称して週に一回程度、公園や墓地に連れていかれ、水をかけられていました。また、業務用の強力な洗濯ばさみで顔や胸を挟まれたり、一度に大量の白飯を食べさせられたりの虐待もあった」

茉莉子さんの体重は三十キログラム程度にまで減り、十一月下旬になると座っていることもできなくなった。しかし毎日のように暴力は続き、十二月上旬に美代子とマサが、仰向けの彼女の顔をサンダルで十回くらい踏みつけている姿が目撃された翌日、絶命した。
●二〇一一年七月に橋本次郎さんが死亡した事件
子供の頃から美代子のことを知り、彼女を「姉ちゃん」と呼ぶ次郎さんだが、その恐怖支配を恐れており、これまでもたびたび美代子のもとから逃亡していた。しかし、〇九年八月に東京都足立区の潜伏先から連れ戻されてからは、尼崎市で従順な共同生活を送っていた。

当時、美代子はカネを巻き上げようと監禁状態に置いていた夫婦の、十二歳になる娘を可愛がっており、自宅で共同生活を送らせていた。一一年七月下旬、その娘が瑠衣に対し、次郎さんから胸を触られたことを訴えた。瑠衣がそれを美代子に伝えたところ、彼女の逆鱗《げきりん》に触れたのである。一連の公判で瑠衣が証人として語った内容は次の通りだ。

「（娘の被害を）話し出したら、あっという間に（美代子の）表情が変わって顔が引きつって、話の途中で『次郎を起こしてこい』と。それで家族全員を起こして、リビングで話し合いになりました」

次郎さんがわいせつ行為を認めたことで、美代子は「絶対に許さん。ただで済むと思うな」と怒り、「一緒に住まれへん。死ぬしかないな。助かると思うな」と、マサと仲島に対して、次郎さんをベランダにある物置へ連れて行くように命じた。そして後ろ手錠に重しを繋げ、四肢を縛って正座させた姿勢で、美代子とマサが殴る蹴るの暴行を加えたのである。その後も、緊縛が緩むたびにより強く縛らせ、マサの発案で丸太に腕を案山子《かかし》のように縛りつけると、正座させた太ももと足首をロープで何重にも縛り、姿勢を崩せないように固定して物置内に放置した。司法記者は語る。

「彼らはその最中に天神祭へ遊びに行くため、美代子が『誰も家にいなくなるから喋ると困る』と次郎さんの口に布を詰め、その上からガムテープを巻かせました。さらにおむつをはかせ、飲食物は一切与えませんでした。当日の気温は三十度以上あり、最高湿度が約七五パーセント前後という蒸し暑さのなか、放置されたのです」

翌日も美代子はロープが緩んでいないか執拗に確認した。途中、おむつを穿《は》き替えさせるときに、次郎さんがふらついて横の壁に頭をぶつけると、美代子は「なにをフラフラしとんじゃ」と蹴ったり、サンダルで顔を殴ったりの暴行を続けた。

虐待を始めてから約二日半が経ったとき、次郎さんは人知れずこと切れた。死因については、高カリウム血症に基づく心停止、または肺塞栓症《はいそくせんしょう》に基づく循環不全だと見られている。その際の様子について、公判で仲島は次のように説明した。

「夜に家に帰ると、マサが『死んでる』と言い、見ると次郎は仰向けで倒れ、目と口を開いたまま死んでいました。目は僕が閉じさせました」

美代子はファミリーに死体の遺棄を命令。三枝子がシーツを用意して、マサと仲島が次郎さんの躰を折り曲げてそのなかに梱包し、頼太郎の運転で尼崎市内の貸倉庫に運んだ。数日後に臭いを発し始めたため、美代子の指示で、マサと仲島、頼太郎の三人でドラム缶にコンクリート詰めにした。このドラム缶は、貸倉庫内に放置されていたが、美代子が十一月に傷害容疑で逮捕されたことを受け、その他のファミリーによって岡山県の漁港に遺棄された。

これら三件の殺人が実行される渦中、ファミリーは誰一人として美代子へ意見することはおろか、警察への通報も行っていない。それほどに美代子を恐れていたというのが、残された者たちの言い分だ。

では、美代子による恐怖支配はどのように行われてきたのか。これまでに彼女が乗り込んだ家庭のなかで、周辺に四人の死者、一人の行方不明者を出した痛ましい事件に、改めて目を向けることにした。

家族を被害者と加害者にされた父の告白

「お願い、迎えに来て」

善良な家族の運命を大きく変える連絡が入ったのは、〇三年二月二日のことだった。香川県高松市に住む谷本豊さん（仮名・63）に、数日前に兵庫県尼崎市の実家に帰っていた妻の初代さん（当時59）から、泣きながら電話がかかってきたのだ。

当時、豊さんは高松市内で保険の代理店を経営し、以前は証券会社に勤めていた初代さんが、経理を受け持ち夫を支えていた。夫婦には二人の娘がいて、長女の茉莉子さんは同市内のウェブデザイン事務所に勤めており、次女の瑠衣は香川県で有数の進学校に通う高校生である。花壇の並ぶ庭付きの一軒家からピアノの音が聞こえてくる、周囲もうらやむ幸福な家庭だった。

「実家が大変みたい」と、帰省したばかりの妻の尋常ではない様子に、豊さんはすぐに車を出し、尼崎市へと向かった。

初代さんの実家に着くと、豊さんは妻の長兄である皆吉《みなよし》勝一さん（仮名・72）夫婦が、借金を重ねて大変なことになっていることを知らされた。そのため勝一さんの元妻・李松子さん（仮名）の連れ子である〝マサ〟こと李正則を、しばらく谷本家で預かるという話になったというのである。

私はかつて豊さんを取材して、このときの状況について話を聞いている。それは次のようなものだった。

「実家で名前が出た角田美代子と私は面識がなく、初代も皆吉家に行ってから、初めて会っています。その美代子が勝一夫婦の借金を肩代わりしているという話で、マサを預かれと言ってきたのです。マサのことは小学生の頃から知っていて、中学生くらいまではお年玉をあげていました。野球で香川県の高校に特待生で入学したときも、うちで歓迎しています。ただ、そうは言っても、年頃の娘がいる家なので、預かるのは無理だと断るため、私は美代子に会いに行きました。彼女のマンションには美代子のほかに、勝一と敏二（仮名）もいました。敏二は初代の兄で皆吉家の次男です。美代子は『お前んところの初代が（マサを）預かる言うとんのや』と譲りません。勝一と敏二は、美代子に取り込まれていたので、そうせんとしゃあないという雰囲気でした。『とりあえず言うたからには一回連れて帰れ。あかんかったら、また電話したらいい』と言われ、押し切られたんです」

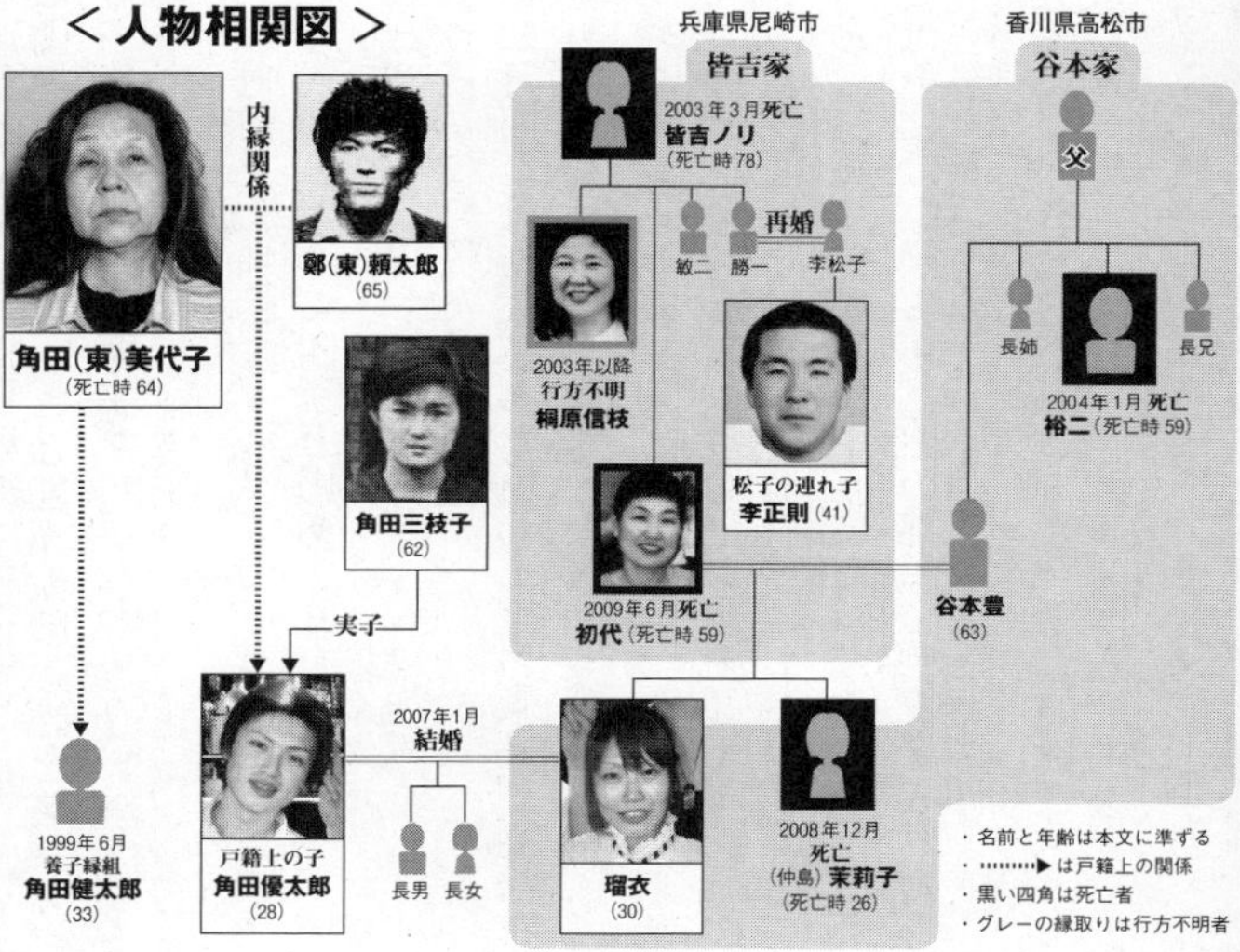
＜人物相関図＞
兵庫県尼崎市
皆吉家
香川県高松市
谷本家
角田(東)美代子
(死亡時64)
内縁関係
鄭(東)頼太郎
(65)
角田三枝子
(62)
実子
1999年6月
養子縁組
角田健太郎
(33)
戸籍上の子
角田優太郎
(28)
2007年1月
結婚
長男
長女
2003年3月死亡
皆吉ノリ
(死亡時78)
2003年以降
行方不明
桐原信枝
敏二
勝一
再婚
李松子
松子の連れ子
李正則(41)
2009年6月死亡
初代(死亡時59)
瑠衣
(30)
2008年12月
死亡
(仲島)茉莉子
(死亡時26)
父
長姉
長兄
2004年1月死亡
裕二(死亡時59)
谷本豊
(63)
・名前と年齢は本文に準ずる
・⋯⋯▶は戸籍上の関係
・黒い四角は死亡者
・グレーの縁取りは行方不明者

当時、美代子は内縁の夫の「東《あずま》」こと鄭頼太郎の姓を名乗り、「東のおばちゃん」と呼ばれていた。豊さんが美代子の苗字が角田だということを知ったのは、後のことである。

豊さんが尼崎市に呼ばれた時点で、美代子は初代さんの妹である桐原信枝さんから、勝一さんの借金の肩代わりとして四百万円あまりを受け取っていた。しかし、それ以上は搾取できないと見て、ターゲットを初代さんに移したというのが真相である。だが、この時点で豊さんがそのことを知る由《よし》もない。

結局、豊さんは二月四日に初代さんとマサを車に乗せ、高松市の自宅へと戻った。車内で後部座席に座ったマサは、道中はおとなしかったという。だが到着後、あることをきっかけに豹変した。豊さんは続ける。

「美代子と電話で何事かを話すと、マサは急に暴れ出しました。以来、美代子からの電話が〝スイッチ〟のようになり、『(シャンパンの) ドンペリ買うてこい』や、『パチンコ代を出さんかい』と、怒鳴って暴れるようになったんです。茉莉ちゃんや瑠衣は二階にいましたが、マサは上には上がらず、下の部屋で刺青を入れた上半身を露わにして暴れました」

マサの傍若無人ぶりに呆れた豊さんは、美代子に電話を入れて「やはり預かるのは難しい」と伝えた。

「なんでマサを迎え来い言うんや」

二月八日、美代子が頼太郎と健太郎、優太郎といったファミリー、さらには皆吉家の家族全員を連れて、谷本家に怒鳴り込んできた。皆吉家は勝一さんや敏二さんの他にも、その母であるノリさん（当時78）や、桐原信枝さんもいた。豊さんはため息をつく。

「皆吉家全員が向こう（尼崎市）に住めない状態や言うて、全員がうちの一階に居座ったんです。美代子は『もしマサの面倒をそっちが見れんで、こっちに任す言うんやったら、それなりのことをしろ』と、具体的な金額は言わずに、家族での話し合いを強要しました。美代子はその会議には一切加わらない。茉莉ちゃんが伝達役に指名されて、うちらが話し合った結果を美代子に伝えに行き、ほんで今度は、向こうの意見をこちらに伝えるということをやらされていました。そうなってから茉莉ちゃんは仕事には行けなくて、長期の休みを貰いました。瑠衣も学校に行けなくて、そのままの状態やった」

豊さんを取材する前に、美代子らがこのときは約四十日間、谷本家に居座ったとの情報を得ていた私は、素直に疑問をぶつけた。

「最初に美代子の無茶な要求を突っぱねようとは考えなかったんですか？　どうして四十日もの居座りを許してしまったんでしょうか？」

豊さんは一瞬、やるせない表情を見せた。

「許すとか、そんな状態やなかったんです……。まず最初におばあちゃん（ノリさん）が虐待の対象になって、そのあと初代がなって……」

私は質問を挟んだ。

「ノリさんにはどんな文句をつけて、どんな虐待を？」

「マサに対して……連れ子に対して冷たかったとかね、マサの母親が韓国籍やから差別したとか、おばあちゃんのできなかったちょっとしたことを責めるわけですよ。ほんの些細なことをネタに、お父さん（ノリさんの夫）は警察官でちゃんとしとったのに、ノリさんが勝一を甘やかしてこんな大人にしてしまったとか、そういうことを取り上げて、ガンガン責めるわけです。そんでノリさんを長時間正座させたり、食事制限をしたり、寒いのに廊下に出したりしてた。みんなおばあちゃんのことやから心配になるし、まず最初に僕は警察に通報するって言うたんやけど、尼崎にいるときに初代と信枝ちゃんが『警察には絶対に言わんとって、殺されるから』って必死に言うとったんです。『怖い人や』って。僕はてっきり勝一が美代子に借金してるから、そのためにやって来てるんかなって思ってたから。おカネさえ返せば帰って貰えるかなって……」

最初は高齢のノリさんに、続いて初代さんや信枝さんに暴力が振るわれた。手を出すのは主にマサだったが、勝一さんや敏二さんも母や妹たちに手を上げることがあったという。しかもそこで、美代子はこれ見よがしな行動を取っていた。豊さんは悔しさを滲ませる。

「マサとかが殴ってると、美代子が『なんでそんなことするんや』って、わざとらしく止めに入るんです。ほんで、殴られて腫れた顔を氷で冷やしてあげたりする。それを見てたから、瑠衣なんかは美代子だけが家族への暴力を止められると考えて、近付いたんやと思いますね」

美代子は気に入った瑠衣だけを特別待遇にし、外に食事へ連れ出すなど可愛がった。

また、寝室についても家族と分断した。豊さんによれば、それは次のような状況だった。

「一階の和室二つは美代子ら角田家が占拠して、リビングには皆吉家の全員がいた。僕らは二階。夫婦の寝室と子供部屋があって、四人とも二階にいたけど、まず瑠衣が下に連れてかれて、角田家と一緒に寝るようになった。それから茉莉ちゃんも下に呼ばれ、初代は皆吉家と同じリビングに行かされて、僕だけが上の部屋で寝起きしてたんです。僕は美代子から仕事に行くように言われてて、昼間は家にいなかったから、そこでどういうことが起きているか、わからなかった」

マサの面倒を見る費用、さらには勝一さんの借金の返済といった理由で美代子はカネを要求した。現金がない場合は兄弟や親戚、友人などに借りてこいと恫喝した。それができなければノリさんや初代さん、信枝さんらが虐待を受ける。いわば人質のような存在だった。そこでの虐待の内容について、後の公判で、初代さんが無理やりケーキを二、三十個食べさせられたことや、殴られて腫れた顔でわざと外を歩かされたこと、裸にされて鏡の前に立たされたことなどが、瑠衣の証言によって明らかになっている。私は、具体的にどれくらいの金額を要求されていると感じたのか、豊さんに尋ねた。

「もう際限なかったですね。最高五千万円くらいまで向こうは要求してたから。初代がなんぼか渡して二百万円くらい。そのあと僕の兄弟や親戚とかから全部で千七百万円くらいは出してもらった。それ以外にも生活費とかの名目で、最初はマサがパチンコ行ったり遊んだりできるようにと、毎日五万円を玄関の上に置いとけって命じられた。けど、それから皆吉家が来たでしょ。そうしたら今度は同じように二十万円を置いとけと……。そんなんできるわけないいんですけど、可能なうちは初代がカネを借りてきて置いてました」

こうした状況が解消されたのは三月中旬のこと。美代子が提示した条件は、豊さんと初代さんは離婚しろ、というものだった。豊さんによれば、その目的は慰謝料にあったという。

「僕の兄弟や親戚からすれば、初代が災いを連れてきたという感じやったんです。そこで、初代と別れるからと周囲にカネを貸してもらい、それを慰謝料として初代に渡すことになったんです。もちろん、カネが美代子のもとに流れることはわかってました。けど、離婚も含めてそれはあとでどうとでもなる。僕以外は尼崎市で暮らすことになったんですけど、僕は妻子がそこでちゃんと生活していけなかったら警察に駆け込むと話して、条件を呑みました」

拡大されていくファミリー

こうして三月に、豊さんを除く全員が高松市を離れていった。しかし時を同じくして、尼崎市では人知れず悲劇が起きていた。親族から集団で暴行を受けたノリさんが死亡したのだ。遺体は美代子の指示で高松市内の農機具小屋に遺棄され、一連の事件が発覚後の一二年十二月に発見された。この件については後に美代子を含む九人（うち四人はすでに死亡）が、傷害致死容疑で書類送検されたが、公訴時効が成立しており、全員が不起訴処分に終わっている。

ノリさんの死が隠されたまま、四月下旬に美代子から豊さんに電話がかかってきた。それは、初代さんについて「できが悪いから迎えに来い」というものだった。豊さんは語る。

「電話を受けて、僕はすぐに車で美代子のところへ行きました。出てきた初代を見ると、ものすごご痩せてたし、フラフラの状態やったから『もう帰ろ』って、車に乗せて高松へ戻ったんです。じつはこのとき、僕も疲れ果てた末の居眠り運転で物損事故を起こしています。ですので、高松に帰り着いたのは明け方になっていました。そうしたら朝の八時頃に美代子や茉莉ちゃん、瑠衣の乗った車がうちにやって来たんです。そんで子供が血相変えて降りてきて、『なんで東のおばちゃんになんも言わんと、（初代さんを）勝手に連れて帰ったん。私たちお世話になってるのに』て。二人はまず初代を、次に私を殴りました。美代子も一緒に車から降りてきたんやけど、その様子を後ろから黙って眺めてました」

そしてまた美代子らによる、居座りが再開されたのである。このときは、豊さんが約束したカネを支払っていないとして、彼の兄弟宅にマサや瑠衣、茉莉子さんなどが乗り込んで代理弁済を求めるなど、よりあからさまな行動を取るようになった。

谷本家の親族は当時を振り返る。

「理由をつけてうちらは豊の家に呼び出されてました。茉莉ちゃんや瑠衣は、美代子に洗脳されたようになってて、『こうなったんはお父さんが悪い』と口にして、私らの前で父親の豊を殴ってました。ほんで、うちら親族も豊の借金を請け負う責任があるいうて、カネを要求されたんです。ときには私の家にまでやってきて、マサが拡声器を使って『××さんは借りたカネを返しません。どうしましょうか』いうて大声で騒いだりもしてました。当然、警察には何回も駆け込んでます。けど、親族どうしの揉め事やから、対応できんて言われました。それにパトカーが来ても、マサとか瑠衣が『なんにもないです。親戚どうしで話をしてます』と説明し、それだけで帰ってしまうことが何度かありました」

谷本家の長兄は勤務先の社長の厚意で社員寮に匿《かくま》われ、長姉は弁護士に相談し、そのことを美代子らに伝えたことで、以後、難を逃れることができた。だが次兄の谷本裕二さん（仮名・当時59）は、実家に降りかかった災厄を心配して、みずから豊さんの家に出向き、共同生活に加わった。豊さんは後悔を口にする。

「当時うちには年老いた父がいて、兄（裕二さん）は、そっちにも危害が加わらんように心配してたんやと思います。あと、自分が盾になることで、家族のいる自宅にまで累が及ばんようにしようとしてたんでしょうね。結果的に兄まで不幸に巻き込む形になってしまった……」

〇三年夏、美代子に命じられた裕二さんと茉莉子さんが長兄の匿われている社員寮に出向き、美代子のもとへ連れ戻そうとしたことがあった。携帯電話で美代子と連絡を取り「気が済むまで殴れ」との指示を受けた二人は、申し出に応じない長兄を殴りつけ、去っていったという。その時点で裕二さんも、美代子に抗えない状態だったことがわかる出来事だ。

警察は動いてくれない

一三年四月に香川県警が公表した調査結果によれば、〇三年から〇四年にかけて、同県警に谷本家の関係者についての相談や情報提供は、二十八件（計三十六回）寄せられていた。しかし、当時は一度として事件化されることがなかった。そのことが被害者から、抵抗する〝気力〟を奪っていたことは明らかである。

警察が動かないなか、〇三年八月、豊さんは夫婦喧嘩をしているように見せかけて、初代さんを家から逃がした。同時に茉莉子さんも逃がしたが、彼女は異変に気付いたファミリーによって、高松港のフェリーターミナルで発見され、連れ帰られてしまう。その後、逃がした豊さんや逃げた茉莉子さんに、美代子による苛烈な虐待が待ち受けていただろうことは、容易に想像がつく。

そうした虐待の具体的な内容について、豊さんは進んで口を開こうとはしない。また、私が、断片ながら話に上ることはあった。私もしつこく聞き出すことは憚られた。だが、豊さんの片耳が柔道選手のようにカリフラワー状になっていることに触れたときのことだ。

「これは茉莉ちゃんと兄が、僕を責めないと自分らがされるということで……。そのときは茉莉ちゃんも泣きながら殴ってたんやけど、顔を庇う僕の頭を堅い本の端で何度も何度も……。それが毎日、何回も繰り返されるから、耳が潰れてしまったんよね。美代子はそれをガラス越しに立って、睨むような感じで見てるんやけど、あいつが自分の部屋に入るまでは、みんなそれを続けな寝かして貰えんわけ。もうシャツとかが血まみれになってた」

そんな折、豊さんがカネを借りた貸金業者が、谷本家に借金の取り立てにやって来た。九月十二日のことだ。相手の乱暴な態度から、ヤクザがやってきたと勘違いした茉莉子さんが一一〇番通報し、業者と茉莉子さん、豊さんが警察署で事情を聴かれることになった。豊さんは耳が裂けて血まみれで、全身痣《あざ》だらけだった。その状況に驚く刑事に、豊さんは事情を説明した。しかし、身内である裕二さんと茉莉子さんによる、密室での暴力が怪我の原因であることを理由に、立件は難しいとの判断を伝えられたという〈後に香川県警が公表した調査報告書では、豊さんが〈家庭内のトラブルで事件化する意思がなく、自立を希望するのみである旨記載〉とある〉。

ここで豊さんは逃亡を企てる。ファミリーが警察署の前で見張っていたため、刑事の配慮で暗くなるまで署内に留まり、裏口から外に出してもらったのだ。豊さんはその足で逃亡し、以来、長期に及ぶ潜伏生活が始まった。彼は当時を振り返る。

「美代子は僕と初代を狙ってたから、僕らがおらんくなったら引き揚げるやろうと思ってました。そこで警察署を出て、追っ手に見つからんように、まずは同級生の家に泊めてもらい、それから松山まで移動しました」

彼はその後、大阪、岡山を経て香川県へと戻り、〇四年の正月は実家の裏にある別棟にいた。予想通り、美代子らは豊さんが逃亡した翌月には裕二さんと茉莉子さん、瑠衣を連れて尼崎市に引き揚げていた。豊さんは長兄や長姉の支援を受けてしばらく別棟で暮らし、〇四年八月から妻子を取り戻す機会を窺うため、尼崎市に潜伏することにした。それはファミリーに発見される危険を伴う、決死の賭けだった。

「事情を説明して偽名で働きながら、家族の無事を確かめられないかと、皆吉家の実家の近くへ行ったりしていました。いつも帽子を深くかぶっていたんですけど、二回くらいマサをパチンコ屋の前で見かけたし、皆が居酒屋から出てくる姿も見た。けど、兄や茉莉ちゃん、瑠衣の姿を見かけることはありませんでした」

じつは豊さんが尼崎市にやってくるより前の〇四年一月に、裕二さんはファミリーから虐待を受けた末、死亡していた。その遺体は、くしくも豊さんが家族の消息を確かめようと、何度も様子を窺った皆吉家の実家の床下に埋められていた。ちなみに、裕二さんの死について、後に美代子を含む八人が傷害致死容疑で書類送検されたが、被疑者死亡や嫌疑不十分で全員が不起訴処分となっている。

自分の許から逃げ出した者を許さない美代子は、初代さんの行方も執拗に捜していた。〇三年八月に豊さんが逃がした彼女は、香川県内の友人宅を経て、大阪市内の保護施設に入所後、同年から和歌山県内のホテルで働きながら潜伏生活を送っていた。しかし、〇七年九月に通勤用の車を購入するため、住民票の住所変更手続きをしたことで、居所を突き止められてしまったのである。

十二月一日、美代子はファミリーを引き連れ、八人で和歌山へと向かった。勤務先のホテルで茉莉子さんと瑠衣が初代さんと会い、その背後から美代子が現れた。続いて、社員寮の初代さんの部屋に移動して、ファミリー全員で彼女を取り囲み、「なんで逃げ出したんや」「無責任やな」などと罵った。その結果、三日に仕事を辞め、預金を解約し、荷物を引き上げ、住民票も移した初代さんは、尼崎市へと連れ帰られたのだった。

美代子の意を酌んだマサが、四日に初代さんを殴りこそしたが、当初は虐待のない生活が続いた。後の公判での健太郎の証言によれば、美代子に「あんたの孫や、抱け」と、瑠衣の娘を抱かせてもらった初代さんは、嬉し涙を流していたという。

だが、そうした静かな時間は、長くは続かなかった。一カ月も経たないうちに、美代子に唆《そそのか》された茉莉子さんが、初代さんを殴るようになり、彼女への虐待は再開した。そして〇八年三月上旬、急性硬膜下血腫で大阪市内の病院に運び込まれた彼女は、意識が戻らぬまま、翌年六月に転院先の尼崎市内の病院で死亡した。初代さんの死については、マサだけが傷害致死罪で起訴され、他に美代子と茉莉子さんが同容疑で書類送検されるも、被疑者死亡で不起訴となった。今年（一五年）八月十九日に神戸地裁で開かれた初公判に、スーツとネクタイ姿で現れたマサは、検察側による「初代さんの髪を摑んで頭を激しく振った」との犯行内容を否認。「やっていない」と、この件についての無罪を主張した。

先に触れた茉莉子さんの死は、初代さんの死の半年前の出来事だ。豊さんは、美代子に兄と妻と長女、そして義母の命を奪われた。加えて義妹の信枝さんは、いまに至っても行方不明のままだ。さらに次女の瑠衣は、現在三件の殺人などで審判を待つ身である。

彼はまさに、美代子によって家庭を完全に破壊されてしまったのだ。

「なにもかも失いました。いまは、瑠衣が生き残っていることだけが、唯一の希望なんです」

豊さんは私にそう語った。しかしそれは、〝不幸中の幸い〟などという言葉では決して表すことのできない、救いようのない地獄で辛《かろ》うじて見つけた、一縷《いちる》の望みだった。

自分だけさっさと死んで卑怯や

「いろんな人の人生を掻《か》き回し、沢山の方が亡くなっているのに、自分だけさっさと死んでいって、卑怯やと思う」

これは一五年七月三十一日に開かれた公判で、すべての犯行の首謀者である美代子が、一二年十二月に兵庫県警本部の留置場内で自殺したことについて、いまどう思うかと質問された義妹・三枝子の口から出た言葉だ。

美代子の死によって、恐怖支配の重しから解き放たれたかのように、掌《てのひら》を返す発言をするのは三枝子だけに留まらない。美代子と血縁がなく、養子縁組などによる戸籍上の繋がりで結成されたファミリーの面々の多くが、自身の公判において「卑怯」や「ずるい」といった文言を使い、美代子の自殺を批判した。

明らかになった範囲でいえば、美代子による最初の殺人は八七年頃のこと。被害者は美代子のもとに家族で出入りしていた橋本芳子さんである。九八年には伯父の妻の葬儀に難癖をつけ、その妻の妹と弟の親族十数名を約二年にわたり支配下に置く。そこでは美代子から不興を買った妹が不審死を遂げ、彼女の孫は親族に追い詰められた末に自殺した。

二〇〇三年には美代子のもとに出入りしていた皆吉勝一さんの借金問題を口実に、彼の妹・初代さんの嫁ぎ先だった香川県高松市の谷本家に乗り込み、最終的に十名以上を支配下に置いている。ここでは、〇三年に勝一さんの母・皆吉ノリさん、〇四年に初代さんの夫・谷本豊さんの兄・谷本裕二さん、〇八年に豊さんの長女・茉莉子さん、〇九年に初代さんが死亡していることはすでに記した通りだ。

さらに〇五年に橋本芳子さんの長男・久芳さんが、美代子に自殺を強要されて死亡。〇八年には美代子のもとで長年家政婦をしていた安藤みつゑさんが、監禁・虐待の末に死亡した。そして一一年になると、芳子さんの次男・次郎さんも、監禁・虐待を受けて死亡。その二カ月後には、美代子からのクレーム対応の担当をきっかけに、六人の家族全員が支配下に置かれた元大手電鉄社員の義母・大江和子さんが、美代子の指示を受けた家族からの虐待で死亡した。

殺人、不審死、自殺……。美代子が逮捕された一一年十一月までの二十四年間に、彼女の周囲で〝変死〟した者は十一人に上る。さらに二人が、いまも行方不明である。なお、これらの数字は、あくまで表面化したものにすぎない。

公判で明かされた〝ブラックボックス〟

「美代子の親父は建築現場への〝人夫出し〟の仕事をしよったんや。せやから自宅に若い衆を住まわせとった。血気盛んな職人をまとめなあかんからな、本人も気性の荒い人やったで。母ちゃんはもともと〝新地〟で働いとってな、ほんで親父と出会ったんや。こっちもなかなか気ぃが強てな。家の外で子供らが騒いどったら、よう怒鳴り散らしよったわ」

これは一二年十月、尼崎市の民家の床下から三遺体が発見された当時、美代子の父方の姓である月岡家を知る老人が語ったものだ。ここに出てくる〝新地〟とは、非合法売春地帯のこと。美代子の母が働いていた〝新地〟は、七〇年の大阪万博開催を前に実行された、警察の壊滅作戦によって六八年に姿を消し、いまは存在しない。

そんな両親のもと、美代子は四八年十月十二日、兵庫県尼崎市に生まれた。彼女には母・幸子さん（仮名）の連れ子で七歳上の異父兄・利一さん（仮名）と、五歳下の実弟・靖男（仮名）がいる。ちなみに靖男は、〇七年に弁護士を恐喝した容疑で逮捕され、二件の恐喝と一件の詐欺で実刑判決を受けて現在収監中である。

美代子の両親は、彼女が小学二年生のときに離婚したとの情報がある。その後、小中学校時代に名乗った姓と学校に届け出た住所地は父方のものだったが、普段は母方の実家である角田家にいることが多かった。小学校時代の同級生は語る。

「月岡（美代子の当時の姓）は、あんまり学校に来え《け》へんかったんです。ほんで小学五年の頃に、先生に頼まれた同級生が、婆ちゃんの家におるあいつを、迎えに行ったりしてました」

美代子はどのような環境で育ったのか。実際に本人の境遇と重なるのか定かではないが、一四年十一月に開かれた美代子の次男・優太郎の公判で、証人の三枝子が興味深い証言をしている。司法担当記者が明かす。

「三枝子は『美代子は世間一般の考えが嫌いだった。普通に育っていない』と発言し、優太郎が子供の頃に保育士から『褒《ほ》めて伸ばした方がいい』と言われたときのことに触れ、『美代子は、〈子供いうもんは怒ってドツキまわして育てるもんや〉と言ってました』と口にしています」

地元の市立中学に入学した美代子は、完全に〝問題児〟として扱われる生徒だった。

激しく荒廃しながら、美代子の祖母宅はいまもなお尼崎市内に残る

中学時代の同級生が往時を振り返る。

「基本的にあんまり学校には来んかったんやけどな、授業中に他校の生徒を引き連れて教室に入ってきたり、同級生の女子を生意気やって校門で待ち伏せては脅したりしてた。気に食わんことあったら、月岡の親父んとこにチンピラみたいな若い衆がおるやろ、そいつらを連れて家まで乗り込んでくるから、タチ悪いねん」

この時期からすでに、集団で相手宅に乗り込むという行為は始まっていたのだ。当時の美代子は、深夜徘徊《はいかい》などで補導されることを繰り返す。中学三年時の担任教諭は、かつて私の取材に次のように答えていた。

「ともかく、親の愛情が足らんかった。ふつうはなんかあったら親が心配して学校に来るもんやけど、あそこはまったく来えへん。自分とこの娘が補導されても来えへんかった。もう完全に放任でしたわ。いちど家庭訪問で母親に会ったんやけど、『晩になったら出ていって、帰ってけえへんのです』て、娘についてまったくの他人事《ひとごと》でした」

兵庫県内の私立高校に進学するも、喧嘩が原因で一月も経たないうちに中退した美代子は、売春に手を染めるようになった。後に美代子本人から話を聞いた知人が経緯を語る。

「学校を辞めてそんなに経っとらん時期にな、オカンから働く店を紹介されたんやて。本人が言いよったわ。『オカンから、〈なんもせんとブラブラしとるくらいやったら、知っとる店紹介するから働いてカネ稼げ〉言われたんや』て。ほんで、〝新地〟で働き始めたんやと」

当時、美代子の母方の叔父に、角田寅雄（仮名）という暴力団員がいた。彼は四十歳前で美代子は十代だったが、よく一緒にいる姿が目撃されている。彼女はそうした〝裏社会〟との繋がりを利用して、本格的に商売を始めたのだという。前出の中学時代の同級生は話す。

「俺らの同級生が高校時代にな、月岡と出屋敷《でやしき》（尼崎市）で偶然会《お》うてんねん。ほんでな、近くの旅館で部屋を三つ借りて、女の子を四、五人置いて売春させとるいう話を聞いとるわ。で、『同級生のよしみで、安うしとったんで』て言われとんねん」

美代子は十九歳だった六八年に、十六歳の少女に売春させたとして、売春防止法違反容疑で逮捕された過去を持つ。

そんな彼女だが、これまでに結婚の経験もある。中学時代の同級生の兄とは、十代の頃から同棲を始め、七二年四月、美代子が二十三歳のときに入籍。しかしほどなく離婚した。さらにもう一度、中学時代の同級生と入籍したとの話がある。ただし後の公判で、五〇年一月生まれの鄭頼太郎が、美代子と内縁関係になった時期は、彼が二十三歳のときだったと証言。計算するとそれは七三年一月から七四年一月までの間だと推測され、二番目の夫と入籍していたとしても、実態を伴わないものか、ごく短期間だと考えられる。また、後述するが、三枝子とともに尼崎市を離れていた時期とも重なるため、いつも美代子が〝夫〟と同居していたわけではないことを付け加えておく。

美代子と頼太郎との出会いは、彼がアルバイトをしていた尼崎市内のスナックだ。プロポーズしたのは頼太郎からだったという。その理由について彼は法廷で次のように説明した。

「私とは気性が違い、気が強くてグイグイ引っ張っていってくれるところに惹かれた」

美代子と頼太郎との内縁生活には、最初から三枝子が同居していた。三枝子は、両親とともに五歳から角田家に間借り。そして七三年、彼女は二十歳前から美代子に強いられるかたちで同居を始め、その生活は逮捕までの四十年近く続いたことが、一四年から始まった一連の公判で明らかになった。

じつは、尼崎連続変死事件における七〇年代前半から九〇年代前半にかけての約二十年間は、私のような取材者にとって〝ブラックボックス〟ともいえる部分だった。事件発覚当時、美代子の収入源や生活などについて、一部の断片的な情報しか出てこなかったのだ。それが美代子の死後の公判に於いて、見えなかったところに光が当たり始めたのである。

八月十九日、〝マサ〟こと李正則の初公判で、三枝子の供述が読み上げられた。それは次のようなものだ。

「美代子は五歳上ですが、本当の姉妹のようにして生活してきました。私が十七、八歳の頃に家出。美代子と埼玉に住むことになりましたが、十九歳のときに万引きで捕まり、鑑別所に入れられました。その出所後、美代子の世話になるしかないと、それから一緒に生活するようになりました。離れられず、私はただ美代子の意に沿うように生きてきました」

この万引きでは美代子も逮捕され、未成年の三枝子は約二十八日間の鑑別所生活を送り、二十四歳の美代子は拘置所に入って裁判を受け、執行猶予付きの判決が下された。三枝子は先に尼崎の実家へと戻ったが、釈放されて尼崎に帰ってきた美代子が、彼女と両親を呼び出した。以下、別の公判での三枝子の証言である。

「美代子はかんかんに怒っていた。内容は憶えていないが、すごい剣幕で、すごく怖かった。美代子の母親も同席していたが黙っていた。母親も強い人だから、時々『やめな』とか言っていたが止まらなかった」

そこで美代子の怒りを収めるための条件が、三枝子が親元を離れて美代子と一緒に生活するというものだったのだ。美代子の性格を知り、このままでは両親に累が及ぶことを恐れた三枝子は、同居を決めた。それからは尼崎市のスナックで働かされ、給料の全額を美代子に渡す生活を送ることになったのである。

この話からすぐに連想したのは、後の美代子による一連の家族乗っ取りの手口だ。まさにそれは、ここでの経験を踏襲している。三枝子こそが、美代子による搾取の最初の被害者だったのである。

七四年、三枝子が二十歳のときには、すでに美代子によってスナックでの売春を強要されていた。その稼ぎは全額、美代子と頼太郎の生活費に充てられた。以来、三枝子は長年にわたって売春を続けることになる。二十五歳のときには、美代子が横浜のソープランドでの仕事を見付けてきて、三枝子は一年間横浜にいた。

「自分の生活もあるんで、（生活費を引いて）月に百二十万円から百五十万円を仕送りしました。ただ、それでも美代子から離れられたことで、ホッとして暮らしていました」

そう証言する三枝子だが、以後、尼崎市に戻ってからも売春を生業《なりわい》にする生活は続き、月に百五十万円近くを美代子に搾取された。三枝子はその使い道を証言している。

「着物、宝石、旅行、（腕時計の）G－SHOCKとか。美代子は気に入った物があると、とことん集めていた。自分しか持っていない物を持つことに満足感があった。あと、プレミアムのあるものが好きだった」

いくら収入があっても、浪費が多くて出費には追い付かず、美代子は八一年頃に一千万円近い借金を抱えていた。当時二十八歳の三枝子は、売春で知り合った好きでもない客に結婚を持ちかけ、美代子に対して「一千万円の借金は私が払うから、結婚させて」と彼女のもとを離れることを画策したこともあった。しかし美代子は認めず、話は潰された。美代子に逆らうことで、家族に危害を加えられるのでは、ということへの恐れが、三枝子の逃亡を抑止していた。

「血が汚れている」と口にしていた

八六年になり、三枝子は自宅へ集金に来ていた銀行員の子を身籠る。好意を持つ相手との間での妊娠だった。だが、美代子はお腹の子を差し出すように求めてきたという。三枝子はその経緯についても告白した。

「二十代の頃から『子供ができたらちょうだい』と言われていて、断り切れなかった。美代子は『うちは学校の成績も悪いし、顔も不細工やから自分の子は欲しくない。三枝子の子が欲しい』と……。内心はすごい嫌でした。そのとき初めて美代子に対して殺意を覚えました」

しかし、殺害に失敗した際の報復を恐れた三枝子は、行動には移せなかった。その結果、美代子の名前で産科を受診し、出産に及ぶ。そして母親は美代子と偽り、同年十二月二十五日生まれとして、男児の出生届が出された。美代子が付けた名前は「優太郎」

だった。

美代子は当時、周囲に自分が優太郎を産んだと吹聴していた。直に耳にした昔からの知人は振り返る。

「てっきり優太郎は美代子の子や思っとった。それから何年も経ってから、『優太郎はじつは三枝子が産んだ子なんや』て聞かされたときも、父親は頼太郎やて話してた。なんやかんや言うても、自分の身内の子やいうことにしたかったんやろな」

美代子が優太郎に出生の秘密を明かしたのは彼が七歳のとき。具体的な時期は不明だが、九三年末から九四年末の間が当てはまる。その方法は子供には残酷なものだと三枝子は憤る。

「実の父親がそのために呼び出されました。そして彼から事実を聞かされ、優太郎は『嘘や』と言って大泣きしました。私も泣いた。美代子はそういうことを平気でする。人の嫌がること、辛いことを平気でする」

優太郎自身もこのときの心境について、後の公判で証言している。

「美代子から『どっちを母親にするか』と迫られました。もし三枝子おばちゃんを選んだら美代子が怒ると思い、美代子でいいと答えました」

その後も優太郎は美代子を「おかあさん」、頼太郎を「おとうさん」、三枝子を「三枝子おばちゃん」と呼び続けた。彼が美代子を公然と「美代子」と呼び捨てにするようになったのは、一四年十一月に開かれた、自身の初公判でのことだ。

三枝子は四十八歳になる〇一年頃まで売春を行い、美代子にカネを提供し続けた。その総額は三億円を超える。それらはすべて美代子の浪費とファミリーの維持のため消えていった。かさむ生活費に借金は膨れあがるばかりだったが、〇三年に香川県の谷本家から搾取したカネや、〇五年に角田久芳さんの死によって得た保険金などを、返済に充てた。ファミリーの多くは、初めて殺人を目の当たりにし、加担させられたが、美代子に逆らえる者は誰一人としていなかった。三枝子は断言する。

「衣食住以外も、なにをするにも美代子の許可が必要だった。美代子が一番の権力者。絶対的な存在。執念深く、しつこい。そして、いったん怒ると手がつけられない。美代子は『自分を裏切った者は、絶対に許さへんし、復讐する』と言ってた。みんなそれを恐れてた」

美代子の尋常ならざる〝怨恨〟の力に、ファミリー全員が得体の知れない恐怖を抱いていたことは事実だ。三枝子はその〝怨恨〟の根源を想起させる美代子の発言を耳にしていた。

「美代子は『血が汚れている』とか『血の繋がった家族でもこの程度』とかよく口にした。血の繋がりよりも戸籍の繋がりを重要視していた」

「おかしい」「ハメられた」留置場の美代子

「東三樹《あずまみき》」

一一年十一月に傷害容疑で逮捕された美代子が、兵庫県警本部に留置されていたとき、みずから同房の者に名乗っていた偽名である。

ちなみに、留置場では通常、名前ではなく番号で呼ばれる。美代子の番号は「六十五番」だった。

一二年九月上旬、美代子は傷害罪の他に、大江和子さんへの監禁や傷害致死など複数の罪で起訴されていたが、房内では新聞や本を読んだりと、余裕を見せていた。また同房の者に携帯電話の番号を伝え、自分の出所後に連絡するよう話していた。

だが、同年八月に皆吉勝一さんの年金窃盗容疑で逮捕されていた三枝子や瑠衣が、皆吉ノリさんの年金窃盗容疑で再逮捕された九月下旬から、美代子の様子は目に見えて変わってゆく。当時、同房にいた三十代の女性は語る。

「その時期、急に警察の事情聴取が入るようになり、取り調べから帰ると一人で考え事をするようになった。それで『おかしい、おかしい』と独り言を口にしたり、『ハメられたな』と言うようになり、九月二十二日には『ウッ』とえずいて、吐いていた」

じつはこのころ、茉莉子さんや裕二さんといった、所在不明者についての調べが水面下で進んでいた。捜査について楽観視していた美代子は、意表を突いた展開に、不安と焦りを抱いたのである。そして十月十日、彼女が堅牢《けんろう》だと信じていたファミリーの壁が、一気に崩落する。

口火を切ったのは、美代子が絶対に自分を裏切らないと信じていた三枝子だった。彼

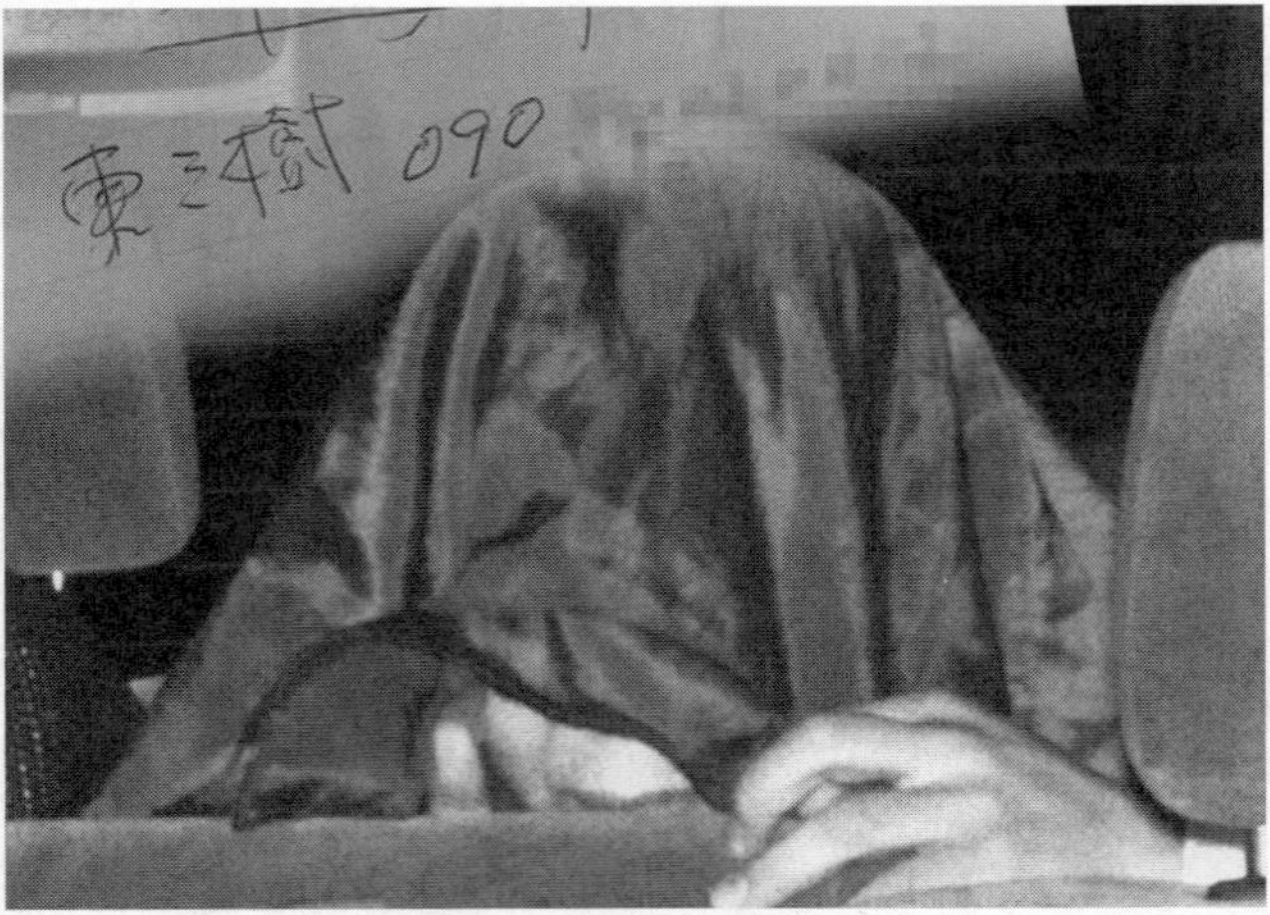

2011年11月、美代子は逮捕・送検された／留置場で書かれた直筆メモ（左上）

女の供述によって、すぐに皆吉家の床下の家宅捜索が始まり、三人の遺体が発見された。やがて三枝子の自供を知った他のファミリーも証言を始め、その結果、橋本次郎さんや皆吉ノリさんの遺体も発見される。美代子が、これこそが〝家族〟だと確信していたものは、砂上の楼《ろう》閣《かく》にすぎなかったのである。

数多の人生を蹂躙《じゅうりん》し尽くした彼女が、あっさりとみずからの命を絶ったことで、事件の真相は永遠に闇のなかに閉ざされてしまった。

現在、美代子の遺骨は、引き取り手がないため、神戸市の外れにある市営墓地に共同埋葬されている。その、連続殺人鬼の終《つい》の棲家は、意外なほどに穏やかな場所にある。

その後の「角田ファミリー」――洗脳から覚めた瑠依

一八年六月、東こと鄭頼太郎に対して最高裁が懲役二十一年（求刑懲役三十年）の判決を支持し、上告を棄却したことで、〝尼崎連続変死事件〟に関係する、すべての裁判が終結した。

彼と同じく最高裁まで争った李正則は、同年三月に無期懲役（求刑無期懲役）が確定し、以下、角田瑠衣は懲役二十三年（求刑懲役三十年）、角田三枝子と角田健太郎は懲役二十一年（求刑懲役三十年）の受刑者として、全員が服役している。

私がこの事件の取材を始めたのは一二年十月のこと。まさか、それから五年以上の長きにわたって、取材を続けることになるとは想像もしていなかった。

その大きなきっかけとなったのは、谷本豊さんとの出会いに尽きる。死亡した谷本裕二さんの弟であり、皆吉初代さんの夫、そして仲島茉莉子さんの父だ。さらには受刑者となった角田瑠衣の父でもある。まさに角田美代子に人生を翻弄された、最大の被害者が彼だった。

豊さんは妻子で唯一生き残り、妻や長女の死に関わった次女・瑠衣を最初から赦していた。神戸拘置所に勾留されていた瑠衣の接見禁止処分が解けてからは、仕事の合間を縫って毎週必ず面会に足を運び、手紙のやり取りを重ねた。豊さんは言う。

「あの子が思い出して辛い思いをするやろ。せやから事件の話はせんかったね」

娘はまだ幼い頃に角田美代子らによって取り込まれた。そのおかげで事件に巻き込まれた被害者であると彼は捉え、我が子に対する父親としての態度で接している。拙著『新版　家族喰い』（文春文庫）でも触れたが、私は豊さんが一人暮らす家を訪ねては、瑠衣から送られてきた手紙を見せて貰った。たとえば一五年十月二十六日、豊さんと十二年ぶりに再会した直後に書かれた手紙は次の通りだ。少々長いが引用する（一部抜粋）。

〈お父さんへ

今日は会いに来てくれてありがとう。今、部屋に戻って、さっそくこの手紙を書いています。

この3年間、早く会いたいといつも待ちわびていたのに、実際に会ってみると思ったように言葉にならなくて…でも会って顔を見ることができただけで、本当に嬉しかったです。

話をしたいことはたくさんありますが、まずは謝らせてください。本当にごめんなさい。大切にしないといけなかったのに、できませんでした。お父さんがちゃんと大切にしていた人を、私は加害者になって傷付けたり、死なせてしまいました。多分お父さんはずっと辛い思いをしてきたと思います。やりきれない思いを一人で耐えてきたはずです。いつかお母さんやお姉ちゃんにも会えることを願っていたはずなのに、こんな結果にしてしまって、悔しい思いをさせて、悲しい思いをさせてしまって、ごめんなさい。

本当にとりかえしのつかないことをしてしまって、今は後悔ばかりです。これからもずっと後悔しながら反省しながら忘れずに生きていくつもりです。

接禁（接見禁止）解除になって、面会ができるようになって、一番に会えたのがお父さんで、私はとっても嬉しいです。そしてこの手紙も第一号です。

お父さんがいてくれることが、本当に心の支えになっています。お父さん自身は助けられなかった、救えなかったと自分を責めて苦しい思いをしていると思います。多分そういう気持ちは消しきれないと思います。でも私はお父さんが巻き込まれずにいてくれたことで、今こうして再会できたので、本当によかったと思っています。お父さんのとった行動は正しかったと思います。あの状況のなかで立派で正しかったと思います。

まだまだまったくまとまりきっていません。角田家や美代子に対してはいつも揺れ動いています。全然変わらないのは、子供に対する気持ちだけです。子供達にだけは、幸せに真っ当な人生を歩んでもらいたいので、そう思うとまっすぐに頑張ることができています。

また会えるのを楽しみにしています。本当にたくさんありがとう。体を大事にして下さいね。　瑠衣〉

豊さんは当時、家を訪ねた私に語った。

「僕に会ってから、感情――、泣いたりとかが出てきたって。瑠衣の弁護士が『お父さんに会ってから、すごい瑠衣ちゃんが変わったんです』って言ってました。ほかの裁判に証人で出たりとか、自分の裁判とかが三年間続いてたから、常に気が張ってたと思うんよね。あの子は自分の罪は認めるつもりやったから、どうして欲しい、こうして欲しいは一切言わんかった。で、角田（美代子）が悪いとかも言わへんかったし……。自分が悪いと思ってたんやろうね」

瑠衣が被告となった公判では、美代子に取り込まれていく際の瑠衣の心境について本人が証言している。そこでは当初、美代子に敵意を抱いていた彼女が、すぐに懐いてしまった理由について、「母親や姉に共感してもらえなかったことを、美代子は褒めて『ええなあ』という感じで話を聞いてくれました」と答えている。さらに弁護人から具体例を尋ねられた瑠衣は続けた。

「たとえば、『星がすごいきれいに見えるとこやな、ええとこに住んでんな』と言われて、母親には私が流星群を見たりしてるときでも『寒いから入ってきたら？』と言われてたんですけど、それが美代子には『ええな』と言われました。あと、犬の世話なんかも『あんた一生懸命するなあ、よう世話するわ。よう懐いてるわ』と言ってくれて、姉からしたらボランティアみたいなことはダサいと思ってて、母親からも『要領悪いわね』という感じて言われてたんです。（中略）けど、美代子は『ええなあ』と褒めてくれました」

すべての背景には、当時思春期だった彼女の、家族に対する複雑な心理状態があった。瑠衣は母・初代さんについて放任主義だとしたうえで、「私からしたら趣味が多い人だったんで、自分の趣味に熱中してて、私のこと見てくれてるんかなと思ってました」と説明。また、三歳年上の姉・茉莉子さんについては「すごくあか抜けてたんじゃないかと思います。おしゃれだったと思うしセンスもいいし、友だち付き合いとか情にはすごくクールだった。私の捉えかたですけど、見下されてるんかなと思うことも多かったし、手軽に適当に扱われてる感じで、どれをとってもコンプレックスを感じてました」と告白している。

美代子はこうした思春期特有の家族への不満や劣等感を見透かし、同調することによって、瑠衣を自分の側に取り込んだのである。

瑠衣は公判中の一五年十二月十九日に豊さんへ出した手紙のなかで、美代子に対して抱く感情の変化について記している。

〈私には今でも美代子さんに自分は大事にしてもらった、恩があるからお返しとして大事にもしてきた、その関係のまま別れたことになるので未練の情が残る部分があります。そして角田家も家族として大事にしてきたので同じ気持ちです。でも（筆者注：精神）鑑定の話を聞いていると、やっぱりこれは特殊な手段や方法の中でなら多くの人がなってしまうメカニズムがあって、その上で植えつけられたものなのかなと思います。私には実感があるから本物だという感覚が残っていますが、でも認められるものじゃないのも分かってきています。本当に美代子さんが自分を大事にしてくれていたら、こんな手段や方法はとらなかったはずだと思うようになりました。少しずつ〉

この手紙を書く二日前、それまで彼女の心理面を調べた西田公昭・立正大教授が、神戸地裁で開かれた瑠衣の第二十二回公判の法廷で鑑定人尋問を受け、美代子にとって瑠衣は「年齢も若く、扱いやすい対象だった」としたうえで、美代子によるマインドコントロールについて、次のように証言していた。

「もし自分が（筆者注：瑠衣が美代子と会った）十七歳のときに、そういう環境に置かれたとするなら、常識的な行動が取れるか。一種の特殊な状況で、戦時下で監禁されるのと同じような状況だと思います」

面会室で瑠依が語ったこと

私は豊さんから紹介を受け、一六年二月二十三日に神戸拘置所で瑠衣と面会した。この十一日前、瑠衣には神戸地裁で懲役二十三年の判決が下されており、刑が確定してしまう控訴期限まであと三日しかなかった。どのような判決が出ても、控訴するつもりがないことを豊さんから事前に聞いていた私は、限られた時間を意識して面会に臨んだ。

身長百四十七センチメートルと小柄な彼女は、長い黒髪を後ろでまとめ、太い眉毛にアーモンド形の瞳で、実年齢よりも若く見える。

父親との面会であらかじめ私の名前を聞いていたこともあり、とくに緊張した様子ではなかった。

「父とはどういうきっかけで会ったんですか？」

はっきりした声で質問してくる彼女に、事件発覚からしばらくして、手紙と自分が記事を書いた雑誌を送り、取材を受けて貰ったという趣旨の言葉を返した。さらにはその後の豊さんとの付き合いについてや、彼女がよく知る人物との交流について話すと、「その話だけでだいぶん信用できました」と、笑顔を見せた。

瑠衣とは翌日も含めて二日会ったが、彼女が豊さんに出した手紙の扱いについて話したのみで、事件についての話はほとんどしなかった。ただ唯一、〝角田ファミリー〟の一員として、血の繋がった家族を被害者にしたことについて、いまはどう考えているのかを尋ねると、初めて表情を曇らせた。

「正直言って、まだ自分のなかで整理ができてないんです。いまでも家族の関係のことを思い出すと、頭のなかが混乱してしまいます」

母や姉の死に多少なりとも関わったという現実は、そう簡単に直視できるものではない。今後それは徐々に、しかし確実に、深い後悔となって彼女に襲いかかってくることが予想された。

面会を終える前に、私が前日、豊さんに電話で瑠衣との面会を報告したところ、「いい子でしょ」と言っていたということを伝えると、彼女は身を乗り出した。

「私が逆に言いたいんですよ。うちのお父さんって、いい人でしょ。そう思いませんか？　もうほんと、すごくいい人なんです……」

やがて面会時間の終了を告げられると、瑠衣は「これからも父をよろしくお願いします」と神妙な顔で切り出し、深々と頭を下げた。

やがて中部地方の刑務所に身柄を移された瑠衣が、豊さんに宛てて一六年五月二日に書いた手紙には、新たな生活の様子と、過去への反省の気持ちが綴られていた。それは、彼女が辛い現実と向き合い始めていることが伝わるものだった。

〈今日は分類の先生と事件の話をしました。生い立ちとか、当時の心境を話していると、どうしても涙が…。今は日常生活があわただしくて、全然泣くような気分でもなかったのですが、それでも自分が美代子さんに高松での生活のことを色々と言ってしまったのが、全てのきっかけだったと思うと、お母さんにも姉ちゃんにも申し訳なくなります。しかも、私が不満に思っていたことも、すべて的外れだったと言うか…。（中略）私も姉ちゃんは綺麗でおしゃれでパソコンも英語もできて、何もかもかなわないな…と思ってたけど、もう少し私が大学生とか就職などまで進んでいたら、自分には自分の生き方もあって、姉ちゃんを意識しすぎることもなかったと思います。そうして、後悔しながら実際は自分がどんな酷いことをしてきたか説明していると、何だか感情的になってしまいます。取り消せるものなら…って思います。取り戻せるものなら、亡くなった人の命を取り戻したいと、いつも思います。受刑生活は長いけれど、やっぱり生きている私の方が充分、恵まれた運命だと思うので、ここで出来ることをして、変われるだけ変えていこうと思います〉

ただひとつの「希望」

瑠衣と角田優太郎との間には、〇七年生まれの娘と〇八年生まれの息子がいる。家族で生き残ったのは瑠衣だけだと思っていた豊さんが、自分と血の繋がる孫二人の存在を知ったのは、一連の事件が発覚してからしばらくしてからのことだ。

両親が逮捕されてから、二人の孫は兵庫県内の施設で保護されていた。一五年の段階で豊さんは口にしている。

「優太郎からは手紙で子供のことをお願いしたいと……。あと、〈優太郎の実母である角田〉三枝子からもそういった手紙が来た。だからいま、孫らに会えるように施設にお願いしてるところなんですよ。上の女の子が小学校に入学した三年前にはランドセルを渡してる。その次に男の子が入学するときにも……。ただ、そのときは子供たちの精神面での配慮も必要だったから、僕が渡したとは言ってもらってないのよ。だけど今年になって瑠衣が手紙で〈あなたたちが使ってるランドセルは、おじいちゃんが買ってくれたものですよ〉って説明してくれたみたいやね」

そんな豊さんは、一六年の夏に初めて二人の孫と会うことができた。まだ一緒に暮らすことはできないが、一八年の夏には自宅に泊まりがけで遊びに来ることも認められたという。孫という新たな希望に出会えた豊さんの声は明るい。

「いまも瑠衣からは変わらず手紙が来てるよ。ほんと、長生きせんとあかんと思うようになったね。孫たちのこともそうやけど、瑠衣が出てきてから一緒に、初代と茉莉子の遺骨を納骨しようと思っとるからね」

やがて訪れる再会の日をこの目で見たい。私自身もそう思っている。

CASE
10

筧千佐子

近畿連続青酸死事件

京都南西部、向日市の住宅地で、事件記者が熱を帯びたように取材する姿が見られたのは2014年3月。〝熱源〟である筧千佐子（68）のまわりでは、20年間に10人以上の高齢男性が死亡していた。夫や内縁関係になった男たちの死を見届けると、配偶者の立場や「公正証書遺言」を最大限に利用し、遺された財産を手に入れていた千佐子。人の死を金に換える、その「プロの仕業」と言える手法が、「後妻業の女」として話題を呼ぶ。17年11月に京都地裁で死刑判決が下され、彼女は即日控訴した。

「はい、質問。私な、死刑判決を受けたやんか。いつ頃執行されるの？」

二日前に死刑判決を下された彼女は、その日初めて会った私にいきなり尋ねてきた。

二〇一七年十一月九日、京都拘置所の面会室でのことだ。

私は過去に、最高裁で死刑が確定するのはほぼ確実という、殺人事件の被告五人と面会したことがあった。だが、いずれも面会に際して「死刑」という言葉をこちらから使ったことはなく、先方が使うこともほとんどなかった。それほどにセンシティブな単語であると考えている。だが彼女、筧千佐子《かけひちさこ》はその壁を軽々と超えてきた。

心中の驚きを顔に出さないようにして、あっさり言葉を返す。

「まだまだ先ですよ」

しかし彼女はよほど答えが知りたいのか、間髪を容れずに質問を継ぐ。

「具体的には？」

「いやいや、高裁や最高裁がまだあるでしょ。刑の確定までに二年近くかかると思いますよ。しかも、確定したってすぐに執行されるわけじゃないです……」

その言葉に続けて、自分がこれまでに会った死刑囚の全員が、最高裁で死刑が確定して六年以上経っているにもかかわらず、一人としていまだに刑が執行されていないことを告げた。

「私いま七十でしょう。七十五まで生きられるんかなあ？」

この月に誕生日を迎える彼女は、二十日も経たずして七十一歳になる。これからも数年は裁判が続き、さらに数年は執行されないことが予想されるため、「そら生きてるでしょう」と口にした。

あらためて目の前の千佐子に目をやる。

派手な赤いセーターを着た彼女のショートヘアーはほとんど白髪で、年相応に頬はたるみ、伸びた眉毛が左右に垂れている。しかし滑舌《かつぜつ》は良く、やや早口で遠慮のない物言いは、いかにもお喋り好きのおばちゃんといった印象だ。

被告人との面会は、相手がもう会わないとなった時点で終わってしまう。千佐子と対《たい》峙《じ》する私の頭のなかは、これから先、いかにして彼女との面会を打ち切られないようにするかということで、占められていた。

遺産総額は八億円から十億円とも

彼女が関わったとされる一連の事件は、京都府向日《むこう》市に住む筧勇夫さん（当時75）が、一三年十二月二十八日に自宅で死亡したことに端を発する。千佐子は筧さんとその約二カ月前の十一月一日に入籍したばかり。彼女にとっては四度目の結婚だった。

筧さんの死亡状況に不審を抱いた京都府警が司法解剖を行ったところ、胃に毒物が直接触れたとみられる〝ただれ〟が二カ所確認され、血液からは致死量を上回る青酸成分が検出されたのである。

そこで、妻であり第一発見者の千佐子について調べを進めたところ、これまでに彼女が、結婚相談所を通じて出会った数多くの男性と交際や結婚を繰り返し、相手の死亡によって多額の遺産を相続していたことが判明したのだった。その総額は八億円から十億円と見られている。京都府警担当の記者は捜査の状況について説明する。

「逮捕前、京都府警による千佐子への任意の事情聴取が何度も行われましたが、彼女は飄々《ひょうひょう》とかわし続け、『私はやっていません』と一切認めようとしない。ポリグラフ検査も行いましたが、そこでも完全にシロ（無実）との結果が出たそうです。そこで、『このタマ（千佐子）は絶対に自供しないだろう』との前提のうえで、まずは証拠固めに力を入れて、公判を維持できるようにする方針に転換されました」

京都府警が千佐子に疑惑を抱き、内偵捜査をしていることが一部のマスコミに伝わったのは一四年三月のこと。私自身もすぐに現場へと向かったが、逮捕前ということで、表立った報道こそないものの、二十人近い記者が筧家の周辺で聞き込み取材をしていた。

その時期、千佐子は向日市の筧家と、以前に購入していた大阪府堺市のマンションを行き来する二重生活を送っていた。向日市の近隣住民は、筧さんの死亡後に見かけた千佐子の姿に違和感を抱いていたことを私に語った。

「旦那さんが死んでから一月も経ってないのに、朝とか夕方とかに、化粧をばっちりとキメて、おしゃれをして出かけている姿を見かけています。なんでこの時期にあんな派手な格好を、と不思議に思っていました」

じつはこの時期、警察による事情聴取の合間にも、千佐子は次なる出会いを求めて、ふたたび結婚相談所に出入りし、見合いを繰り返していたのである。

私が取材を始めて間もなくのこと、千佐子は堺市で記者たちの囲み取材に応じている。そこで彼女は、「私は一切、自分が犯罪者になりたくないし、そこまでアホじゃないから……。あえてその人を殺すようなことをするほど、私はそんなアホな女じゃないです」と、犯行を真っ向から否定。「なんでこうなるのって、もうその一言です」と自身の置かれた状況について嘆いていた。

また、結婚についてどのように考えているかを問われ、平然と次のように答えている。

「生活の安定というか、まあ、どこかに一緒に遊びに行ったり、楽しくするっていう？　そんかわり相手の健康管理は私がするし、美味しいもの食べさせたり……、互いに楽しく暮らすということでしょうね」

あえて記者の取材を受け、自身の潔白を訴える彼女は言い放つ。

「私みたいな普通のおばちゃんが、どこでどうやって毒（青酸化合物）を入手できんの？」

だが、やがてその顔から笑顔が消える出来事が起きる。同年夏になり、千佐子が不用品回収業者に家財道具などを引き渡したとの情報を得た京都府警は、それらの任意提出を業者に依頼して、中身を調べた。すると園芸用品のプランターの土のなかから、微量の青酸が付着した小袋を発見したのである。逮捕前の千佐子を直接取材した大阪府警担当記者は話す。

「彼女は次第に自分が追い詰められているのを感じていたようです。犯行については『絶対にやってない』と言い張りながらも、『自分の運命を恨みたい』と洩らすなど、不安を口にするようになっていました」

一四年十一月十九日、千佐子は筧さんへの殺人容疑で京都府警に逮捕された。その際の状況について同記者は続ける。

「十八日に千佐子が自殺をほのめかしていることを聞いた関係者が、警察に通報したのです。京都府警はまず向日市の筧家に向かいましたが、不在だった。そのため千佐子が二重生活を送っている堺市のマンションに急行したところ、十九日の早朝に彼女が外出する姿を確認。最寄駅から電車に乗って、大阪府熊取《くまとり》町内の駅で下車した際に任意同行を求め、午前八時過ぎに逮捕状を執行しました」

また、逮捕と同時に家宅捜索が行われ、千佐子が逮捕前にいた堺市のマンションの部屋からは、青酸が付着していた小袋と同じ製品が押収された。

当初は頑なに犯行を否認していた千佐子が、筧さん死亡への関与を認めたのは、翌十二月十日の起訴の直前だとされる。だが自供後もその内容は揺れ動いていたと、前出の京都府警担当記者は語る。

「千佐子は基本的に饒舌《じょうぜつ》で、世間話や雑談には積極的に応じるのですが、肝心の事件の話になると、頑なに否認していました。ただ、青酸が発見されたことと、供述の矛盾点を突かれるなかで、次第に関与を認めるようになったのです。とはいえ、彼女には最初の夫との間に成人した息子と娘がいるのですが、『子供たちに迷惑がかかる』と、いったん口にした供述を取り消すなど、その内容はあやふやな点が多かった」

しかし、捜査は徐々に千佐子を追い詰めていく。一二年三月に大阪府泉佐野《いずみさの》市で死亡した彼女の交際相手で、同府貝塚市の本田正徳さん（当時71）の血液が、近畿大学の法医学教室に残されており、改めて鑑定した結果、致死量を上回る青酸化合物が検出されたのである。そのため一五年一月二十八日、大阪府警が千佐子を本田さんへの殺人容疑で再逮捕した。

大阪府警の取り調べを受けることになった彼女は、二月にはすでに、筧さんと本田さんの二人に青酸入りのカプセルを飲ませたことを自供。また、自身の犯行がそれだけではないことも明かし、捜査はさらに拡大された。

その結果、三月二十三日には被害者が死亡した地域にあたる大阪、京都、兵庫の三府県警による合同捜査本部が設置され、四月十七日にはそこに奈良県警も加わり、四府県警による合同捜査本部となった。前出の大阪府警担当記者は説明する。

「この時点で千佐子は、殺人で起訴された二人を含む八人について、青酸化合物で殺害したことを認めていました。青酸の入手ルートについては、二十数年前に貝塚市で衣類のプリント工場を営んでいるときに、出入りの業者から『印刷を失敗したときに（青酸を）使うと色を落とせるからと貰った』と話していますが、それから時間が経ちすぎていることもあり、裏付けが取れていないと聞いています」

いずれにせよ、合同捜査本部は六月十一日に、〇九年五月に死亡した兵庫県神戸市の末廣利明さん（当時79）への強盗殺人未遂容疑で千佐子を再逮捕した。さらに九月九日には、一三年九月に死亡した兵庫県伊丹市の日置稔さん（当時75）への殺人容疑での再逮捕がなされたことで、結果的に彼女は三件の殺人罪と一件の強盗殺人未遂罪を問われることになった。

この時点で私は、親しくしている記者たちの協力を得て、千佐子との交際や結婚後に死亡したことが確認されている十一人の男性をリストアップしていた。彼らを死亡時期順に並べると以下のようになる（起訴された事件は＊で表示）。

①一九九四年九月に死亡（以下同）、最初の夫である大阪府貝塚市の印刷業・矢野正一さん（仮名・当時54）

②二〇〇二年四月、交際相手の大阪府大阪市のマンション、ビル経営・北山義人さん（仮名）

③〇五年三月、交際相手の兵庫県南あわじ市の酪農家・笹井幸則さん（仮名・当時68）

④〇六年八月、二番目の夫である兵庫県西宮市の薬品卸売業・宮田靖さん（仮名・当時69）
⑤〇八年三月、交際相手の奈良県奈良市の元衣料品販売業・大仁田隆之さん（仮名・当時75）
⑥〇八年五月、三番目の夫である大阪府松原市の農業・山口俊哉さん（仮名・当時75）
⑦＊〇九年五月（青酸化合物の服用は〇七年十二月）、交際相手（裁判時は「知人」との表現）の兵庫県神戸市の元兵庫県職員・末廣利明さん（当時79）
⑧＊一二年三月、交際相手の大阪府貝塚市の元海運業・本田正徳さん（当時71）
⑨一三年五月、交際相手の大阪府堺市の造園業・木内義雄さん（仮名・当時68）
⑩＊一三年九月、交際相手の兵庫県伊丹市の元内装業・日置稔さん（当時75）
⑪＊一三年十二月、四番目の夫である京都府向日市の元電機メーカー勤務・筧勇夫さん（当時75）

ここで名前の挙がった十一人のうち、千佐子は⑦の末廣さんへは強盗殺人未遂罪で、⑧の本田さんと⑩の日置さん、⑪の筧さんの三人に対しては、殺人罪で起訴された。また、一五年十月二十七日には⑤の大仁田さんと⑥の山口さんについて殺人罪で追送検され、十一月六日には③の笹井さんと⑨の木内さんについても、強盗殺人罪などで追送検された。ただし、大阪地検はこれら四件については物証が乏しく、刑事責任の追及は困難ということで、不起訴処分とした。

最初の夫を亡くしたときに彼女は四十七歳で、自身の逮捕に繋がる四番目の夫を殺害したときは六十七歳である。その二十年の間に、千佐子はいかに殺意を醸成させていったのか。無機質な記号のように並ぶ被害者たちの名前に、彼らが生きてきた証を肉付けする作業が必要だった。

「後妻」を求めた高齢者男性たち

まずは、起訴された四つの事件について取材した結果を、発生した年代順に説明しておきたい。

●⑦末廣利明さんへの強盗殺人未遂

兵庫県南あわじ市（現在）で生まれた末廣さんは、ボイラー技士として兵庫県の職員になり、淡路島に住んでいた。妻との間に三人の子供がいたが、定年退職前に神戸市に転居し、九七年に妻を亡くす。定年後も兵庫県三田市でボイラー技士を続けていたが、当時から趣味で株式に投資するなどし、資産を増やしていた。

兵庫県警担当記者は説明する。

「淡路島時代の知人によれば、末廣さんはふだんから体調管理に気を配り、健康な人だったそうです。彼は〇五年の夏に結婚相談所を通じて千佐子と出会い、その後、自分も投資をしたいという千佐子に対して、多額のカネを貸し付けていました。末廣さんから千佐子への、数十万円から数百万円の振り込みが数十回確認されており、千佐子も分割して返済している形跡がありましたが、次第に滞るようになったようです。結果的に二年ほどの間に彼女の借金は約四千万円にまで膨らみ、その返済を迫られるなかで犯行に及びました」

〇七年十二月十八日午後二時頃、神戸市中央区の喫茶店で、千佐子から渡されたカプセルを飲んだ末廣さんは、一緒に店を出て路上を歩いているときに昏倒。千佐子が救急車を呼んだ。幸い命は取り留めたが、低酸素脳症による高次機能障害や視力障害と診断される。ちなみにこの日は、千佐子が末廣さんに借りていた四千万円の返済を約束した日だった。意思の伝達が不可能で介護なしでは日常生活が不可能な〈要介護5〉の状態となった末廣さんは、その後も入退院を繰り返し、約一年半後の〇九年五月に死亡した。当時、死因は胃の悪性リンパ腫と診断されていた。同記者は続ける。

「千佐子は『健康にいいから』と青酸入りのカプセルを勧め、まず自分が青酸の入っていない同じカプセルを飲み、相手を信用させていたそうです。末廣さんについては司法解剖が行われておらず、血液が残されていなかったのですが、大量の診療記録があり、救急搬送された末廣さんの症状が、青酸中毒のものと矛盾しないという証言を、複数の専門家から得たことで、立件に繋がりました」

●⑧本田正徳さんへの殺人

広島県竹原市出身の本田さんは、四人兄弟の三男。海運会社に勤め、一年の大半を船上で過ごす外国航路の機関長だった。結婚したが子供は作らず、会社を定年退職してからは、関西国際空港の周辺を見回る船に乗る仕事に就いている。〇五年十二月頃から貝塚市で年金生活を送っていたが、〇八年に妻と離婚。やがて本田さんは、一〇年十月頃に結婚相談所を通じて千佐子と知り合う。一一年八月頃には千佐子を連れて竹原市に帰郷。彼女と結婚するつもりであることを親族に報告していた。また、同年十二月末には、入籍前にもかかわらず、千佐子に全財産を遺贈するとの公正証書遺言を作成している。

近所のスポーツセンターに通うなどして、健康に自信のあった本田さんだが、一二年三月九日午後五時前頃、貝塚市内の喫茶店で千佐子と会った際に青酸入りカプセルを飲まされ、その後ミニバイクでスポーツジムへと移動中、泉佐野市内の路上で転倒し、死亡した。

広島県に住む本田さんの兄・一正さん（仮名）のもとを訪ねたところ、当時の状況について憤りを隠せない口調で言う。

「それまで健康じゃった正徳が、いきなり死んだいう連絡を受けたんよ。慌てて大阪に駆けつけたら、もう通夜の準備がされとるからって、葬祭場で待たされて、そこで遺体に対面したんじゃ。そうしたら通夜の席上でいきなりあの女（千佐子）が、遺産相続の話を始めたんよ。半年前に正徳と一緒にうちに挨拶に来たときに、結婚するつもりとは聞かされとるけど、入籍もなんもしとらんからね。そのことを話すと、『公正証書がありますから』て言われたんじゃ。それでわしが、『兄弟が受け取り人になっとる生命保

千佐子は、葬儀の場で親族に遺産の権利を主張したという

険があるじゃろう』て言うと、『それは名義が私に変わってます』て、ぬけぬけと口にしとったね。兄弟みんな納得いかんかったけど、争いになったらみんな家族もおることやし、大騒ぎすまいということで、諦めとったんじゃ」

当時、最初の夫の姓である矢野を名乗っていた千佐子は、葬儀を境に本田家の親族には一切連絡を入れていないという。この事件で彼女は生命保険金やマンション売却代金など、二千万円近くの現金を手にしたのだった。

●⑩日置稔さんへの殺人

鹿児島県日置市出身の日置さんは、八一年に兵庫県伊丹市内の内装工事会社に入社。現場監督や営業の仕事をしていた。妻と息子と娘の四人で伊丹市内の一軒家に住み、九二年に独立して自宅で内装業を始めた日置さんだったが、〇六年に妻と離婚。子供たちも独立して一人暮らしを始めてから結婚相談所を利用するようになり、一二年十月頃に千佐子と結婚相談所を通じて知り合い、交際を始めた。前出の兵庫県警担当記者は明かす。

「知人によれば、おとなしく真面目な性格だったという日置さんの趣味は碁で、近くの囲碁教室や碁会所にも熱心に通っていたそうです。千佐子と出会い、交際するようになってからは、一緒に旅行に行ったり、日置さんの家に彼女らしき女性が出入りする姿が目撃されています」

日置さんは一三年九月二日に、千佐子に遺産のすべてを譲るという公正証書遺言を作成。それから十八日後の九月二十日午後七時頃、伊丹市内のレストランで青酸入りカプセルを飲まされた彼は、千佐子と一緒に車に乗り込んだ駐車場内で体調不良を訴えて意識を失った。そして、救急搬送された病院で約二時間後に死亡した。そのときの状況について同記者は続ける。

「千佐子は医師に対して自分が妻だと説明し、日置さんに二人の子供がいるにもかかわらず、家族は自分だけだと嘘を言い、『末期ガンなので延命治療はしなくていい』とまで口にしていました。その結果、日置さんの死因は持病の肺ガンということで片付けられたのです。さらにこの事件では、死因に不審を抱いた遺族が、伊丹署に捜査することを訴えていたのですが、司法解剖すら行われませんでした。遺族は、これまで存在すら知らなかった千佐子という女が現れ、預貯金や株の譲渡を約束する公正証書遺言をちらつかせて、遺産の権利を主張していることを訴えていましたが、同署の担当者は、それにもまったく耳を貸さなかったということです」

結果として千佐子は日置さんの遺産約千五百万円を受け取った。なお、これは後に判明したことだが、この事件を起こした段階で千佐子は、知人や金融機関に多額の借金があり、預貯金はほとんどない状態だった。

●⑪筧勇夫さんへの殺人

滋賀県長浜市で生まれた筧さんは、大手電機メーカーの社員として、下水処理施設の電気整備工事の現場を統括するなど、管理職の仕事をしていた。まじめな性格で、趣味はウオーキングだった。九四年に妻を亡くし、九八年に退職したが、その三年後の〇一年に一人娘も亡くしており、向日市の自宅で一人暮らしをしていた。

一三年六月に京都府内の結婚相談所を通じて千佐子と知り合った筧さんは、同年十一月一日には婚姻届を提出し、彼女と二人で暮らすようになった。十二月中旬には千佐子が近隣に菓子折りを持って、結婚の挨拶に回っていたが、それから二週間も経たない十二月二十八日午後九時頃、自宅内で青酸入りのカプセルを飲まされた筧さんは昏倒。同九時四十七分に千佐子が「夫が倒れて意識がなく、冷たくなっている」と一一九番通報したことで救急隊員が駆け付けた。

そのときの様子について、一四年三月の時点で近隣住民は次のように語っていた。

「夜中に救急車がやってきたので表に出ると、筧さんの家に救急隊員が入っていきました。旦那さんが担架で外に運び出されるときは、手がだらんと垂れていて、心臓マッサージも途中で止めたので、ああ、これは亡くなったんだと思いました。あそこの奥さん（千佐子）は、そのときの状況について、『書斎でパソコンをやってて、頭がフラフラする言うてこけた』と説明していました」

やがて営まれた筧さんの葬儀の席で、千佐子は周囲を驚かせる言動をしたという。その様子について京都府警担当記者が明かす。

「葬儀中はずっと俯《うつむ》いていた千佐子でしたが、火葬場に向かう霊柩車のなかで筧さんの兄妹に向かって、『あるはずの通帳や印鑑、指輪がない』と保管場所を尋ね、わからないと言われると、『見つかるまで家のなかを探すからな』と、捨てぜりふまで口にしたそうです」

千佐子はこれまで、葬儀の席で親族が集まった際に、妻としての遺産についての権利を主張し、⑧本田さんや⑩日置《と》さんのように入籍前であれば、生前に相手が作成した公正証書遺言を取り出し、親族を説き伏せた。

私の手許にある、千佐子の交際相手が実際に作成した公正証書遺言のコピーは、次のような文面になっている（以下、文面内の××には実際の書き込みあり）。

〈遺言公正証書

平成××年××月××日××法務局所属公証人××役場において、遺言者××は、証人××及び証人××の立会の下に、本職に対し、次のとおり遺言の趣旨を口授した。

本旨

第一条　遺言者は、遺言者が有する下記一の不動産及び二の金融機関に預託中の預貯金等を含む全ての財産を、遺言者の内縁の妻・矢野千佐子（昭和21年11月28日生）に遺贈する〉

この文面に続き、所有する土地や預貯金の口座などが列挙され、そのうえで遺言者が、祖先の祭祀主宰者（遺言者の葬儀・納骨・法事を含む）として千佐子を指定したことと、この遺言の執行者が千佐子であることを指定したことを明記し、遺言者本人と証人二人が署名、捺印している。

このようにして、千佐子はこれまで数多の高齢者の命を踏み台に、みずからの富を築こうとしてきたのだった。

銀行員のプライドから投資へ

千佐子のルーツを辿ると、福岡県北九州市に辿り着く。

後の面会時の千佐子本人の述懐によれば、彼女は一九四六年十一月、長崎県長崎市で未婚の母の子として生まれた。すぐに佐賀県出身の父親と山口県出身の母親が住む福岡県八幡市（現・北九州市）に養子に出され、長女として育てられた。地元の公立小・中学校に通っていた頃を知る星野君子さん（仮名）は、「山下」姓だった当時の千佐子を振り返る。

「家が近くだったから小学校の頃から、もう一人の女友達と一緒に遊びに行ってました。たしかお父さんは勤め人で、家にはお母さんとお兄さんがいたという記憶があります。山下さんの印象はとにかく頭のいい子というものです。ほんとにそれしか思い浮かばない。だから将来は、どこかでリーダーになって、活躍しているだろうなって思っていました」

千佐子と同じ中学校に進んだ星野さんは、彼女について強く印象に残っていることがあるという。

「山下さんは中学でも学業の成績はとにかく良かったんですけど、運動が苦手だったんですね。それであるとき彼女が先生に『私は運動はできないけど、とにかくできないなりに頑張った。だから体育の点を上げてください』って直訴《じきそ》したんです。それを聞いて、山下さんらしいなって思いました。昔から気が強いし、言うべきことは言うというタイプだったんです」

学年でも上位の成績だった千佐子は、六二年四月に進学校として知られる県立東筑高校に入学した。同校での、千佐子の同窓生を取材してまわったが、事件のことを知る誰もが、口裏を合わせたかのように「目立った存在じゃなかった」や「同じクラスだけど、私はよく知らない」との答えを返してきた。

「どちらかといえば穏やかで、記憶のなかでは笑顔が浮かぶタイプ」

というのが、数少ない具体的な証言の一つだ。また高校卒業後に、彼女は大手都市銀行に就職するが、そのことについても、「本人（千佐子）は大学進学を希望したが、家族の反対で仕方なく就職した」との話がある一方で、「当時、（同校の）女子生徒は教職を希望したり、弁護士を目指すという人以外は、大学に行かずに就職を選択するのが普通だった」との意見もあったことを付け加えておく。

六五年四月から都市銀行の北九州支店で銀行事務の仕事に就いた千佐子は、六九年に旅行先の鹿児島県・桜島で、当時は運送関係の仕事をしていた貝塚市の矢野正一さんと出会い、交際するようになる。そして、同年三月に勤め先の銀行を辞めた彼女は、十月に彼と結婚した。そのいきさつについて、千佐子から話を聞いたことのある知人は語る。

「当時、矢野さんの実家は兼業でみかん農家をやっていました。その関係で農協の旅行に参加し、桜島を訪れていたそうです。一方の千佐子は銀行の同僚と旅行中でした。その旅先で、矢野さんのグループの年配の男性たちが千佐子らに声をかけ、若いんだからということで、矢野さんが代表して彼女に住所を聞く役割を担ったというのが、交際のきっかけです。当時は双方の両親が結婚に反対したそうですが、千佐子によれば、『あの年頃だから、反対されればされるほど盛り上がった』ということで、結婚を押しきりました」

貝塚市に嫁いだ千佐子は、彼の実家のみかん農家を手伝いながら、七〇年に長男を、七一年には長女を出産した。順風満帆な結婚生活かと思われたが、決して平穏なものではなかったようだ。近隣住民は当時の状況について説明する。

「あそこの家は近くに本家があるんやけどな、九州から来た嫁さん（千佐子）は気ぃが強うて、本家の悪口をまわりに遠慮せずに言いふらすんや。せやから本家との関係はようなかったで。それにな、あの嫁さんは金遣《かねづか》いが荒いいう話も聞いとる。ダンナが死んでからも一人でプリント工場の仕事を続けとったんやけどな、あちこちに借金して、結局は土地を手放すことになってしもたんや」

このコメントに出てきたように、矢野さんは結婚から十八年後の八七年に、衣類へのプリントを主体とした『矢野プリント』（仮名）という印刷会社を立ち上げ、千佐子も仕事を手助けしていたという。だが、もともと病気がちだった矢野さんは、九四年九月に五十四歳で亡くなる。矢野さんの死亡前から千佐子は会社の運営資金だとして、双方の親族などから借金を重ねていたが、夫の死亡保険金として入った約二千万円をそれらの返済に充てている。その後、千佐子は会社を受け継いで続けていたが、〇一年に廃業。彼女は貝塚市の矢野家の周辺から姿を消した。先の近隣住民は続ける。

「工場自体はそんなに規模の大きいもんやないし、なんであないに借金があったんやという話になったことがある。子供らを二人とも私立の大学に行かせとったし、たしかにカネはかかったかもしれへんけど、それだけでは収まらん借金があったて聞いてるからね。カネを借りとった親戚からなんに遣ったんか訊かれても、頑として言わへんかったそうや」

前出の大阪府警担当記者は、千佐子が一連の事件を起こすきっかけについて、捜査員の見立てを解説する。

「捜査員は千佐子が最初の結婚をしていた時期の経験が、その後の犯行動機になったのではないかと見ています。実際、当該の時期について彼女は『とにかくカネには苦労した』と口にしており、『大金を稼いで見返したかった』とも供述しています。というのも、北九州市から嫁いだ千佐子には、近代産業発祥の地で育ったという自負があり、街育ちのエリート銀行員としてのプライドがあった。しかし、農地に囲まれた夫の実家からは、九州の田舎から出てきた分家の嫁として扱われ、虐《しいた》げられたことへの反逆精神による犯行ではないかというのです」

そうした〝ルサンチマン（弱者による強者への憎悪）〟ともいえる感情は、銀行員の経歴を持つ彼女を投資へと走らせた。

そのため千佐子は、最初の夫が亡くなる前の九〇年頃から、先物《さきもの》取引などの金融商品に手を出すようになったとされる。当初は数百万円の利益を上げたこともあったようだが、投機性の高い金融商品に手を出すようになった結果、多いときで数千万円の借金を背負うようになり、結果として夫の死後に引き継いだ『矢野プリント』は廃業に追い込まれた。

重複する交際と死亡

千佐子が結婚相談所に登録を始めたのは、夫の死から四年後の九八年頃。そして〇二年には大阪市の②北山義人さんが死亡した。私が取材した近隣住民は周囲を憚りながら囁く。

「義人さんは奥さんがたしか五十代半ばで亡くなり、娘さんは結婚しはって家を出ていたので、自宅に一人で暮らしていました。その女の人（千佐子）の出入りは見ていないんですけど、そういう人がいたことについては、前に娘さんから聞いています」

もともと農家だった北山家は、所有する土地を駐車場やビルにして、管理会社が運営しているという資産家だった。

「それで義人さんがその女の人にマンションを買ってあげるために、購入資金を出してほしいと言われて、娘さんは嫌がってはったんですけど、ある土地を売って、彼女に××公園の近くにある億単位のマンションを買ったんです。マンションを買うまでに、付き合って一年経つか、経たないかでした。で、マンションを買って間もなくして義人さんが亡くなったと聞いて、びっくりしました」

北山さんが亡くなった翌年に、千佐子は兵庫県南あわじ市の③笹井幸則さんと交際を始める。最初の妻との間に娘二人を儲《もう》けるも離婚し、その後再婚した相手と死別していた笹井さんの〝妻〟として、千佐子は乳牛品評会や農業共済ＯＢ会の九州旅行などに同行していた。近隣住民は呆れ顔で語る。

「田んぼの作業をしよっても、あの女（千佐子）は横に椅子を出して座り、ただ見よるだけで、手伝いもせんかった。先祖代々の墓の前で、平気で墓に尻を向けて座っとって、変わった人やのう思いよったわ」

笹井さんが亡くなったのは〇五年三月のこと。彼が牛舎で倒れているのを発見し、一一九番通報をしたのは千佐子だった。彼女は四十九日までは笹井家にいたが、彼の末弟が金額を決めて財産の一部を渡したところ、それ以降は姿を見せなくなったという。

そして〇五年夏には神戸市の⑦末廣利明さんと交際を始める。千佐子は彼との交際を続けながら、〇六年五月に西宮市の④宮田靖さんと入籍。宮田さんは同年八月に死亡した。宮田家を知る人物は言う。

「もともと夫婦で薬局をやっていたんですけど、奥さんが亡くなったんですね。それでしばらくして、別のおばちゃんが家に出入りするようになってました。それからわりとすぐに、宮田さんが亡くなったんです。そのあとも家は夜に電気が点いたりしてましたけど、すぐに所有者が変わったんです。近所では、あのおばちゃんが売っ払ったんだろうと噂になってました」

宮田さんと入籍していた千佐子は、彼の死亡後に土地と建物を自分名義にし、少なくとも約九千四百万円で売却している。

後の裁判で明らかになったことだが、翌〇七年までに千佐子は、高齢者を中心とした多数の顧客に対して、海外先物オプション取引の勧誘をして社会問題化した『××インターナショナル』という会社に、約三億円を注ぎ込んでいた。彼女は末廣さんからも約四千万円を投資資金として預かっており、その返済を約束した同年十二月、彼に青酸化合物入りのカプセルを飲ませたのだった。

この前後から千佐子と結婚や交際をする相手の時期が重複するようになり、やがて出会いから死亡までの間隔が狭まってくる。

末廣さんが入退院を繰り返すなか、〇八年三月には、その約一年前から交際していた奈良市の⑤大仁田隆之さんが自宅で倒れて死亡する。千佐子は大仁田さんの通夜の席で、〇七年十二月に作成された公正証書遺言の存在を盾に、彼の親族に対して遺産を要求した。じつはこの公正証書遺言は、先の末廣さんが救急搬送されたわずか一週間後に作成されたものだった。大仁田さんの兄弟は語る。

「土地や現金などの遺産については（大仁田さんの）息子との話し合いになった。たぶん折半《せっぱん》になったと思います」

千佐子は大仁田さんが死亡した翌月であり、彼の息子と遺産について話し合っていたであろう同年四月に、〇七年から交際していた松原市の⑥山口俊哉さんと入籍した。すると山口さんは、入籍して一カ月しか経たない五月に死亡する。

これも後に明らかになったことだが、この時期の千佐子は、末廣さんから彼女への多額の融資を知り、追及してきた彼の家族に対し、事件発覚を恐れて全額の返済を約束していたのだった。そして実際に、山口さんの死亡で得た遺産を返済に充てている。

続いて〇九年五月に、入退院を繰り返していた末廣さんが死亡した。その時期には、千佐子も警戒していたのか、やや間隔が空く。しかし次の交際を始めて以降は、幾重にも交際相手が重複するようになる。

一〇年十月頃から交際していた貝塚市の⑧本田正徳さんが一一年十二月に公正証書遺言を作成すると、彼は約四カ月後の一二年三月に死亡。時期は判然としないが、千佐子はその年のうちに堺市の⑨木内義雄さんと交際を始め、同年十月には伊丹市の⑩日置稔さんとも交際を始める。

一三年五月に木内さんが死亡すると、同年六月には向日市の⑪筧勇夫さんと交際を始める。そして九月に日置さんが死亡。その二カ月後の十一月に筧さんと入籍するも、翌十二月に彼も死亡した。

こうして事実関係を時系列に並べるだけでも、いかに尋常ならざる行動であったかは明らかだ。千佐子は彼らの命と引き換えに、総額八億円以上のカネを手にしたのである。しかし皮肉なことに、彼女は投資でそのほとんどを〝溶かし〟てしまい、最後に筧さんと入籍した段階で、約一千万円の借金を抱えていた。そのため千佐子はなりふり構わずに、隠し持った青酸化合物を使って〝事を急ぐ〟必要があったのだった。

千佐子の結婚観

〈第二の人生に夢ふくらませてます。私の性格は明るくプラス思考で寛容でやさしいです。相手の方への思いやりと尽くすことが私の心意気です。健康管理と明るい家庭が妻のつとめと思います〉

これは〇五年頃に、千佐子がとある結婚相談所で書いた、自身の紹介と相手へのメッセージである。彼女は逮捕されるまでの間に、合計で二十カ所以上の結婚相談所に登録していた。それが標的を得る手段だった。

当時五十八歳の彼女が相手に求めた条件は、年齢が六十歳から七十三歳まで。身長は百六十センチメートル以上。婚歴は不問。年収は一千万円くらい。体格は不問。人柄は〈心の広いやさしく誠実な方〉とある。

また別の結婚相談所の紹介文では、〈生活の安定した方〉を希望の相手としており、自身の趣味については〈料理、読書、旅行、ガーデニング、スポーツ観戦、ドライブ、寺社、仏閣〉と記載していた。

なかでも興味深いのは、〈あなたの結婚観について〉というアンケートでの千佐子の回答である。設問に対して三択式になっており、彼女は次の答えを選択していた。

●妻の仕事について
　結婚後は家庭をしっかり守って仕事はしない
●妻は夫の仕事について
　意見を求められた場合のみ言う
●家事・掃除等は
　妻にまかせる
●夫婦のサイフのひもは

夫婦で共同管理するのがよい

また同様に、本人の〈性格に関するアンケート〉では、次のように回答して自己アピールをしている。

●家庭的ですか？

大変家庭的である

●細かいことによく気が付く？

気が付くほうである

●負けずぎらいですか？

そうでもない

●芯は強いですか？

そう強くはない

実際に彼女が利用していた結婚相談所の代表は明かす。

「年齢よりも若く見え、会話のテクニックがある人でした。声のトーンとかテンポが良く、自分の伝えたいことをすべて会話に詰め込んで、相手に納得させるタイプです。たぶん普通の人やったら話術に翻弄《ほんろう》されてしまうと思います。彼女は子供や親族が近くにいない相手を希望していて、持ち家があり、貯《たくわ》えがそこそこある人がいいと話していました」

一方で、実際に千佐子と見合いしたものの、その言動に不審を抱き、破談にした相手もいる。和歌山県の製材所に勤務する八十二歳の男性は振り返る。

「結婚相談所を通した一回目の見合いで気に入り、二回目は二人きりで会いました。そんときに、もし結婚して僕が死んだらいう話題になり、『私、一人で残されたらどうしたらいいの?』て訊かれたんです。会うてまだ二回目の見合いの席やのに、なんでそないなことを言うのかと思い、こちらから断りを入れました。もしあんときに付き合うてたら、僕も殺されとったでしょうね」

千佐子は筧さんと入籍した直後に、〝その先〟を見越してか、独身だと偽って見合いを重ねていた。だがそこでも相手の資産についての話を持ち出したことから、「あれはあかん」と先方に断られたりもしている。

またその男性とは別に、筧さんが死亡する十三日前に彼女と見合いをし、筧さんの死を挟んで警察の捜査が進むなか交際を続けた男性もいた。その男性に対して京都府警は、事件の内容は言えないが、千佐子について刑事事件で動いていることを説明し、警察のことは言わずに別れるよう説得。男性は渋々了承し、彼女に別れを切り出している。

千佐子が結婚相談所を利用し、約十六年の長きにわたって続けてきた〝後妻業〟の日々は、これをもって終焉を迎えたのだった。

「女ですもの……」獄中からの秋波

一七年十一月、京都拘置所で千佐子との面会を始めた私は、心の中に決めていることがあった。

それは事件について尋ねるのは、彼女との信頼関係が構築されるまで我慢するということ。迂闊《うかつ》な質問で機嫌を損ねて面会を打ち切られないよう、もっとも危険な〝地雷〟は、まず除外したのである。

一七年六月から十一月まで、京都地裁でのべ三十八回にわたって開かれた千佐子の裁判員裁判では、彼女がしばしば不機嫌になったり、苛立って声を荒げる姿を目にした。とくにそれは、自身の犯行について繰り返し尋ねられたときに顕著だった。そのことから、面会の初期は若い頃を過ごした地元の話や、過去の楽しかった思い出、さらには趣味など、千佐子が興味を抱く話題に終始した。

「うわっ、懐かしい。先生な、私にとっていちばんよかった時代が、北九州での高校時代なんよ」

私が北九州市の出身だと明かすと喜んだ彼女は、最初からこちらを「先生」と呼ぶ。またあるときは次のようなことを言う。

「私は人間よりも犬が好きなんよ。実家でも子供の頃から犬を飼っとってな、名前は『エス』いうの。もうずーっと犬は飼い続けとるから。それで事件で逮捕される前まで飼っとったんは、前進いう意味のアドバンスを縮めた『アド』ちゃんいう四歳のシーズー。ほんで自分が逮捕されそうとわかって、まずした心配が犬のことやった。子供らはそれぞれ（結婚）相手がいるから心配いらんやろ。子供より犬のことを心配してたから」

聞けば、千佐子は逮捕前に弁護士へ相談をしており、自分の逮捕が不可避であることを知っていたという。だが彼女はその話の重要性よりも犬のほうが気になるらしい。

「自分が逮捕されることがわかってな、弁護士に相談して犬の引き取り先を募集してもらったんよ。血統書付きのいい犬やったからね。もう、こーんなに応募が来た」

両手を広げて数の多さを表現する。そして彼女自身の手で、逮捕前に飼い犬を京都の人に譲渡したのだと嬉しそうに語る。

地元、犬の話題に続いて千佐子が好んで話したのは、自分の結婚が間違いだったということと、最初の夫の実家について、「意地悪をされた」との思い込みに基づいた悪口だった。

「(互いの親に)反対されたのに、それを押し切って結婚して大阪に来たのが人生の失敗やわ。それでこんなバチが当たったんやと思う」

その言葉から、彼女は自分自身が悪いとは考えていないこと、己が現在の苦境に陥ったのは、運命や環境が悪かったからと考えていることが窺える。

そこでの話の流れで、夫の正一さんが本家の次兄がやっている運送会社に勤めていたが、給料が安いため『矢野プリント』を立ち上げたのだと彼女が漏らしたことから、裁判でも取り上げられた、彼女が同社の元従業員から百万円単位の借金をしていたことに触れた。

「たしかにおカネは借りたけど、私はもう返済してるよ」

その件については、相手の所在がつかめず、裏取りができない。肝心なのはここからだ。裁判ではその人物のほかに、もう一人、古くからの友人である又賀友里恵さん（仮名）という女性からも借金していたことが明かされていたのである。

じつは事前の取材によって、千佐子が一一年に大手証券会社による未公開株についての投資を彼女に持ち掛け、一千万円を預かったのだが、返済されていないとの確実な情報を私は得ていた。

「じゃあ、又賀さんへの借金は？」

私の質問に、千佐子は表情を変えずに即答する。

「又賀さんにも借金あったけど、それも全部返してる」

しれっとした嘘だった。

私は「そうなんですね」とだけ返した。

いまはまだ千佐子を追及するわけにはいかない。もう少し時間をかける必要がある。とはいえ、彼女が平然と嘘をつけることについては、胸に刻んだ。

五回の面会を終えて東京へ戻った私を待っていたのは、彼女から次々と届く手紙だった。

面会を望んでいるのか、最初の手紙からして、一枚の葉書のなかに〈関西に御用の時、おたちより下さい。待ってまあ〜す〉だけでなく、〈人こいしいので、お会いしたいで〜す〉や、〈来て下さる事お待ちしてま〜す〉との言葉が詰め込まれている。

また、千佐子の誕生日である十一月二十八日に書かれた手紙には、本日は誕生日だが〈何才か？ 聞かないで下さい（内緒）〉とあり、〈今わかったことですが、おバンになったと口では言ってますが、本心は全く若い時と変わっていませんネ……五体は年相応におとろえているのに、気持ちは、心は、全く変わっていませんものネ。心と体は別ですネ〉と、女性を意識させる言葉が連なっていた。

またその翌日の手紙には〈来阪の折は手ブラで（本当に）だまって帰らないで面会に来て下さいネ（しつこいですネ）〉と、ふたたび面会を待ちわびる言葉が綴られている。

結局、次に面会するまでの十二日間に、六通の葉書と一通の封書が届いたのだった。

「先生、やっと来てくれましたね」

面会室に入るなりそう口にした千佐子は、目を合わせてにこっと微笑む。邪気《じゃき》のないその笑顔に、法廷で機嫌が悪いときに彼女が見せていた、攻撃的な表情とのギャップを感じる。その日は雑談に続いて、矢野家に嫁ぐきっかけと、嫁いでからの話題となり、そこでまた夫の実家についての悪口になった。淀みなく語るその口調を耳にしながら、私はあることを実感していた。

千佐子の一連の裁判では、犯行そのものへの関与の有無だけでなく、彼女の認知症についても争点となり、責任能力と訴訟能力が問われた。結果として一審判決ではともに認められたが、公判中の被告人質問では、千佐子は「憶えていない」という言葉をしきりと連呼していた。だが、そのときと比べれば、目の前の彼女は遥かに記憶がはっきり

千佐子は出会いを繰り返してゆく

しているのである。

もちろん、前日に話したことと同じ内容を口にしたりすることはある。だが、その頻度は法廷でのものとは明らかに異なっていた。やはり彼女のなかで、認知症を意識して振る舞っている部分が、少なからずあったのではないかとの印象を抱いた。

翌日、ふたたび話題が元夫の本家に意地悪をされたとの話題になったことから、私は意を決して、しかし平然と尋ねた。

「投資とかでおカネを稼ごうとしたのは、本家を見返すため？」

「そうですよ。おカネを稼いで、後ろ指をさされないようにしたかったから」

千佐子は当たり前といった口調で答える。

「投資っていつから？」

「それはあれですよ……『××インターナショナル』が来てから。それまではやってません」

投資はもっと前からやっていたはずなので、彼女はここでも嘘をついたことになる。だが、これも追及は見送った。

次の面会からは、彼女が過去に交際や結婚をしてきた相手について話題にすることにした。この時点で私は、約十五分から二十分間の面会時間において、最初の数分間は楽しい話、途中であまり楽しくない話、最後の五分間でまた楽しい話というふうに時間を割り振るようにしていた。

そこで真ん中の時間を使い、まずは②北山義人さんについての印象を尋ねていく。

「先生、よう知ってんなあ。北山さん、あの人がいちばんおカネ持っとったわ」

北山さんについては裁判で一度も取り上げられていない。千佐子がまず口にしたのは、彼がカネを持っているか否かについてだった。質問を続けると北山さんについて「いい男」だったと褒めるが、その理由はカネ持ちで気前がよいから、というものである。

それは彼以外の男性についての評価も同じだった。カネがあるかないか、気前がよいかケチかということばかりを語る。さらにいえば、相手によってはこちらが名前を告げても記憶が朧《おぼろ》げな人物までいた。地域や住まいの特徴を挙げてやっと思い出し、「ああ、おったねえ。でもあの人は普通の人……」との評価が返ってくる。一定期間交際して、遺産を手にしているにもかかわらず、だ。

京都拘置所での面会を重ね、交際相手の情報を集めては東京に戻るという日々を繰り返すなかで、千佐子からの手紙は次々と届いた。

〈とじこめられた場所にいるので人恋しいのです。こんな処（？　シューン）にいるのに、こんな出会い（？？）があるなんて夢のようです（夢ならさめないで）。自分がおかした罪が《ママ》消しゴムで消したいです（夢のようなこと言ってスミマセン）。だからといって死ぬ勇気もないダメ女です（シューン2回目ですね）〉と書かれた手紙の最後は〈どこでくらしても、女ですもの。女ですもの……〉との文章で締められていた。

このように現役の〝女〟であることを強調し、〝秋波《しゅうは》〟を送ってくる文面には心当たりがあった。

それは、千佐子の裁判のなかで証拠として公開された、⑩日置稔さんや⑪筧勇夫さんとの交際時に、彼女が送ったメールである。

〈離れて暮らしていても自然体で夫婦の感覚で、隔たりや垣根、ハードルがないんです。数カ月しかたってない感覚でないんです。大好きになってしまっているからでしょうね〉（一三年八月十一日に、日置さんに出したメール）

〈おはよう。昨日はありがとう。勇夫さんの愛と信頼に、あなたの元に行く気持ち、揺るぎないものになりました。私のような愚女を選んでもらいありがとう。これからは2人で幸せを見いだしていきましょう。愚女ですがよろしゅうにお願いします〉（一三年八月十八日に、筧さんに出したメール）

ちなみに双方のメールが送られた日付は、一週間しか離れていない。千佐子にとって、男性にこうした文面を送ることは、ある種の身に染みついた習性なのだろう。だからこそ、今後どうなることもない私に対しても、思わせぶりな手紙を送ってくるのだ。ただし、私に対しては、孤独を避けるため、自分の味方になる相手を作りたいという心理が加わっているように思える。

「殺めました」鵺のような表情で

千佐子との面会を続けながら、私は並行して彼女の発言の真偽を判断するための作業をやっていた。その一つが、『矢野プリント』の元従業員に対する取材だ。

裁判で千佐子は一貫して、青酸化合物の入手先は出入りの業者であり、それは高級な衣類のプリントをミスした際に、間違いを消せるからと言われて渡されたと証言していた。

しかし私が見つけ出した元従業員は言う。

「商品は赤ちゃんの前掛けとか、子供のパンツのお尻部分の下絵とかでした。布の表裏の間違いとかはありましたが、プリントを失敗したので色を消すということはありません。安い布きれですから、そういうことがあれば廃棄していました」

そこで、そろそろ千佐子との関係が暖まってきたと感じていた私は、軽く打診をしてみることにした。

青酸化合物について「毒」という言葉を使う千佐子に倣《なら》ってそう言うことにし、目の前の彼女に私はタメ口で切りだした。

「毒についてだけど、裁判で入手先は出入りの業者だって言ってたよね？」

「そうや、毒は出入り業者から貰ったんよ」

「名前とか憶えてる？」

「たしか和歌山の人やったと思うけど、もう忘れたわ」

「でも、青酸で布の色を落とすとかって、本当にできるの？」

「そんなん私、専門家やないから、よう知らんわ。ただ、私がそう言われて貰ったのは間違いないから。うちで扱ってた製品のうち高級品で色のミスがあったら大変やろ。それを消すためやって……」

「でも高級品って扱ってた？　赤ちゃんの前掛けとか、子供のパンツとかじゃなかった？」

「違うわ。それ以外にも高級な製品があるやろ。その色のミスを消すためやったの……」

千佐子は徐々に感情を昂《たかぶ》らせ、こちらの質問を言下《げんか》に否定しては同じ説明を繰り返した。

「絶対に違う言うてるやろ！」

興奮した彼女は「警察は十把《じっぱ》一絡《ひとから》げで私がやったと言ってる……」と、論点から外れたことまで口にして声を荒げた。それは途中でこちら側が折れなければ、今後の関係が切れる、と危惧するほどの烈《はげ》しさだった。彼女のなかには、こうした激流が渦巻いているのだ。

なんとか会話を犬の話題にスライドさせ、残り五分で彼女の機嫌を取り戻した。やはり矛盾点の指摘は、面会を打ち切られる覚悟が定まるまでは難しいと実感した。

ふだんの明るく饒舌で愉快なおばちゃんの表情、そして激昂して怒りをぶつけてくる烈しい女の表情。この二つのほかに、千佐子はもう一つ表情を持っていた。

それは、こちらが彼女を詰問するでなく、事件について話したり質問しているときに、それを聞きながら見せる昏《くら》い表情だ。おばちゃんでもなく女でもない。あえて言えば鵺《ぬえ》のような、という言葉が適当な気がする。

そうなると、彼女は腕を組み、上体を後ろに反らす。そして顔から感情が一切消えるのだ。黒目は漆黒で、なにを考えているのか、まったく読み取ることができない。それが、遮断した鵺の表情だ。

私が目にしたのはこの三つの顔だった。

なかでも、遮断した鵺の表情で最も印象に残っているのは一八年一月十七日、千佐子との十七回目の面会のときだ。ふと私が「千佐子さんって、北山さんは殺《あや》めてないの？」と尋ねたのである。すると彼女は、カネ回りのいい彼を殺めるはずがないと断言した。そこで私は質問を続ける。

「てことは、おカネを出してくれない人を殺めたってわけ？　たとえば笹井さんは？」

「笹井さんは、殺めました」

「ほかにおカネをくれなかったのは？」

「山口さんはケチやったな」

「山口さんはどうしたの？」

「山口さんは、殺めました」


このときに千佐子が見せた表情は、まさにそうだった。しかし私が緊張感に耐えきれず、つい息を呑んでしまったのである。それで我に返った千佐子が話をずらし始め、ついには記憶の減退を訴えるようになり、前言の信用性を暗に否定した。

その後、もう一度だけ笹井さんと山口さんの殺害を認める機会はあったが、同年三月五日の二十一回目の面会において、筧さん以外は殺めた記憶がないと主張するようになり、すべては振り出しに戻ったのである。

千佐子との面会、それは〝無限ループ〟に等しい。ときに彼女は、真実や本心の混じったと思しき言葉を漏らしたりもする。だが、それが自身にとって不利な材料であると気付けば、記憶の減退を口にして元へと戻すのだ。その繰り返しだった。

結論から言うと、私は二十二回目の面会をもって、千佐子からシャッターを下ろされた。裏取りをして、明らかに嘘だというこれまでの発言について、正面から疑問をぶつけたのである。予想通り、激昂した彼女は否定し、証言者が嘘を言っているのだとなじり、その人格を否定する言葉を口にした。

そんなときは悪いことも重なるものだ。いつもなら「あと五分です」と付き添いの刑務官が教えてくれるが、千佐子の烈しい怒りの言葉に気を取られていたのだろう。いきなり「時間です」となってしまった。つまり、彼女の機嫌を取り戻すための、終了前の五分を持つことはできなかったのである。

「私もね、もう死刑になるからね。勝手に言いたいこと言うて、いう感じや」

これが私が耳にした、千佐子の最後の肉声だ。以来、彼女との対話は途絶え、私の手許には、送られてきた二十八通の手紙だけが残されている。

殺人犯との対話のあとに

私はときどき自分の爪を見る。

陰惨な殺人事件を取材していたときに生えた爪は、歪んでいたり波打っていたりする。その時期を通り抜けたあとに生えた爪は素直に伸びている。

心身に負荷がかかると、躰の一番弱い部分に変化が現れる。私の場合、取材している内容と爪の形状が例外なく符合するため、そのようにして自分自身の現状を、客観的に確認するようになった。

自分の意識、つまり頭が下す判断は、意外と当てにならない。聞くだけでおぞましい事件の取材をしていて、負荷を意識することもあれば、まったく意識しないこともある。しかし、爪だけはあるがままを記録し続けていて、あとになって意識していない負荷があったことを知らせてくれるのだ。

もし自覚のないままに負荷をかけ続けていくと、疲労骨折のように、いずれは壊れてしまうと思う。だから躰が不調を示しているときは、頭でまだ大丈夫だと感じていても、無理をしてはいけないと自重する自分がいる。

正直なところ、私は殺人を終着点とする暴力に恐れを感じる。より正確にいえば、暴力が実行される現場の〝暗さ〟が怖いのだ。それは漆黒の闇に対する恐怖に似ている。その〝暗さ〟の充満する殺人事件の取材というのは、私にとって負荷にほかならない。なのに、闇に近づこうとしてしまう。闇のなかを覗いてみようとする自分がいる。そしてまた、爪が歪む。

そんな愚行を、自重しながら二十年以上繰り返してきた。

現場から現場へと渡り歩く日々を重ねてきたなかで、ここ数年、世間が殺人事件を〝消費〟するスピードが、格段に速くなったと肌身に感じている。

事件についての情報は、ほとんどの場合がまず、警察当局の発表を受けた新聞やテレビによって報じられ、表に出る。これは以前と変わらないことだ。だがここ数年、第一報はほぼ同時にネットニュースとして流され、世間に広がるようになった。

そしてさらに、事件の内容が世間の興味を集めるものであれば、一気にネット上の投稿サイトなどに、次から次へと情報が寄せられる。そこでは被害者や加害者のSNSへの投稿履歴や顔写真、なかには自宅住所や家族構成、学歴、職歴に至るまで、〝晒《さら》され〟ることも少なくない。

もちろん、それらの情報は玉石混淆《こんこう》であり、事実もあれば、明らかに間違ったものもある。とはいえ、そのように情報が集積していくスピードたるや、かつては想像もできなかったほどに速くなった。

と同時に、情報がひと通り集まると、すぐに関心は次の重大事件へと向けられ、ふたたび同じことが繰り返される。その途端に、当初の事件は見向きもされなくなる、ということが増えている。情報の〝上書き〟によって、事件が事件として取り上げられる期間が短くなってしまったのだ。

ただ、かかる状況では、事件そのものの理解には繋がらないのではないかと私は危惧する。なぜなら、情報量こそ多いが、ネット上に集まるものは、ほとんどが〝箇条書き〟の情報だからだ。数多くの断片によって概要はわかるが、その断片と断片の間にある〝感情の機微〟が見えてこないのである。

殺人は、人が人の命を奪おうと意識し、奪う行為だ。

そこでの意識を知ることこそが、まだ起きていない殺人を予防し、自分自身が加害者にも被害者にもならなくて済むことに、繋がるのではないかと考えている。

犯行動機についてなら、裁判で明らかになるではないか、との意見もあるだろう。だが残念ながら、司法の場ですべてが詳らかになるという思いは捨てたほうがいい。

本章でも触れたが、たとえば「尼崎連続変死事件」の裁判を例に出すと、あの事件ではわかっている限りでは十一人が変死し、行方不明者が二人いる。そのうち八人の死亡が事件化され、嫌疑不十分や被疑者死亡などで、実際に殺人や傷害致死が裁判で争われたのは、六人の被害者についてのみだ。

さらに主犯格の角田美代子が兵庫県警本部の留置場で自殺したため、公判のなかで彼女の生い立ちや犯行動機について触れた部分は、ごく僅かである。また、共犯者の角田ファミリーは公判で「美代子が首謀者で、彼女に逆らえなかった」との主張を繰り返している。そこからなぜ美代子があれほどの大量殺人を繰り返したのか、との答えを導き出すのはとうてい無理な話なのである。

そのような現実のなかで、殺人犯の犯行に至るまでの〝感情の機微〟を伝える方法として、私が思い立ったのが、本書のタイトルにもなった「殺人犯との対話」だった。つまりは直接殺人犯本人と交わしたやり取りを中心に、殺人事件がどのような状況下で行われてきたのかを、明らかにしようと考えたのだ。

もちろん、下地となるものはあった。私はかねてから松永太や北村孝紘、魏巍などとの面会を重ねていた。面会できなかった相手であっても、下村早苗なら実父に、山地悠紀夫ならば弁護人や精神科医にといった具合に、本人を直接知る人々から話を聞き、殺人犯の肉声が伝わるように努めた。

すでに発生から十年以上を経ている事件も多く、当時の取材メモを辿っても、まったく関係者に行き当たらないということを繰り返した。さらには物故者も相当数いた。

とはいえ、時間が経っているからこそ、関係者を訪ね歩くなかで、殺人という犯罪の罪深さを、改めて認識することも多々あった。それは主に被害者の遺族への取材によるものだ。

「大牟田連続4人殺人事件」の原純一さんの母・恵理子さんや、「福岡3女性連続強盗殺人事件」の安川奈美さんの父・高志さん、さらに「大阪姉妹殺人事件」での上原明日香さん、千妃路さん姉妹の母・百合子さんらの慟哭《どうこく》を直接耳にしたことで、時間では解決できない被害者遺族の悲嘆があるとの現実を胸に刻み込んだ。また、取材することができなかった遺族も、同様の心境にあるだろうことは、容易に想像がつく。

じつは私は当初、殺人犯の共通項を探していた。彼ら、彼女ら全員に通じる〝なにか〟があるのではないか、と思いを巡らせていたのだ。だが、本書をお読みいただければわかる通り、そのようなことはなかった。

もちろん、動機としては金銭目的が多くを占める。だが、そこには畠山鈴香や下村早苗、山地悠紀夫などは含まれない。また、たとえ金銭目的であっても、松永太や角田美代子と、魏巍や鈴木泰徳を同じ俎上《そじょう》に載せることには、ためらいがある。あえて挙げるならば、全員が自分のため〝身勝手に〟人の命を奪ったということくらいだろうか。

そうしたことと同じく、逮捕後の後悔や反省の度合いという面でも、個人によって大きな開きがある。

魏巍が中国の両親に送った「悔」とだけ大書された手紙を見たときは、彼の後悔の大きさが伝わり、息を呑んだ。またその後の面会時に聞いた言葉からも、反省の深さを感じた。逆に松永太の面会時における明るさは、ある意味私に底知れぬ悪を見せつけた。彼も後悔こそしているだろうが、それは被害者に向けられたものではなく、捕まるヘマを犯した自分に対してだと、いまだに確信している。

なぜ私は闇に目が向いてしまうのか。それは、殺人犯を通じて人間を見たかったからに違いない。非人間的な殺人という行為は、人間だからこそやってしまうのだということを、改めて確認したかったのだ。

この「殺人犯との対話」を週刊誌に連載中、読者から編集部にメールをいただいた。それは、高橋裕子が大学在学中に住んでいたアパートの、隣の部屋に住んでいたという、六十代の夫婦からのものだった。

〈彼女は悪女ですが、私たち夫婦は彼女のことをいまだに「高橋さん」と呼んでいるのです。この意味おわかりでしょうか。素晴らしい女性だったからです〉

私は夫婦と連絡を取り、会うことにした。

「お互いの部屋を訪ねたりしていましたが、本当に感じのいい方でした。スナックをやっていた時代の派手な写真が出てましたが、印象はまったく違います。人目を惹く存在ではありますけど、別にブランド品で着飾ってたわけじゃなく、質素な物をセンス良く身に着けてました。彼女の部屋を訪ねると、赤と白のギンガムチェックのカーテンで、きれいに可愛らしく整頓されていたのを憶えています。彼女は音大で声楽科でしたから、そこではピアノを弾いて歌ってくれました」

そう語る妻によれば、後に夫婦が引っ越した先にも、彼女は遊びにきたという。

「きちんと手土産としてシュークリームを持って来ました。そして、生まれたばかりのうちの子を抱っこして、『かわいい、かわいい』って。言葉遣いもきれいだし、気取っているところもない。ほんとに素敵なお嬢さんだったんです。だからあの記事を読んで、彼女にもこんないい部分があったんだって、どうしてもお伝えしたくって……」

それもまた事実なのだろうと素直に納得した。彼らの記憶のなかでは「白雪姫」だった高橋裕子が、〝なにか〟を境に「魔女」へと転じてしまったのだ。その〝なにか〟にこそ、彼女の〝感情の機微〟がある。

夫婦に謝辞を告げての帰途、私はふと爪に目をやった。そして、最近はすっかり素直に伸びていることに気付き、小さく呟いた。

「また歪んでみようか……」

悪に選り分けられた者たち——文庫版あとがき

死刑執行一人、死刑確定四人、一審死刑判決一人、無期懲役確定二人、懲役三十年確定一人、自殺一人。

二〇一九年頭の時点での、本書で取り上げた十人の境遇だ。

このなかで、私が実際に面会することができたのは四人。うち一人は一審死刑判決で控訴中であり、その他三人は死刑が確定している。ただし、刑が執行された者はまだいない。

彼らの誰もが複数の被害者を殺害（傷害致死も含む）しており、事件化されたもので、もっとも被害者が多いのは松永太の七人である。ただし、自殺した角田美代子については、被疑者死亡で不起訴となった案件ではあるが八人が死亡している。

それだけではない。事件化された被害者が四人であった筧千佐子については、判明しただけで過去に十一人が不審な死にかたをしている。さらに、松永太や角田美代子の背後にも不審な死を遂げた人物は複数おり、その数を合わせると二桁になる。

テレビドラマなどで「一人殺すも十人殺すも同じ」といったセリフを耳にするが、きっと現実は違うのではないだろうか。通常、爆発物や毒物の使用、さらには放火や鉄道の転覆事故といった方法以外では、一度で多くの人を殺害することは不可能である。そのため、複数を殺すとなると、一人ずつ殺めていくことになる。犯行期間が短期の場合は躊躇せずに次の犯行へと及ぶ意志が必要であり、長期の場合はそれに加えて途中で発覚しないことが求められる。つまり、勢いで一人を殺害する行為と、意識的に複数を殺害していく行為は大きく異なるのだ。

私は人は誰でも人を殺してしまう可能性はあると考えているが、複数を、というよりも、大量に一人ずつ人を殺すことができる人は、ある種の条件が揃った人だけだと考えるようになった。

ちなみに松永太や角田美代子の場合は、両者ともにみずから直接手を下していないことが、複数の殺害を可能にした要因の一つだと思われる。また筧千佐子については、カプセルに入れた毒物を使用するという方法であったことが、殺人の実感を薄め、複数回の犯行に及ぶことを容易にしたのだろう。

いずれにせよ、これらは常軌を逸した連続殺人だといえる。いわば、悪に選り分けられた者たちによる犯行だ。

彼らが犯行時、人の生命というものをいかに軽視していたかは、後に判明した状況から見ても明らかである。

殺人という犯罪が他の犯罪と一線を画しているのは、失われた命を取り戻すことができないという点に尽きる。一度やってしまうと、もう被害者が生き返ることは絶対にない。それを、何件も繰り返しているのだ。

なぜ、そんなことができるのか？　ということを私は知りたかった。だが、殺人犯本人に会えば会うほど、迷宮に入っていく。

本書は『週刊文春』一五年一月二十二日号から九月十日号に連載していた記事に加筆訂正を加え、そこに「尼崎連続変死事件」のその後と、「近畿連続青酸死事件」についての書き下ろしを加えたものである。一方で、連載時のタイトルだった『殺人犯との対話』から、文庫版での『連続殺人犯』への改題に至り、被害者が一人だった〝高槻養子縁組保険金殺人事件〟は割愛した。また、〝大阪2児虐待死事件〟については、連続殺人ではないとの意見もあるかもしれないが、複数が続けざまに亡くなったということで、そのまま残すことにした。

私は単行本版『殺人犯との対話』出版後、別の媒体の取材で一七年十一月から一八年三月にかけて、「近畿連続青酸死事件」の筧千佐子との面会を繰り返してきた。

先に触れた通り、彼女の過去には判明しただけでも十一人の不審死が連なっている。ごく普通の見た目のおばちゃんのなかに、どんな殺意が眠っているのかということが、面会時の私がもっとも気にかけていたことだ。

だが、彼女との対話の多くが〝暖簾《のれん》に腕押し〟で終わった。私自身の力量不足もあっただろうが、その本心を引き出せた気が、いつまでもしないのである。

逆にそこで見えてきたのは、彼女の内面に潜む虚無の深さだ。例えるならば、全電源を消失した潜水艦が深海に沈んでいくときのような、音も光もない世界だと思った。

その意味を考えると、彼女はそれこそ無感覚という状態で、痛みや苦しみを感じず、相手の痛みや苦しみにも共感できない世界に生きている、という推測に繋がっていく。

これもまた、複数の人を殺すことができる条件の一つということなのだろう。

だが、そうした無感覚の持ち主と対峙した場合、こちら側に生まれるのは、到達できないという無力感である。結果として、ただ得体の知れない気味の悪さしか伝えることができなかったりする。

もちろん、殺人事件取材でカタルシスを期待するほど不毛なことはない。なにしろ、悲劇をほじくり返す作業なのだ。と同時に、人間の暗部に踏み込んでいくものでもある。決して愉快なものではない。

ただ唯一、次はどんな理解不能なことに出会うのだろうかという、人間の多様性への興味が、辛い取材に正面から取り組む原動力になっているのは事実である。自分の常識を超えた人間というのは世の中に数多くいる。その一断面を見たい、知りたいという気持ちについては、いまでもあるからだ。

だから前例のない相手に出会ったとき、私は驚愕するとともに、目を逸らさずに向き合おうとしてしまう。この〝業《ごう》〟がいいものか悪いものか、私には判断がつかないでいる。

解説

重松　清

〈無限（の）ループ〉という言葉が、本書の中に二度登場する。

最初はＣＡＳＥ６、山地悠紀夫の章。少年時代に自らの母親を殺した山地は、送致《そうち》された少年院で、精神科医と面接を繰り返す。精神科医は時間をかけて丁寧に、論理的に語りかけつづけ、反省の情を引き出そうとする。だが、山地は変わらない。八ヶ月たっても殺人をいささかも悔やんでいないかのような言葉を口にする。その徒労を指して、小野一光さんは〈それは一進一退ということではなく、無限のループを想像させる〉と言う。そして山地は、ループの中にとどまったまま、少年院を出院したのちに面識のない姉妹を殺害してしまうのである。

二度めは、文庫化に際して新たに加えられたＣＡＳＥ10、近畿連続青酸死事件で死刑判決を受けた筧千佐子の章だった。足しげく拘置所に面会に訪れる小野さんに対して、千佐子は本音らしき言葉を語るときもある一方で、それが自分にとって不利になると察したとたんに前言を翻《ひるがえ》してしまう。そんな彼女との面会を小野さんは〈〝無限ループ〞に等しい〉と表現し、さらに、より詳細に彼女の姿を追った長編ノンフィクション『全

告白　後妻業の女』のエピローグでも、面会室で対峙した時間を〈「無限ループ」のような状態〉としているのだ。

そうなると、〈無限（の）ループ〉は、ただの修辞にはとどまらない存在感を放ちはじめる。ぴったりくる譬喩《ひゆ》を頭の中で探して見つけた言葉ではなく、これは、小野さんの血肉から絞り出された、取り替え不能の一語なのではないか。

実際、山地悠紀夫の章も、筧千佐子の章も——本書の全編を通じて、読み手はしばしば途方に暮れてしまう。少なくとも僕はそうだった。この男は、この女は、いったいなんなんだ……。読みかけの本書から顔を上げ、ぐったりとした重いため息をついて、何度もつぶやいた。

たとえば、連続殺人犯がとことんまで冷酷な人物であるなら、読み手はおののきながらも、胸の奥のどこかで「ああ、やっぱりそうだったんだな、そういう奴だから人を殺せたんだな」と納得し、安堵にも似た思いを抱くだろう。だが、小野さんは、福岡県大牟田市で四人を殺した北村孝紘に〈愛敬《あいきよう》〉を見てしまう。〈殺人者とは〝冷血〟な存在であるという私の先入観は覆《くつがえ》されて〉しまったのだ。

また、われわれが抱く先入観には、連続殺人を犯した者の内面には、その罪にふさわしい深い闇がひそんでいるはずだというものもあるだろう。しかし、北九州市で八人を監禁し、彼らに殺し合いを強要したすえに七人の命を奪った松永太と対面した小野さんは、饒舌《じようぜつ》きわまりない彼の姿に困惑しつつ、〈悪魔とは、意外とこんなふうに屈託のない存在なのかもしれない〉と確信するのである。

読み手の多くが持っているはずの（もちろん僕もだ）それらの先入観は、言い換えれば、殺人犯と自分とを隔てる一線である。「自分は奴らとは違う／だから決して自分はあちら側には行かない」という護符でもある。

その護符があるかぎり、われわれは彼らや彼女たちの所業に、安心して戦慄できるし、心平らかに動揺できる。新聞や雑誌をめくって「もう、マスコミもここまで詳しく報じなくてもいいのに」とつぶやきながら、それでもページから目を離せない。居たたまれなさに安住できる。スマホやテレビのモニターを凝視して「こんなひどいことがどうしてできるんだ……」と、顔がこわばり、凍りついてしまっても、動かないはずの頬が、動かないまま下世話にゆるんでしまう。

そんな矛盾の数々が成立することこそが、人間というものの厄介さであり、一筋縄ではいかないところであり、あえて言えば、面白さではないか。

かつて新潮社で「怪物編集者」として鳴らし、写真週刊誌『FOCUS』を世に送った斎藤十一は、同誌創刊にあたって「君たち、人殺しの顔を見たくはないのか」という趣旨の言葉を編集部員に語ったという。

確かに見たい。怖いけれども見たい。たとえ不謹慎や不道徳の誹《そし》りを受けるとしても、やはり見たい。読者としても、それが本音だ。

「自分は奴らとは違う／だから決して自分はあちら側には行かない」という護符さえあ

れば、人殺しの顔を見たいという、あられもない（だからこそ熱い）欲望は担保され、読者は読者の側にとどまっていられる。

だが、それは、ほんとうに護符たりうるのか——？

本書は、その問いを、われわれに突きつけてくる。

単行本では『殺人犯との対話』、文庫化にあたって『連続殺人犯』と改題された本書は、なるほどタイトルだけを見れば、主体は殺人犯の側にある。けれど、読後、われわれの胸にずしんとした重石《おもし》となって残るのは、殺人犯の姿以上に、彼らや彼女たちと対話を続ける小野一光さん自身の姿であり、その取材の旅の記録を読んでいるわれわれ自身の姿なのだ。

「自分は奴らとは違う」という護符が成り立つには、なにより「奴ら」の正体が明らかにならなければならない。

殺人犯とはどんな人間なのか、まして複数の人を殺めた連中とは、いったい……。本書はまず最初に、その興味を——「興味」という言葉が軽すぎるなら、その問いを、読者に抱かせるだろう。

小野一光さん自身も、単行本版のあとがきにあたる『殺人犯との対話のあとに』の中でこう書いている。

〈私は当初、殺人犯の共通項を探していた。彼ら、彼女ら全員に通じる〝なにか〟があ

るのではないか、と思いを巡らせていたのだ〉

だが、結果は〈本書をお読みいただければわかる通り、そのようなことはなかった〉。文庫版あとがきの『悪に選り分けられた者たち』でも、小野さんは苦い告白をする。〈なぜ、そんなことができるのか？　ということを私は知りたかった。だが、殺人犯本人に会えば会うほど、迷宮に入っていく〉

戦場から風俗まで、幅広く奥深い取材活動を長年続けてきた百戦錬磨のノンフィクション作家をして、〈こちら側に生まれるのは、到達できないという無力感である〉と言わしめる。連続殺人犯と向き合うというのは、そこまでの、まさに〈無限（の）ループ〉の徒労を強いることなのだ。

「奴ら」の正体は、だから、本書を読了しても「これだ」という形ではつかめない。「奴ら」がわからない以上、「自分」との違いもわからない。護符は消えた。われわれは、本書を読んでも――違う、本書を読んだからこそ、安心して戦慄できる立場から連続殺人犯たちのドラマを覗き見することが許されなくなってしまうのだ。

それは確かにキツいことではある。われわれは小野一光さんのまなざしを借りて連続殺人犯と向き合い、耳を借りて彼らや彼女らの言いぶんを聞き、足を借りて現場に赴《おもむ》き、関係者を訪ね歩く。そうなると当然、われわれは小野さんとともに〈迷宮〉を彷徨《ほうこう》し、小野さんの感じる〈無力感〉をも共有して、どこにも〈到達〉できない。〈無限（の）ループ〉に巻き込まれているのは、連続殺人犯と向き合う取材者や精神科医だけではない。読者という、本来ならば最も安寧を保証された立場にいるはずのわれわれも、また……。

おい、ちょっと待て――。

本書を手に取って、まさにいま読みはじめようとしているひとの声が聞こえる。怒気をはらんだ響きである。

ということは、この本は読者を宙吊りのキツい立場に置くだけの作品なのか――？

あわてないでいただきたい。僕は読了したひとたちとともに言うだろう。

確かに本書は、読後にぱあっと視界が開けるようなものではない。「連続殺人犯というのは、要するにこういう奴らなんだ」という、「要するに」でまとめたいためにノンフィクション作品を読むタイプの読者には、もしかしたら不向きな一冊かもしれない。

もちろん、それは小野一光さん自身が、前述の『悪に選り分けられた者たち』でも明確に認めている。

〈殺人事件取材でカタルシスを期待するほど不毛なことはない。なにしろ、悲劇をほじくり返す作業なのだ。と同時に、人間の暗部に踏み込んでいくものでもある。決して愉快なものではない〉

それは確かにそうだ。この題材で愉快な読後感になどなるはずがない。

そのときに、じゃあ、書き手として最も安易な道は――。

連続殺人犯の「奴ら」と読者の「あなた」は変わらないんだ、という流れにすれば、本書が裏返しのカタルシスを得ることはさほど難しくないだろう。「自分は奴らとは違う」という護符を徹底的に揺るがせて、ハウツー本にも通底する危機感を煽《あお》るわけである。それでいくなら、タイトルは『あなたによく似た連続殺人犯』『あなたも一歩間違えれば連続殺人犯』あたりに変わるだろうか。

だが、小野さんはその煽り方を選ばなかった。宙吊りの居心地の悪さを読者に与えるのと引き替えに、譲れない一線を譲らず、陥ってはならない穴の縁に必死に踏ん張って、「あなた」と「奴ら」の一線、此岸と彼岸を隔てるものは守り抜いた。

なぜか。小野さんは連続殺人犯への直接・間接のアプローチを続ける一方で、被害者と遺族へまなざしを注ぐことも決して忘れていないから、である。あまりにも理不尽に命を奪われた被害者の無念、そしてのこされたひとたちの悲しみと怒りとやるせなさを、全身全霊で受け止めているから、なのである。

そんな小野さんが、浅薄《せんぱく》かつ無責任に「あの犯人は読者のあなたと同じなんですよ、似ているんですよ、たいして違いはないんですよ」などと言うはずがないではないか。

さらに小野さんは、殺人事件についての咎《とが》を負いつつも罪を悔い、償おうとしているひとたちの姿も視野からはずさない。「優しい」の形容はむしろ失礼にあたるかもしれないので、「温かい」と言わせてもらおう。未読の方のために詳述は慎むが、CASE7の中国人青年にまつわる挿話、文庫化にあたって書き下ろされたCASE9の後日譚に、読み手は誰もが小野さんの温もりを感じ取るに違いないし、その温もりに触れたら、ふと、思うのではあるまいか。

本書のタイトルは『連続殺人犯』であっても、もしかしたら、小野一光という、鋭く温かく、タフでありながらナイーブなところもある書き手は、本書で、殺人犯の肖像画を超えて、被害者やその遺族、殺人犯の関係者、取材者たる自分自身、そして傍観者であり消費者でもある読者を、まるごと視野に収めて、「人間とはなにか」を描こうとしたのかもしれない……と。

ならば――。

ここからは、単数形の「僕」の言葉として書かせていただきたい。

本書の射程をずっと延ばしていけば、そこにはドストエフスキーがいて、カポーティがいるのだと、思う。

僕はCASE1のラストがとても好きなのだが、解説の小文を書くにあたって読み返しているとき、なぜ好きなのか、思い当たったことがあるので、最後にメモ書きをしておく。

前述した大牟田市連続四人殺人事件を扱ったCASE1のラスト、事件の十年後の大牟田市街が見渡せる公園の高台に立って、小野さんは思うのだ。

〈かつてはこの景色のなかに、被害者も加害者もいた。だが、前者は無念の死を余儀なくされ、後者はその咎《とが》により死を待つ身となった。つまり、幸せになった者はだれもいない。／失われた時を取り戻す術《すべ》はなく、数軒の永遠に灯りのともらなくなった家を呑み込んだまま、街はそこに在り続ける。それだけが、なにも変わらないことなのかもしれない〉

なんと美しく、せつない文章なのだろう。

それで想起したのがカポーティの『冷血』のラストシーンなのである。

一家四人の惨殺事件を徹底的に取材し、文字どおりの「殺人犯との対話」を続けたカポーティは、大部のノンフィクションノベルの掉尾《とうび》に、デューイ捜査官が被害者ナンシーの親友スーザンの墓参に出くわす場面を描いている。いささかの舌足らずは承知で、ラストのラストを引こう。

〈「わたしも会えてよかったよ、スー。それじゃ、元気で」デューイは小道を消えていこうとする娘に呼びかけた。滑らかな髪を揺らし、輝かせながら、ひたすら先を急ぐ美しい娘に——ナンシーが生きていたら、ちょうどそんなふうになっていたであろう娘に。やがて、デューイも家路につき、木立に向かって歩を進め、その陰へと入っていった。あとには、果てしない空と、小麦畑をなびかせて渡っていく風のささやきだけが残された〉（新潮文庫版・佐々田雅子訳）

僕には、この二つの文章が呼応しているように思えてならないのである。

小野一光さん、いかがでしょうか。

もしも、照れながらでもうなずいてもらえるのであれば——。

本書の読者は、カポーティの背中を見つめて歩いている書き手の、その歩みの、第何期にあたるのか、とにかくとても大切な一歩に立ち会っているのではないだろうか。

（作家）

文春文庫

連《れん》続《ぞく》殺《さつ》人《じん》犯《はん》

定価はカバーに
表示してあります

2019年2月10日　第1刷

著　者　小《お》野《の》一《いつ》光《こう》
発行者　花田朋子
発行所　株式会社 文藝春秋

東京都千代田区紀尾井町3-23　〒102-8008
TEL　03・3265・1211㈹
文藝春秋ホームページ　http://www.bunshun.co.jp

落丁、乱丁本は、お手数ですが小社製作部宛お送り下さい。送料小社負担でお取替致します。

印刷製本・凸版印刷

Printed in Japan
ISBN978-4-16-791231-4